配送中心规划与设计

梁 晨 编著

中国财富出版社

图书在版编目（CIP）数据

配送中心规划与设计／梁晨编著. —北京：中国财富出版社，2013. 8
ISBN 978－7－5047－4737－2

Ⅰ. ①配…　Ⅱ. ①梁…　Ⅲ. ①物流配送中心—经济规划　Ⅳ. ①F252. 24

中国版本图书馆 CIP 数据核字（2013）第 134896 号

策划编辑 王宏琴　　**责任印制** 何崇杭
责任编辑 王宏琴　　**责任校对** 梁　凡

出版发行 中国财富出版社（原中国物资出版社）
社　　址 北京市丰台区南四环西路 188 号 5 区 20 楼　**邮政编码** 100070
电　　话 010－52227568（发行部）　010－52227588 转 307（总编室）
010－68589540（读者服务部）　010－52227588 转 305（质检部）
网　　址 http：//www. cfpress. com. cn
经　　销 新华书店
印　　刷 中国农业出版社印刷厂
书　　号 ISBN 978－7－5047－4737－2/F・1976
开　　本 787mm×1092mm　1/16　　**版　　次** 2013 年 8 月第 1 版
印　　张 19　　**印　　次** 2013 年 8 月第 1 次印刷
字　　数 405 千字　　**定　　价** 38. 00 元

前言

配送是物流功能的重要组成部分，是满足产品多样化和多频次需求的末端物流。对更精益、更高效的配送系统的追求，已经成为当前实现企业物流系统和城市物流系统整体效率化的核心问题和发展趋势之一。

配送中心是构成配送网络的基础性节点，作为满足物流活动空间需求的基本建筑体，配送中心的规划和建设涉及城市规划、建筑工程、机械工程等众多学科领域和从立项到建成的复杂过程，除一般工业项目和民用项目通用的规划流程和规划方法外，还需要重点考虑物流活动对配送中心选址、功能、规模以及布局设施等的影响。同时，配送中心作为协调和调配物流资源的附属管理组织或独立经济体，是集物流、信息流、资金流与商流为一体的经营管理中枢，是共同配送、代理配送、即时配送等创新配送模式的实施主体，较物流系统中其他类型节点更具典型意义。

本书从系统的角度全面说明了配送中心规划设计全过程中需要解决的主要问题和典型的规划设计方法。全书共分九章，第一章对配送及配送中心的基本概念和发展趋势进行了说明；第二章、第三章从项目设立的角度，重点对项目设立前期可行性研究及选址两大关键问题进行了说明，包括配送模式的选择、项目可行性研究的基本内容、选址因素及程序、单一设施和多设施两类主要选址方法等；第四章以配送中心规划设计的资料分析为主线，涉及品项与数量分析、订单变动趋势分析、储运单位分析等内容，对经典的 EIQ 分析方法进行了较系统的说明；第五章以配送中心基本作业流程为依据，对配送中心内部的进货、存储、拣选和出货四个核心物流作业系统规划进行了说明；第六章、第七章分别对配送中心设备、设施两大系统的集成与规划设计进行了介绍；第八章从管理体系的角度，对配送中心运营过程中的组织架构、绩效评价、客户服务和成本管理等内容分别进行了说明；第九章简要说明了配送中心信息系统规划的常用信息技术和系统架构。

北京物资学院研究生耿兆欣、杨扬对本书的完成做了大量资料收集和整理工作，在此表示感谢。在本书的写作过程中，作者参考了大量国内外专家、同行的著作和论文，在书后参考文献中进行了罗列，在此对这些专家学者的努力表示崇高的敬意和衷心的感谢，但唯恐有所遗漏，如有所引用资料未在参考文献中注明的情况，作者在此向这些作者致以无比的歉意。由于作者水平所限，书中难免有疏漏与不当之处，恳请各位专家和读者批评指正。

作　者

2013 年 3 月

目录

第一章　配送中心概述

配送是现代物流的一个重要内容。它是现代市场经济体制、现代科学技术和现代物流思想的综合产物。现代企业界普遍认识到配送是企业经营活动的重要组成部分，它能给企业创造出更高的效益，是企业增强自身竞争力的重要手段。本章将从物流配送与配送中心的基本概念入手，分析配送中心的一般功能、分类以及配送中心的发展历程与未来趋势。

第一节　配送及配送中心的概念

一、配送的概念

配送的概念原本是从日语中直接引用得来的，用最通俗的话说就是既配又送，即按用户的订货要求，在物流节点进行分货、配货工作并将配好的货送交收货人。“配”包括货物的分拣和配货活动；“送”则包括各种送货方式和送货行为。日本文部省审定的教材中将配送定义成“最终将物品按指定的日期安全准确交货的输送活动”。日本日通研究所《物流手册》将配送定义成“面向城市和区域范围内，对需要者进行的输送”。而日本政府1985年发布的权威性的工业标准中则将配送定义为“把货物从物流节点交到收货人处”的交货行为。

2001年发布的《中华人民共和国国家标准　物流术语》（Logistics Terms，GB/T 18354—2001）把配送定义为“在经济合理区域范围内，根据客户要求，对物品进行拣选、加工、包装、分割、组配等作业，并按时送达指定地点的物流活动”。在2006年的修订版中这一定义没有变化。

可以看出，国外的定义一般是从配送的目的考虑的，而我国的物流标准术语的定义则是对配送的具体功能有所阐述。目前较为科学、全面的界定是：配送是整个物流过程的一部分，包括输送、送达、验货等以送货上门为目的的商业活动，它是商流与物流紧密结合的一种综合的、特殊的环节，同时也是物流过程中的关键环节。

二、配送中心的概念

作为物流运动枢纽的配送中心，需发挥其集中供货的作用，首先必须采取各种方式（如零星集货、批量进货）去组织货源；其次必须按照用户的要求及时分拣（分装）和配备各种货物。为了更好地满足客户需要及提高配送水平，配送中心还必须有比较强的加工能力以开展各种形式的流通加工。从这个意义上讲，配送中心实际上是将集货中心、分货中心和流通加工中心合为一体的现代化物流基地，也是能够发挥多种功能作用的物流组织。

现代的物流中心与普通的仓库和传统的批发、储运企业相比，已经存在质的不同。仓库仅仅是储藏商品，而配送中心绝不是被动地接受委托存放商品，它还起到集配作用，具有多样化的功能。和传统的批发、储运企业相比，配送中心在服务内容上由商流、物流分离发展到商流、物流、信息流的有机结合，在流通环节上由经过多个流通环节发展到由一个中心完成流通的全过程，在经销方式上由层层买断发展到代理制，由临时的、随机的关系发展到长期、固定的关系，这些特点在社会化的共同配送中心上表现得尤为突出。

前面所提到的我国国家标准物流术语中把配送中心定义为“从事配送业务的物流场所或组织”。并且应基本符合六项要求：

（1）主要为特定的用户服务；

（2）配送功能健全；

（3）完善的信息网络；

（4）辐射范围小；

（5）多品种、小批量；

（6）以配送为主，存储为辅。

2006年，国家标准物流术语把配送中心的概念修订为“从事配送业务且具有完善信息网络的场所或组织”，并且基本符合四项要求：

（1）主要为特定客户或末端客户提供服务；

（2）配送功能健全；

（3）辐射范围小；

（4）多品种、小批量、多批次、短周期。

从2001年国家标准到2006年国家标准修订中配送中心定义的比较中，可以看出如下几个变化：

（1）新标准术语强调了信息网络对于配送中心的必要性，把完善的信息网络从基本符合的要求中提升到基本定义中；

（2）服务对象上从特定客户扩展到末端客户，这是民生配送重要性的体现；

（3）新标准术语添加了多批次、短周期的配送要求，突出了配送中心的中转作用。

综上所述，我们将配送中心定义为：从事货物配备（集货、加工、分货、拣选、配货）和组织对用户的送货，以高水平实现销售或供应的现代流通设施。配送中心是一种末端物流的节点设施，通过有效地组织配货和送货，使资源的最终端配置得以完成。

第二节　配送中心的功能与作用

一、配送中心的功能

配送中心是专业从事货物配送活动的物流场所或经济组织，它是集加工、理货、送货等多种职能于一体的物流节点，也可以说，配送中心是集货中心、分货中心、加工中心功能的总和。因此，配送中心具有以下功能：

1. 存储功能

配送中心的服务对象是生产企业和商业网点，如连锁店和超市，其主要职能就是按照用户的要求及时将各种配好的货物交送到用户手中，满足生产需要和消费需要。为了顺利有序地完成向用户配送商品（或货物）的任务，更好地发挥保障生产和消费需要的作用，通常，配送中心都建有现代化的仓储设施，如仓库、堆场等，储存一定量的商品，形成对配送的资源保证。某些区域性大型配送中心和开展“代理交货”配送业务的配送中心，不但要在配送业务的过程中储存货物，而且它所储存的货物数量更大、品种更多。

2. 分拣功能

作为物流节点的配送中心，其客户是为数众多的企业或零售商，在这些众多的客户中，彼此之间存在着很大差别，他们不仅各自经营性质、产品性质不同，而且经营规模和经营管理水平也不一样。面对这样一个复杂的用户群，为满足不同用户的不同需求，有效地组织配送活动，配送中心必须采取适当的方式对组织来的货物进行分拣，然后按配送计划组织配送和分装。强大的分拣能力是配送中心实现按客户要求组织送货的基础，也是配送中心发挥其分拣中心作用的保证。分拣功能是配送中心的重要功能之一。

3. 集散功能

在一个大的物流系统中，配送中心凭借其特殊的地位和其拥有的各种先进设备构成完善的物流管理系统，从而能够将分散于各个生产企业的产品集中在一起，通过分拣、配货、装配等环节向多家用户进行发送。同时，配送中心也可以把各个用户所需要的多种货物有效地组合或装配在一起，形成经济、合理的批量，来实现高效率、低成本的商品流通。另外，配送中心在建设选址时也充分考虑了其集散功能，一般选择商品流通发达、交通较为便利的中心城市或地区，以便充分发挥配送中心作为货物或商品集散地的功能。

4. 衔接功能

通过开展货物配送活动，配送中心能把各种生产资料和生活资料直接送到用户手中，可以起到连接生产的功能，这是配送中心衔接供需两个市场的一种表现。另外，通过发货和储存，配送中心又起到了调节市场需求、平衡供求关系的作用，现代化的配送中心如同一个“蓄水池”，不断地进货、送货及快速的周转有效解决了产销不平衡，缓解了供需矛盾，在产、销之间建立了一个缓冲平台，这是配送中心衔接供需两个市场的另一个表现。可以说，现代化的配送中心通过储存和发散货物功能的发挥，体现出了其衔接生产与消费、供应与需求的功能，使供需双方实现无缝连接。

5. 流通加工功能

配送加工虽不是普遍的，但却往往是有着重要作用的功能要素。主要是因为通过配送加工可以大大提高客户的满意程度。国内外许多配送中心都很重视提升自己的配送加工能力，通过按客户的要求开展配送加工可以提高配送的效率和满意程度。配送加工有别于一般的流通加工，它一般取决于客户的要求；销售型配送中心有时也根据市场需求来进行简单的配送加工。

6. 信息处理功能

配送中心连接着物流干线和配送，直接面对产品的供需双方，因而不仅是实物的连接，更重要的是信息的传递和处理，包括在配送中心的信息生成和交换。

二、配送中心的作用

结合上面对于配送中心基本功能的叙述，配送中心相应的作用可以归纳为以下几个方面：

1. 使供货适应市场需求变化

各种商品的市场需求，在时间、季节的需求量上都存在大量随机性，而现代化生产中，加工无法完全在工厂、车间来满足和适应这种情况，必须依靠配送中心来调节、适应生产与消费之间的矛盾与变化。

2. 经济高效地组织储运

从工厂企业到达销售市场之间需要复杂的储运环节，要依靠多种交通、运输、库存手段才能满足。传统的以产品或部门为单位的储运体系明显存在不经济和低效率的问题。因此，建立区域、城市的配送中心，能批量进发货物，能组织成组、成批、成列直达运输和集中储运，有利于降低物流系统成本，提高物流系统效率。

3. 提供优质的保管、包装、加工、配送、信息服务

现代物流活动中由于物资物理、化学性质的复杂多样化，交通运输的多方式、长距离、长时间、多起终点，地理与气候的多样性，对保管、保障、加工、配送信息提出很高的要求，只有集中建立配送中心，才可能提供更加专业化、更加优质的服务。

4. 促进地区经济的快速增长

配送中心与交通运输设施一样，是经济发展的保障，是吸引投资的环境条件之一，也是拉动经济增长的内部因素。配送中心的建设可从多方面带动经济的健康发展。

5. 是连锁店的经营活动所必需的

它可以帮助连锁店实现配送作业的经济规模，使流通费用降低；减少分店库存，加快商品周转，促进业务的发展和扩散。批发仓库通常需要零售商亲自上门采购，而配送中心解除了分店的后顾之忧，使其专心于店铺销售额和利润的增长，不断开发外部市场，拓展业务。此外，配送中心还加强了连锁店和供方的关系。

第三节 配送中心的分类及特征

配送中心是专门从事货物配送活动的经济实体。随着市场经济的不断发展，随着商品流通规模的日益扩大，配送中心的数量也在不断增加。对配送中心的适当划分，是深化和细化认识配送中心的必然。在众多的配送组织中，由于各自的服务对象、组织形式和服务功能不尽一致，因而，从理论上可以把配送中心分成若干类型。

一、按配送中心主要服务功能分类

如前所述，物流配送中心有运输、分拣、存储、流通加工等功能，根据其侧重的不同可以分为如下不同类型的物流配送中心。

1. 存储型配送中心

以存储和商品保管功能为主的存储型配送中心的存储量大，存储时间较长，配送作业较简单，存储设施规模较大。我国目前拟建的配送中心，大都采用集中库存形式，库存量较大，多为储存型。

2. 中转型配送中心

中转型配送中心没有大量、长期的存储功能，一般以暂存和直接运转的方式进行配货。这种配送中心的商品周转速度快，配送作业比较复杂，现货、配货场地占用面积较大。这种配送中心的典型方式是，大量货物整进并按一定批量零出，采用大型分货机，进货时直接进入分货机传送带，分送到备用户货位或直接分送到配送汽车上，货物在配送中心里仅做少许停滞。

3. 流通加工型配送中心

流通加工型配送中心以流通加工为主要业务，按少品种大量进货，根据顾客的需求，进行各种流通加工作业，如定量小包装、商品分类、切割、加工、贴标签等。目前这类配送中心在我国比较少见。

二、按照在物流网络中的层级分类

1. 零售商配送中心

一般位于消费地附近，主要为零售店服务的商品配送中心，一般属于批发商或零售商。这种类型的配送中心包括零售店物流配送中心和超市加工型物流配送中心。

2. 批发商配送中心

一般位于生产地与消费地之间，是由批发商成立的物流中心，其拥有配送中心的所有权和管理权。

3. 制造商配送中心

一般位于生产地附近，属于制造商的物资调运或产品存放的物流配送中心。如生产工厂物流配送中心与企业暂存型物流配送中心。

三、按照配送中心的运营主体分类

处于物流网络不同层级上的配送中心，也可以按照运营主体，分为自营配送中心和第三方物流配送中心。

1. 自营配送中心

自营配送中心包括生产企业配送中心和商业企业配送中心。生产企业配送中心是由企业销售产品的流通需求发展起来的，是经过企业内部材料和零部件采购、原材料管理、产品零部件库存和产品销售等部门的整合重组，最终形成了面对客户、联络内外的物流配送中心。在发达国家，生产企业物流配送中心的数量比较多。这些生产企业的规模很大，足以使产品、零部件的运输和储存独立起来。

商业企业配送中心是现代商品流通的一种发展趋势。这类配送中心有的从事原材料、燃料、辅助材料的流转，有的从事大型超市、连锁店的商品配送。商业企业的物流配送中心有如下特点：首先，由于大部分物流配送中心由商品采购部门转换而来，因此很多企业的物流配送中心与采购部门合而为一；其次，商业企业物流配送随着商业连锁形式的发展，逐渐向网络化的方向发展，商品采购实行统一管理；最后，商业企业物流配送中心的组织形式与商业规模有很大关系，商业规模较小的物流配送中心实行直线式组织形式，大型连锁商业企业一般实行职能制组织形式。

2. 第三方物流配送中心

第三方物流配送中心是由生产商、分销商或零售商以外的物流企业提供物流服务的业务模式。第三方物流配送中心一般拥有公共使用的装卸货平台、大型自动化立体仓库、比较先进的货物拣选系统、较强的运输能力以及迅速及时的信息处理功能。第三方物流配送中心可以是具有某方面功能的专业组织，也可以是集物流、商流和资金流于一体的物流组织。第三方物流服务的高度专业化，才能使整个供应链的效益最大化。

四、按照配送商品的属性分类

根据不同的商品类型，设置专业性较强的配送中心，有利于实施共同配送，实现社会资源的合理配置。按照商品的类型，可以分为日用消费品配送中心、专卖店配送中心和制造业配送中心。

1. 日用消费品配送中心

日用消费品的特点是品种多、周转快、需求量波动性大。这类商品对于配送的及时性要求较高。日用消费品的配送中心包括日常消费品配送中心和生鲜冷冻配送中心。

2. 专卖店配送中心

专卖店商品的特点是品种较为单一，注重品牌形象。不同的商品配送要求各有不同。专卖店商品包括家居用品、体育用品、家具、服装、鞋类、家电、图书、医药和化妆品等。

3. 大型制造业配送中心

制造业配送中心主要是为生产型企业生产服务的，配送的货物大多为原材料和半制成品，其配送的效率直接影响了企业的生产管理。比较具有代表性的有电子产品配送中心和汽车零配件配送中心。

第四节　配送中心的发展历程与未来趋势

一、配送的发展历史

配送的雏形最早出现于20世纪60年代初期，在这个时期，物流运动中的一般性送货方式开始向备货、送货一体化的方向转化。从形态上看，初期的物流只是一种粗放型、单一型的活动。这时的配送活动范围很小，规模也不大。企业开始配送活动的主要目的是为了促进产品销售和提高其市场占有率。因此，配送主要是以促销手段的职能来发挥其作用的。20 世纪 60 年代中期，在一些发达国家，随着经济发展速度的逐渐加快，以及由此带来的货物运输量的急剧增加和商品市场竞争的日趋激烈，配送得到最初的发展。

配送作为一种新型的物流手段，是在变革和发展仓库业的基础上开展起来的。传统的仓库业是以储存和保管货物作为主要职能，其基本功能是保持储存货物的使用价值，为生产连续运转和生活正常进行提供物资保障。但是在生产节奏加快、社会分工不断扩大、竞争日益激烈的情况下，迫切要求缩短流通时间来减少库存资金的占用。因此，急需社会流通组织提供系列化、一体化、多项目的后勤服务。许多经济发达国家的仓储业开始调整内部结构，扩大业务范围，转变经营方式，以适应市场的变化对仓储功能提出的新要求。许多老式仓库变成了商品流通中心，其功能由货物“静态储存”转变成“动态储存”，其业务活动由原来的单纯保管、储存货物转变成向社会提供多种服务，并且把保管、储存、加工、分类、挑选和输送等连成一个整体。这样，配送就真正形成和发展起来。

总之，配送的产生既是社会化分工进一步细化的结果，又是社会化大生产发展的客观要求。

二、配送中心的演进

在社会不断发展的过程中，由于经济的发展，生产总量的逐渐扩大，仓库功能也在不断地演进和分化。在我国，早在闻名于世的京杭大运河进行自南向北的粮食漕运时期，就已经出现了以转运职能为主的仓库设施；明代出现了有别于传统的以储存、储备为主要功能的新型仓库，并且冠以所谓“转搬仓”之名，其主要职能已经从“保管”转变为“转运”；在新中国成立以后，服务于计划经济的分配体制，我国出现了大量以衔接流通为职能的“中转仓库”；中转仓库的进一步发展和这种仓库业务能力的增强，出现了相当规模、相当数量的“储运仓库”。

在外国，仓库的专业分工形成了仓库的两大类型，一类是以长期储藏为主要功能的“保管仓库”；另一类是以货物的流转为主要功能的“流通仓库”。流通仓库以保管期短、货物出入库频度高为主要特征，这和我国的中转仓库有类似之处。这一功能与传统仓库相比，有很大区别：货物在流通仓库中处于经常运动的状态，停留时间较短，有较高的进出库额度。流通仓库的进一步发展，使仓库和联结仓库的流通渠道形成了一个整体，起到了对整个物流渠道的调节作用，为了和仓库进行区别，越来越多的人称之为物流中心或流通中心。

现代社会中产业的复杂性、需求的多样性和经济总量的空前庞大，决定了作为生产过程的延续的流通复杂性及多样性。这种状况又决定了流通中心的复杂性及多样性。流通中心各有侧重的职能，再加上各个领域、各个行业自己的习惯用语和相互之间的用语不规范的缘故，也就决定了出现各种各样的叫法，如集运中心、配送中心、存货中心、物流节点、物流基地、物流田地等。在20世纪70年代石油危机之后，为了挖掘物流过程中的经济潜力，物流过程出现了细分，再加上市场经济体制造就的普遍买方市场环境，以服务来争夺用户的竞争结果，企业出现“营销重心下移”、“贴近顾客”的营销战略，贴近顾客一端的所谓“末端物流”受到了空前的重视，配送中心就是适应这种新的经济环境，在仓库不断进化和演变过程中所出现的创新物流设施。

三、国外配送中心的发展

1. 美国物流配送中心的特点

美国的配送中心以出现早、发展速度快、活动范围广、经营范围大和现代化水平高而著称于世界。他们认为：当生产领域提高劳动生产率的潜力被挖尽后，调整流通领域的商品流量是企业获得利润的主要来源，也是稳定消费物价和提高国际竞争能力的重要因素。为了向流通领域要效益，美国企业采取以下主要措施：一是将老式的仓库改为配送中心；二是引进计算机管理网络，对装卸、搬运、保管实行标准化操作，提高作业效率；三是连锁店共同组建配送中心，促进连锁店效益的增长。美国的配送中心正是在改造老式仓库的基础上，于20世纪六七十年代逐步形成和发展起来的。美国的配送中心主要有如下三方面特点：

一是在观念上的变革。美国的一些配送中心将供货方和购货方不仅看做是服务对象，而且看做是经营伙伴。

二是即时制。每个配送中心均向客户承诺，客户要求什么时间送到，配送中心就保证什么时候送到。每个配送中心均有一个运输部，当运输部接到订单的运输通知时，即由该部负责根据客户要求的时间，制订计划落实运输队，无论是配送中心拥有自备卡车还是委托其他运输公司，都有责任对客户提供高效率的服务。

三是千方百计地提高配送正确率，以取得客户的信赖。在配送中心作业过程中，一般要经过10个环节：①收货；②验货；③输入收货记录；④归档；⑤发货；⑥编制装运单；⑦调整库存记录；⑧装车；⑨配送；⑩交货。每个环节的人员必须将外包装上的条码与货架条码同计算机储存的信息核对，同时每半个月部门经理要对其所管辖区域的存货做一次全面盘点，以提高配送的正确率。大的配送中心配送精确率一般为99.04%，运输精确率为99.94%，按时到达率为99.42%。

四是合理确定收费价格。美国公共配送的收费价格是按配送商品的服务项目、难易程度和商品的销售金额来确定的，一般按配送货物销售额的3%～5%来收取。如1992年在拉斯维加斯建设Vallen食品配送中心，作为批发商，配送中心从全美各地采购各类食品，并根据当地宾馆、饭店的订货情况进行配送。一般情况下，24小时内可送到任何地方；特殊情况下，上午订货下午到。该配送中心建立了EDI系统，客户可利用终端与配送中心联网，直接订货；而在价格上，不会由于设备昂贵、装备精良而出现高于他人的情况。

五是尽量降低作业成本。美国的配送中心十分重视降低成本，认为企业只有最大限度地把成本降下来，才能以更优异的服务和低廉的价格参与市场竞争，才能获得更多的利润。美国的配送中心主要从以下三个途径来降低成本：

（1）管理的计算机化、条码技术在配送中的广泛应用。美国的配送中心广泛使用了电脑、条码和激光扫描技术。一些大型的配送中心甚至使用卫星通信、射频识别装置来指挥在公路上运输的车辆。由于使用完善的计算机管理系统，企业降低了费用，提高了经济效益；

（2）合理选择和使用机械设备。美国配送中心的管理十分讲究实效，不是一味地追求机械化、自动化。如在Giant配送中心，一条20世纪70年代安装的自动化分拣系统被拆除，而替代的是人工分拣，原因是这些设备比较陈旧，目前尚未有更先进的设备替代，维修它需要一批工程师，与人工分拣相比成本更高，所以采用后者；

（3）选择合理的配送线路。在美国，一个较大的配送中心往往在国内外拥有几十个分公司，分布在全美及周边国家的交通枢纽、经济中心城市周围，这样就可以利用这些分散的配送中心来确定合理的输送线路。

2. 日本物流配送中心的发展

随着日本连锁超市业经营发展的不断深入，对物流配送业务的要求也越来越高，物流配送中心的运作类型也在不断地调整和组合。其总体发展趋势是：系统内的“自有自方便”的配送中心逐步缩小，而商品配送社会化、物流设施共同享用、物流配送共同化的趋势正在迅速发展。日本的物流配送中心主要有如下几个特点：

（1）计算机网络管理，配送及时准确。日本的配送中心大都有相当成熟的电脑网络管理，从商品订货进入EOS系统开始，信息进入中央信息中心后，立即通过网络传送到配送中心。由于采用计算机联网订货、记账、分拣、配货等，使得整个物流过程衔接紧密、准确、合理，零售门店的货架存量压缩到最小限度，直接为零售店服务的配送中心基本上做到零库存，大大降低了缺货率，缩短了要货周期，加速了商品周转，给企业带来了可观的经济效益。

（2）规章制度严格，真正优质服务。日本的配送中心大都有一整套严格的规章制度，各个环节的作业安排严格按规定时间完成，并且都有严格的作业记录。例如，菱食立川物流中心主要配送的商品是冷藏食品，如冰激凌对送货的时间和途中冷藏车的温度要求很严格，所以他们在送货的冷藏车上安装了他们自己研制的检测器，冷藏车司机送货到各个点都严格按计算机编排的计划执行，并且每到一个点，都必须按规定按一下记录仪按钮，还有温度的记录和最高时速的记录。送货到达时间一般不超过15小时，如因意外不能准时到达，必须马上与总部联系，总部采取紧急措施，确保履行合同。

（3）物流设施先进，变动成本较低。日本的物流设施一般都比较先进，并注意细节设计。例如，在卡世美物流中心，笼车在规定的运行线路上可随时插入埋设在地下的自动链条中，将各笼车商品从卸车点自行运送到各集配点，卸完笼车也可自行返回。商品储存点已不用货垛卡人工记录，而用与计算机联网的电子记录仪。收货发货，按相应电钮，计算机会自动记录，并将信息分送各有关部门（如统计结算、配车等部门）。在有些大型批发市场，用一张面积大小与一般托盘相仿的厚度为2～3mm的塑料薄片，取代传统的木质托盘，用专用的叉车与之配套操作，在水泥地面使用十分方便，大大节约了木制托盘的成本。

（4）人员作业能力的全面化。配送中心的作业基本上是属于被动式的，也就是说如果没有订货就不可能进行商品的出库和配送，受商品的保质期、天气、季节和节假日等影响，有可能许多时间都是在“等待”。但是，不是说不可以将被动变为主动，可以根据分析过去的实际数据，利用闲暇进行便于出入库的准备作业和商品位置变更，还可以进行再包装作业和对小包装保管货架进行补充，以及进行流通加工、标贴价签、整理票据、退货处理，进行计划变动的对应、盘点等工作。基于这些考虑，要求人员作业能力的全面化，能够胜任不同的作业岗位。

四、我国配送中心的现状

1. 我国物流配送中心的发展历程

我国正式研究物流发展问题是从20世纪80年代中期开始的，据《物流术语》记载，“物流中心”词语的出现也正是物流刚刚开始发展的20世纪80年代。在以后的十年才正式出现物流中心实体。市场经济体制改革之后，我国开始积极学习借鉴美国、日本等发达国家的经验。经过多方面深入的改革，国家在北京、上海等对外交通便利的港口城市开始全方位的进行配送中心试点工作。之后几年，国家贸易部又相继出台了诸多有关商业性物流配送中心阶段性建设的政策性文件，系统地提出了“转换机制、集约经营、完善功能、发展物流、增加实力”的发展方针。从此我国物流配送中心的发展开始具有计划性、全面性，有规模，有组织。

从20世纪初的试点工作结果来看，配送中心的发展已经取得了阶段性的成果。一批传统仓储企业改变了单一的存储或者运输的业务能力，开始走向服务综合化、专业化。进入21世纪，加入WTO后我国对外开放程度更加深广，与国外物流业发达的国家有了更多交流机会。又由于国家把物流行业列为十大产业之一，因此我国配送中心的发展迎来了发展热潮。宏观方面，在中国政府大力发展现代物流业的宏观政策引导下，一些发达城市的流通部门更加积极地把社会性配送中心的议事提上日程，开始着重规划配送中心设施的选址建设事宜。微观企业方面，一些大中型的生产企业、第三方物流公司也开始狠抓配送中心的现代化建设，各相关企业纷纷出台了自己的物流发展规划。我国物流配送中心的发展也同物流业的发展一样表现得如火如荼。

但是，由于我国幅员辽阔、地区发展不平衡性的基本国情，我国的配送中心依然处在低水平、低效率、小规模的起步阶段，不合理的地方依然很多。从全国范围来看，我国物流配送中心的网络铺设表现得很不平衡。数据显示，我国东部沿海地区和一些重要政治中心的配送中心设施建设占全国的78%，而西部开发地区和边远地区不足6%，且大多出现亏损。长期以来，受计划经济体制的影响，我国物流业虽然有了一定的发展，但是其速度却十分缓慢，经济效益十分低下。从宏观上来看，由于缺乏长效的管理体制，政策管理执行程度不力，重复建设，分散经营，信息调控不畅通，社会化体制建设层次不全，致使我国社会化大生产、专业化流通的集约化经营优势发挥受到众多阻碍。在微观企业方面，配送中心发展理念滞后，物流组织总体水平低下，设施设备陈旧，综合利用率低，管理不科学，已经限制了社会化物流配送中心的发展，造成了流通经营和规模效益发展十分缓慢。

总结国内外配送中心发展情况来看，物流经济又好又快的发展更需要具有高标准、规模化、信息网络健全的物流配送中心。我国是发展中国家，因此现阶段我国要在借鉴发达国家的经验和利用现代化设施的同时，还要从具体的国情、地区情况和企业情况出发，建设有中国特色的新型物流配送中心。

2. 我国物流配送中心发展存在的问题

（1）物流的模式依然粗放，流通配送的社会化、组织化、专业化程度不高。受我国物流行业起步晚的历史特点影响，我国配送中心的配送作业发展水平低，物流配送企业的小和散，致使我国配送中心的社会化规模程度低下。众所周知，集约化配送作为联合运输的一种形式，在发展现代物流上占着众多优势，运输、存储等在物流配送的各环节上衔接配套，服务功能完善能够减少大量的物流成本，做到“一站式”服务。生产企业、流通企业和物流储运企业习惯于自成体系、自我服务，“大而全”、“小而全”配送行业的各自为战现象大量存在。大量潜在的物流需求还不能转化为有效的市场需求，网络服务设施缺陷重重造成单位资源浪费率严重，制约着这我国流通行业的长足发展。

另外，物流行业在高速发展的同时缺乏有效的市场管理，市场经济的盲目性在物流业上也逐渐凸显出来。由于国家鼓励企业积极参与物流行业的竞争，全国大多企业开始蜂拥而上，尤其是常见的运输业务，比如公路运输。调查显示，由于为实现快速效益，我国公路运输中的超载运输等不合理现象已经开始严重泛滥，恶性竞争，运输市场结构也随之失衡。

（2）配送中心设备资源利用率低，发展相对缓慢。我国物流业的正式发展开始于20世纪80年代，比美国日本等发达国家晚大约半个世纪。长期以来，我国在基础设施设备的出资建设中很小心，引入的设备大都是发达国家二三十年前的被更替设施。虽然目前我国现代化配送中心的投资建设上取得了一定的成绩，但却只是某领域片面的改善，而且功能简单的普通货场为数众多，一些现代化的自动设施少，实际运转率更少。目前大多数配送中心的运行手段是以手动或半人力完成，缺少高效的机械自动化。

（3）现代化水平不高、信息自动化低。进入21世纪，信息技术在各行业都在迅猛发展，物流行业也不例外。21世纪初调查研究显示，目前实行物流配送的企业中，没有采用信息技术作为常规手段来处理配送业务信息的流通企业占60%左右。而在其余40%的企业中只是间接利用信息技术作为辅助功能的企业高达70%。从国际流通配送来看，美国和日本的现代化设备已经得到普遍的应用。其配送中心自动化、信息系统化的操作模式已经变为基本的设施条件，大大提高了管理效率和运作效率，节约了劳动力成本。邻国日本的机械化自动化应用在配送作业的模式也得到了广泛存在。由于基础设施落后，管理设计没有系统化，我国配送中心内部的基础作业基本上还是以手工作业为主，到货分拣、重装组配、货物盘点等无专业电子扫描装置；信息工具的应用只限制在配送中心的事务性管理；商业物流信息技术的采用仍然只依赖于简单的互联网、仓库管理系统，而对于先进的供应链管理方法、企业资源计划的应用仍处于学习阶段。

（4）物流政策运行执行能力受到宏观环境的制约。我国虽然将物流行业作为21世纪发展的十大产业之一并制定了若干相关政策法规来鼓励物流行业的迅速发展。但从实践结果来看，国家政府在促进物流业发展的力量仍然显得力不从心，首先，国家没有一个在全国较为统一有影响力的协会组织保持高度权威来引导地方企业的建设；其次，一些比较权威的组织协会只是简单的出台几项政策文件，但却出现了一个偌大的体制漏洞。这些协会之中理论普及却不见实际行动，一些文件传到地方企业时基本已经缺少实施的活力。要么半途而废，要么杳无音信。而地方企业仍然以自己一贯的经营理念单独开工，各自为战。这样整个建设环境仍旧是小而散经营，政府协会的弱执行力是重要原因。

本章小结

本章对配送中心进行了基本阐述，第一节介绍了配送及配送中心的概念；第二节进一步介绍了配送中心的功能与作用；第三节分析了配送中心的分类及特征，按照不同的衡量标准，可以将配送中心分为不同的类别；第四节叙述了配送中心的发展历程与未来趋势，包括配送的历史、配送中心的变化、国外配送中心的发展以及我国配送中心的现状。

第二章　配送中心的设立

配送中心的设立包括多种模式，本章将从配送模式的选择开始探讨配送中心的设立问题，然后指出配送中心设立的一般程序，并着重介绍项目前期可行性研究的内容。便于对配送中心的设立有一个全面了解。

第一节　配送模式的选择

一、自营配送模式

自营配送模式是指企业物流配送的各个环节由企业自身筹建并组织管理，实现对企业内部及外部货物配送的模式。这种模式有利于企业供应、生产和销售的一体化作业，主要应用于连锁企业，系统化程度相对较高，既可满足企业内部原材料、半成品的配送需要，又可满足企业对外进行市场拓展的需求。其不足之处表现在，企业为建立配送体系的投资规模将会大大增加，在企业配送规模较小的时候，配送的成本和费用也相对较高。

自营配送中心的配送运作模式如图 2－1 所示

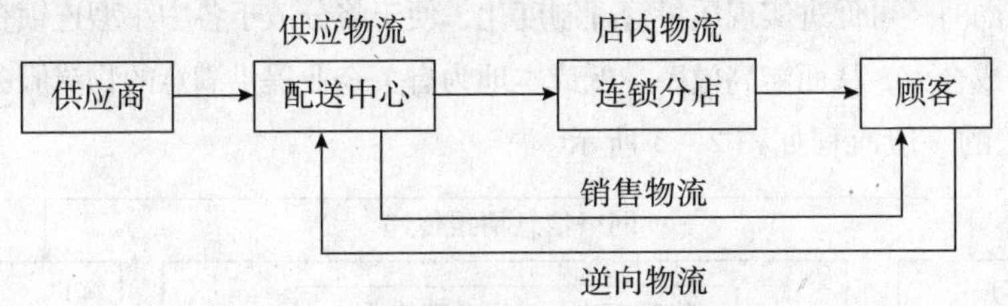

图 2－1　自营配送中心的配送运作模式

二、第三方配送模式

第三方就是为交易双方提供部分或全部配送服务的那一方。第三方配送模式就是指交易双方把自己需要完成的配送业务委托给第三方来完成的一种配送运作模式。第三方配送模式的运作方式如图 2－2 所示。

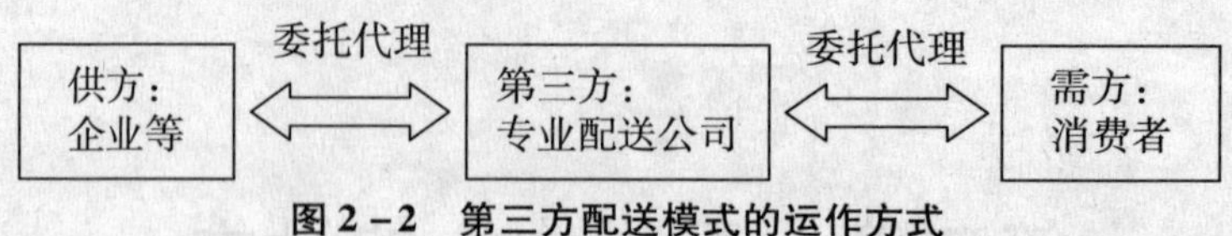

图 2－2　第三方配送模式的运作方式

大型连锁零售公司通常配送业务量巨大，它们即使建有自己的配送中心和较为完善的配送体系，在某些业务方面仍然需要与第三方物流公司产生业务合作，在配送方面实行厂商协作共同完成，特别是在长途运输、区域仓库等方面的业务，第三方物流公司的优势较为明显。

中小型连锁企业由于规模小导致配送业务量相对较小，资金实力方面欠缺，不适于自己建设如配送中心等一些项目投资大、回收周期长的服务性工程，因此这些企业通常会采用与社会性专业配送企业结成战略联盟的方式，将业务外包，有效利用第三方物流配送，完成仓储、配送、流通加工等任务，从而完全或近似地实现企业自身的零库存目的。

三、共同配送模式

共同配送是连锁零售企业之间为了提高配送效率以及实现配送合理化所建立的一种功能互补的配送联合体。共同配送可使多家连锁零售企业联合起来，实现整体的物流配送合理化，在互惠互利原则的指导下，共同出资建设配送中心，共同制订计划，共同对某一地区的用户进行配送，共同使用配送车辆的配送模式。特别是一些经营规模较小或门店数量较少的连锁零售企业常采用这一模式，既能减少连锁零售企业的物流设施投资，使物流设施布局合理化，充分合理地利用物流资源，有效控制商品质量，杜绝假冒伪劣商品，保障消费者的权益，同时还可促进实现质量管理制度化，便于将分散于各中小型连锁企业的物流设施集中起来形成合力，从而能高效率、低成本地为有关企业提供满意的物流服务。

共同配送的一般流程如图 2－3 所示。

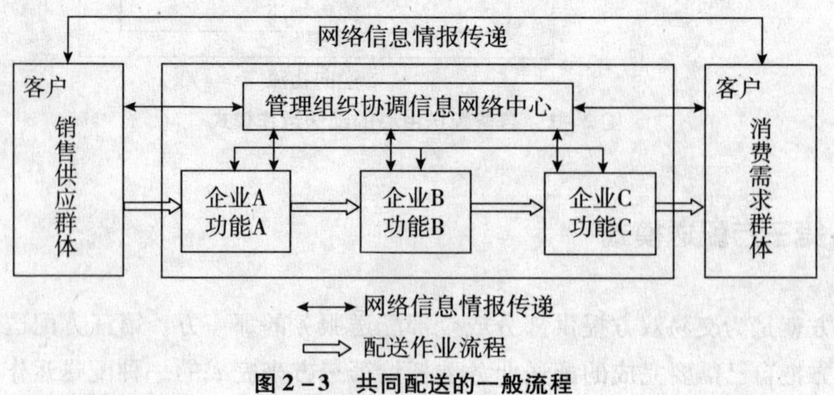

图 2－3　共同配送的一般流程

四、其他配送模式

除了上面所提到的三种比较典型的企业配送中心配送模式以外，还有一些其他的配送模式可以选择，比如互用配送和供应商配送模式。

互用配送模式是指几个企业为了各自的利益，以契约的方式达成某种协议，互用对方配送系统而进行作业的配送模式。其优点在于企业不需要投入较大的资金和人力，就可以扩大自身的配送规模和范围，但需要企业有较高的管理水平以及相关企业的组织协调能力。一般来说，互用配送模式的基本形式如图 2－4 所示。

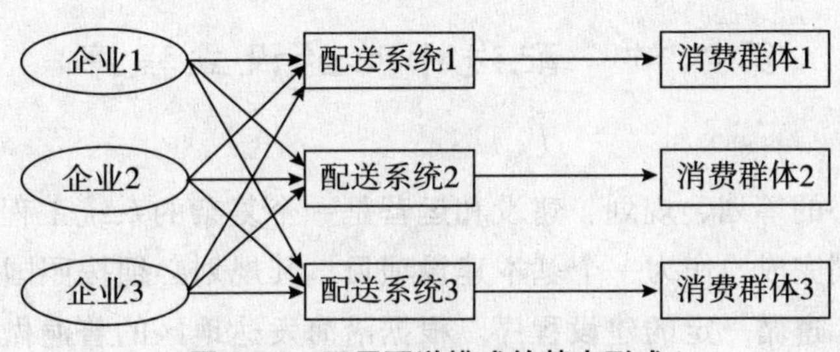

图 2－4　互用配送模式的基本形式

供应商配送模式简单来说就是由生产企业直接将连锁零售企业采购的商品在指定时间范围内送到各个连锁门店甚至到货架的物流活动。通常中小超市公司由厂方直送商品的比例较高，而大型连锁超市公司趋向于通过自己的配送中心对门店实施配送。据估计，厂方直送商品只占总量的 15% ~20%。一些大型的连锁超市企业与供应商之间的关系由竞争走向了协作，降低交易成本，保持双方之间供需信息的快速传递。

五、各种配送模式的比较

表 2－1 列出了各种配送模式的优缺点及适应的配送对象。

表 2－1　各种配送模式比较表

配送模式	优点	缺点	配送的适用对象
自营配送模式	有利于企业的一体化作业，系统化程度高	一次性投资大，成本高	大型连锁经营企业
第三方配送模式	使连锁企业集中精力于核心业务，成本一般相对较低	企业难以对物流自行控制	配送能力相对较弱的连锁企业
共同配送模式	可弥补企业配送资源、配送功能的不足	需要管理层有较高的组织和协调能力	适用于连锁零售企业和第三方物流配送企业

续　表

配送模式	优点	缺点	配送的适用对象
互用配送模式	花费成本较少的情况下，可立即提高企业的配送能力	稳定性差	适用于规模相当的小型连锁企业和 B2B 模式的企业
供应商配送模式	将运输风险转移给上游供应商	削弱了连锁零售企业的议价能力，不利于供应链的整合	适用于大卖场和仓储型综合超市

第二节　配送中心的设立程序

物流配送中心的筹划、规划、建设和运营是一个复杂的系统工程，需要众多的专业组织和人才共同完成。作为一个基本建设项目，其规划必须按照国家或地方的行政法规及有关规定，遵循一定的建设程序。根据沿海发达地区的普遍做法，一个物流配送中心的规划及建设通常需要经过三个阶段，分别是项目前期工作阶段、项目施工阶段以及竣工验收生产准备阶段。

一、项目前期工作阶段

1999 年，政府有关部门特别发出《关于重申严格执行基本建设程序和审批规定的通知》，通知重申严格执行基本建设程序的要求，尤其是在建设项目前期工作阶段，必须严格按照现行建设程序执行。现行基本建设前期工作程序包括项目建议书、可行性研究报告、初步设计、开工报告等工作环节。

1. 形成建设意向

政府或工商企业根据自己的职业判断和物流业务的增长变化情况，提出拟建物流配送中心的设想。政府或企业的建设意向形成后，建设单位会成立一个项目建设筹备组。筹备组根据企业的经营决策基本方针，进一步确认物流配送中心建设的必要性，确定物流配送中心的定位，例如，物流配送中心在物流网络中是采取集中型还是分散型配送中心，和生产工厂、下游门店以及仓库的关系，配送中心的规模以及配送中心的服务水平基本标准等。

2. 初步选址

筹备组根据本地区用地现状，结合物流配送中心业务实际需要情况，进行初步选址，报请政府土地部门（通常是国土资源部门），由土地部门出具选址初步意见书。在下一章中我们将对物流配送中心选址的方法做重点介绍。

3. 编制项目建议书

项目意见书是要求建设某一工程项目的建议性文件，它是物流配送中心项目能否被国家或地方政府立项建设的最基础和最重要的工作。在经过广泛调查研究，弄清楚项目建设的技术、经济条件后，通过项目建议书的形式向国家或地方政府发改委相关部门上报物流配送中心项目，进行备案审批。编制项目建议书的主要依据应该是国民经济和社会发展计划，以及该区域的物流发展规划。

项目建议书阶段的主要工作是从国家或地方宏观经济条件出发，分析本项目建设的必要性，是否与国家的政策、方针和计划相吻合，所需资金、人力的可行性，是否具备了建设条件等。通常的项目建议书主要由以下10个部分组成：

（1）总则；

（2）项目建设的必要性和任务；

（3）项目所在区域概况；

（4）建设规模及内容；

（5）技术支持；

（6）项目实施；

（7）项目管理；

（8）投资估算及资金筹措；

（9）经济和社会评价；

（10）结论与建议。

物流配送中心项目建议书通常上交给发改委相关部门备案审批。发改委在审批项目建议书时，通常会征求土地、规划、环保和运管部门的意见，对特大项目还要组织有资格的工程咨询单位或专家进行评估。发改委根据一定权限审批项目建议书，即完成通常所说的“立项”工作。

4. 环保影响评价

在项目建议书被批准后，建设单位需编制《建设项目环境影响报告》，上报环保部门，由环保部门办理环保影响评价手续。

5. 编制项目的可行性研究报告并论证

项目立项后的下一步工作是在进一步做勘测、调查、取得可靠资料的基础上，重点对物流配送中心项目的技术可行性和经济合理性进行研究和论证，包括物流配送中心的需求度、已有客户群和潜在客户群、市场竞争状况、价格、成本收益分析、投资回收期、物流配送中心的大体布局、结构、可能采用的设施设备、物流配送中心的功能设定等内容。经过全面分析论证和多方案比较，确定物流配送中心建设项目的建设原则、建设方案，作为下阶段工程设计的依据。

可行性研究报告的编制通常由建设单位委托具有相应资质的规划、设计和工程咨询单位承担，也可以由筹备组组织有关物流专家、市政建设专家、建筑设计专家、设备专家、运输配送专家及信息技术人员共同组成编制小组，进行编制。

可行性研究报告编制完成之后，项目投资主体往往会组织有关专家对可行性研究报告进行评审，目的是对报告的准确性、项目经济可行性、技术先进性、投资合理性等进行评审，出具评审意见。建设单位根据评审意见确定是否需要建设该项目，发改委相关部门根据评审意见确定是否对该项目进行审批。

由于可行性研究报告的内容比较庞杂，且具有很高的重要性，下一节中将对可行性研究报告做具体的讨论。

6. 筹资及申请投资计划

物流配送中心项目可行性研究报告经研究论证，获得批准后，建设单位认为可行并经最高决策者确定后，立即进入筹资阶段。对于公共的大型综合物流配送中心，需要政府和企业共同投资，为尽快获得政府投资，建设单位应主动协调发改委及财政部门，申请政府投资计划。

7. 报建

建设单位在工程项目可行性研究报告被批准后，可以向建设主管部门领取并认真填写好《工程建设项目报建表》，持发改委立项批文、环保部门审批手续、运管部门道路运输场所货场经营许可证等必要材料，申请办理报建手续。建设主管部门对符合条件的项目发放《工程建设项目报建证》。

8. 土地确权

对于购买土地的项目，建设单位向规划部门领取《建设用地申报表》并认真填写，然后持批准的建设项目建议书、《工程建设项目报建证》和选址意见书正式申请办理土地购买手续，规划部门根据城市规划要求，向用地单位提供规划设计条件，且要标明规划设计条件的提出和用地红线图的出处，并审核用地单位提供的规划设计总图；对于符合条件者核发《建设用地规划许可证》的由上级部门核发；对于租用土地的，建设单位需要与土地所有者签订合同，在不改变用地性质的前提下，获得规划设计条件；如果用地性质变化，仍需要向规划部门申请变更用地性质。

9. 规划设计

按照国家发改委的相关要求，规划设计作为项目前期工作的必要步骤必须遵循和完成。规划设计的审批各地规定不一，有的由发改委审批，有的由行业主管部门审批。在进行规划设计时，往往需要委托有资质的设计单位按批准的可行性研究报告对项目工程做具体设计。物流配送中心规划包含两个层次，一是总体规划；二是控制性详细规划。总体规划是一种顶层设计，包括功能详细规划设计与区域布局设计。确定主要工程的结构尺寸、施工方法及工程进度安排等。而控制性详细规则指的是以总体规划为依据，确定建设地区的土地使用性质和使用强度的控制指标、设施设计与规划、道路与工程管线控制性位置以及空间环境控制的规划要求。总体规划一般较为宏观，而控制性详细规划只是基于总体规划的一种较为微观和具体的底层设计。总体规划的合理与否，对于控制性详细计划的实施，对节省投资和运营费用等，都会产生深远的影响。

10. 施工图设计

这个程序通常与规划设计合并。建设单位委托有资质的设计单位进行施工设计，然后持规划设计条件、规划设计文件、施工图设计方案、用地红线图和《工程建设项目报建证》到建设部门申请办理有关手续。建设部门对符合要求的施工图发放“建设工程施工图审查验证签”。

11. 办理开工报告

办理开工报告之前，需要根据地方政府的有关规定，到文物、水利、工业安全、环保、园林、人防、消防、交管、卫生、教育等部门办理有关手续，手续的繁杂性与地方政府的规定有关。目前有的地区开设了一站式服务大厅，可以快速办理手续。以上手续办理完成之后，建设单位向建设主管部门申请开工报告。对于符合要求的项目，建设主管部门核发《建设工程开工证》。

二、项目施工阶段

项目实施阶段包括施工准备工作和施工期间的管理工作。

1. 施工准备工作

施工准备工作通常是在申请开工报告之前完成，包括实施组织准备、技术措施准备和施工条件准备。

（1）实施组织准备。该部分的工作主要包括明确项目法人或责任主体，通过招标确定施工承包单位和工程监理单位，落实设计单位及现场设计代表，划分并确定产权，落实质量监督机构职责等。

招标工作是这个阶段的主要工作，设计、施工、监理等单位都需要招标确定。招标工作由各地招标办主持，事前按规定发布公告，经投标、专家评标、确定中标单位，发放中标通知书，由建设单位与中标单位签订相关合同。

（2）技术措施准备。该部分的工作主要包括落实年度实施计划和项目、施工人员的岗前培训、施工图纸的准备、设施设备的技术规范和安装程序等。

（3）施工条件准备。该部分的工作主要包括施工场地三通一平（通路、通电、通水、场地平整）、施工图纸的准备、设施设备的技术规范和安装程序等。

2. 施工期间的管理工作

项目各项准备工作结束后，特别是在项目的年度建设资金已经到位的情况下，由建设单位组织项目的实施，由施工单位进行项目施工，由监理工程师控制工程进度、质量和投资，以保证工程项目按照设计进度、质量标准在投资预算内完成建设。项目业主、设计单位、施工单位、监理单位、质量监控单位等要各负其责，共同努力使项目能够正常实施。这其中涉及政府部门的工作通常有施工放线、固定资产投资统计报告等。

（1）施工放线。建设单位需要持有《建设工程开工证》和批复的施工图向规划部门申请办理有关手续。规划部门对经批准施工的工程进行现场测量放线。

（2）固定资产投资统计报告。建设单位需要每月定期向统计部门或计划部门（政府投资项目）汇报固定资产投资完成情况。

三、竣工验收及生产准备阶段

项目施工完成后，建设单位需组织竣工验收，通常包括以下工作：

1. 工程质量等级评定

项目主体已经完工，甲乙双方检验合格，施工单位向质检部门报送各种施工资料，申请办理有关手续。质监部门经严格评定后，发放《工程质量等级评定证书》。

2. 竣工验收

质量等级评定并完成市政配套施工后，建设单位持《工程质量等级评定证书》《建设工程施工许可证》《市政配套建设申请表》，批复的施工图和规划、消防、市政等部门的验收证向建设主管部门申请办理竣工验收。建设主管部门经现场检验，对验收合格者颁发《建设工程竣工验收合格证》。

3. 竣工结算

建设单位与施工单位进行竣工核算，按照合同拨付款项。

4. 工程资料归档

工程竣工后，建设单位需将工程资料整理送交城建档案馆验收归档。

5. 产权证件的办理

竣工后，建设单位持有关资料、证件到房管部门办理房屋所有权登记证，房管部门对符合条件者颁发《房屋所有权证》。

6. 生产准备

建设单位在进行竣工验收的同时，就要进行生产准备，如各种设施设备的调试、信息系统的试运行、人员的招聘与培训等。

上述工作完成后，建设完成的物流配送中心就可以正式投入运营。

第三节 可行性研究的基本内容

在上一节中提到，编制项目的可行性研究报告并进行论证是物流配送中心建设前期准备中的重要程序。可行性研究是我国于20世纪80年代从国外引进的工程学名词，是工程建设项目投资决策前进行技术经济分析论证的一种科学方法和工作手段。1983年2月，原国家计委将建设项目可行性研究工作正式列入我国基本建设程序，并执行至今。

可行性研究是在投资决策前对项目有关的社会、经济和技术等诸方面情况进行深入细致的调查研究；对各种可能拟定的建设方案和技术方案进行认真的技术经济分析与比较论证；并对项目建成后的经济效益进行科学的预测和评价。在此基础上，综合研究建设项目的技术先进性和适用性、经济合理性和有利性、建设可能性和可行性。为项目决策部门对项目投资的最终决策提供科学依据。配送中心建设的可行性研究分为以下几点：

一、报告编制步骤

报告编制步骤主要有：

（1）签订委托协议；

（2）组建工作小组；

（3）制订工作计划；

（4）调查研究收集资料；

（5）方案编制与优化；

（6）项目评价；

（7）编写报告；

（8）与委托单位交换意见。

二、报告编制依据

报告编制依据如下：

（1）项目建议书（初步可行性研究报告）及其批复文件；

（2）国家和地方的经济和社会发展规划；行业部门发展规划等；

（3）国家有关法律法规和政策；

（4）有关机构发布的工程建设方面的标准、规范和定额；

（5）中外合资、合作项目各方签订的协议书或意向书；

（6）编制报告的委托合同；

（7）其他有关依据资料。

三、信息资料采集与应用

1. 充足性要求

占有信息资料的广度和数量，应满足各方案设计比选论证的需要。

2. 可靠性要求

对占有信息资料的来源和真伪进行辨识，以保证可行性研究报告准确可靠。

3. 时效性要求

应对占有信息资料发布的时间、时段进行辨识，以保证可行性研究报告，特别是有关预测结论的时效性。

四、可行性研究报告主要内容

通过下面某物流配送中心可行性研究报告的目录，我们可以看出可行性研究报告的基本内容。

相关资料　×××物流配送中心可行性研究报告（目录）

1　总论

1.1　项目名称及承办单位

1.1.1　项目名称

1.1.2　承办单位

1.2　项目建设地点

1.3　编制的依据原则和范围

1.4　建设单位概况

1.5　项目背景与建设内容

1.6　主要技术经济指标

1.7　结论及建设

2　市场预测及建设规模

2.1　配送市场现状

2.2　市场预测

2.3　建设规模

3　功能定位与经营策略

3.1　配送系统主要功能

3.2　经营目标及定位

3.3　配送对象及方式

3.4　货源渠道及供货方式

3.5　配送能力分析

4　配送中心场址选择

4.1　概述

4.2　配送中心选点与自然地理条件

4.3　场址的环境影响评价

5　土建工程与公用设施

5.1　土建工程

5.2　公用设施

6　汽配配送中心规划方案

6.1　概述

6.2　配送中心规划要素

6.3　配送中心产品服务项目设计

6.4　配送流程规划

6.5　配送中心的内部布局与规划

6.6　配送中心信息系统规划

7　设备配置与能力计算

7.1　主要技术设备配置

7.2　配送中心能力的计算

7.3　本项目采用高新技术及设备

7.4　本项目技术水平分析

8　企业组织和劳动定员

8.1　企业组织机构

8.2　部门职能与分工

8.3　劳动定员与工资

8.4　人员的选配与培训

8.5　制度

9　环境保护和安全

9.1　环境保护

9.2　安全

10　项目实施计划

11　投资估算及财务评价

11.1　投资估算

11.2　资金筹措

11.3　营业收入与税金

11.4　营业成本估算

11.5　财务分析与评价

11.6　财务评价的结论

结论

附件

在报告中，值得注意的是投资估算和财务评价部分，即经济的可行性分析，随着配送中心建设项目审批的不断成熟，经济可行性分析成为日益关注的重点，配送中心选址的经济论证主要从以下两个方面进行：

1. 投资额的确定

配送中心的主要投资领域有以下几个方面：

（1）预备性投资。配送中心是占地较大的项目，它和仓库的不同之处在于：配送中心应处于与用户接近的最优位置。因此在基本建设主体投资之前，需有征地、拆迁、市政、交通等预备性投资，这是一笔颇大的投资，尤其在一些准黄金地域，这项投资可能超过总投资额的50%。

（2）直接投资。用于配送中心项目主体的投资，包括配送中心各主要建筑物建设成本，货架、叉车、分拣设备的购置及安装费，信息系统购置安装费，配送中心自有车辆的购置费等。

（3）相关投资。不同地区与基本设施建设及未来经济活动有关的项目，诸如燃料、水、电、环境保护等，都需要有一定的投资。在有些地区，相关投资可能很大。如果只考虑直接投资而忽视相关投资，投资的估计可能发生偏差。

（4）运营费用。不同配送中心选址，也取决于配送产品、配送方式和用户状况。这些因素会造成运营费用有较大差别，在布局时必须重视这些投资因素。有时候建设费用虽低，但运营费用很高，在投资中如果不考虑运营费用，投资效果的判断往往会出现失误。

2. 投资效果分析和确定

配送中心的选址必须在准确掌握投资额度之后，确认其投资效果，然后以投资效果来做最后决策。投资效果问题，归根结底是对投资效益的估算。配送中心和一般生产企业之间有一个很大的区别，就是它没有一定数量、一定质量、一定价格的产品，因而收益的计量性模糊，灰色因素较大。此外，在经营活动中，人的因素等不确定因素很多。所以在计算效益时需要对用户、市场占有率等若干方面做出不同层次的估计，分别组成不同方案进行比较。

本章小结

本章围绕配送中心的设立问题做了比较全面的分析，第一节介绍了配送模式的选择，并具体阐述了不同模式的各自特点；第二节阐述了配送中心的设立程序，包括前期工作阶段、项目施工阶段和竣工验收及生产准备阶段；第三节针对项目的可行性研究的基本内容较详细的介绍。

第三章　配送中心选址

较佳的配送中心选址方案可以使商品通过对配送中心的汇集、中转、分发，直至输送到需求点全过程的效益最大化。本章讨论了配送中心选址的一般概念，并针对选址的方法，分别对单一设施选址问题和多设施选址问题做了比较详细的介绍。

第一节　配送中心选址概述

配送中心选址是指在一个具有若干供应网点及若干需求网点的经济区域内，选定一个地址设置配送中心的规划过程。较佳的配送中心选址方案是使商品通过配送中心的汇集、中转、分发，直至输送到需求网点的全过程的效益最大化。通常，配送中心拥有众多建筑物、构筑物以及固定机械设备，如果选址不当，将产生极大的负面影响并付出长远代价。因而，在配送中心的选址规划中，对配送中心的选址原则、影响因素等进行综合分析、提出缜密的决策建议是非常必要的。

随着国民经济的发展，社会物流量不断增长，要求有相应的配送中心及网点与之相适应。进行配送中心的建设，必须有一个整体规划，就是从空间和时间上，对配送中心的新建、改建和扩建进行全面系统的规划。规划的合理与否，对配送中心的设计、施工与应用，对其作业质量、安全、作业效率和保证供应，对节省投资和运营费用等，都会产生直接和深远的影响。

一、配送中心选址的重要性

在不断变化的物流环境中如何进行物流配送中心网点设置十分重要。20 世纪 90 年代以来，尤其是 21 世纪以来，随着社会物流量的不断增长和国家出台的十大产业振兴政策，物流业务范围不断扩大，经营业务日趋复杂，配送区域和辐射空间迅速扩展。因为建设物流中心投资规模大，占用大量城市土地以及建成后不易调整，对社会物流和企业经营具有长期影响，所以对物流中心的选址决策必须进行详细论证。地址选择的失误对于社会物流系统而言，可能会导致社会生产和商品交换的无秩序和低效率；

对于企业经营而言，可能因为效率低下不能满足客户需要而直接影响企业的经营利润。很好的选址，能节省大量的运输等费用，能加强货物的周转率和及时送达率，能更好地满足客户费用和实效要求。

配送中心在物流体系中处于重要的枢纽地位。在一个经济区域内，它拥有若干需求点及若干供应点，从这个区域里选取一个或多个地址作为配送中心的过程，即为物流配送中心的选址。优秀的物流配送中心选址方案能促进生产和消费的配合与协调，显著的节约费用，确保物流系统的平衡发展。总之，物流配送中心的合理选址是非常重要的。

二、配送中心选址的影响因素

在城市现代物流体系规划过程中，配送中心的选址主要应考虑以下因素：

1. 自然环境因素

（1）气象条件。配送中心选址过程中，主要考虑的气象条件有温度、风力、降水量、无霜期、冻土深度、年平均蒸发量等指标。如选址时要避开风口，因为在风口建设会加速露天堆放商品的老化。

（2）地质条件。配送中心是大量商品的集结地。某些容重很大的建筑材料堆码起来会对地面造成很大压力。如果配送中心地面以下存在着淤泥层、流沙层、松土层等不良地质条件，会在受压地段造成沉陷、翻浆等严重后果。为此，土壤承载力要高。

（3）水文条件。配送中心选址需远离容易泛滥的河川流域与上溢地下水的区域。要认真考察近年的水文资料，地下水位不能过高，洪泛区、内涝区、故河道、干河滩等区域绝对禁止使用。

（4）地形条件。配送中心应地势高亢、地形平坦，且应具有适当的面积与外形。若选在完全平坦地形上是最理想的。次之应选择稍有坡度或起伏的地方。对于山区陡坡地区则应该完全避开。在外形上可选择长方形，不宜选择狭长或不规则形状。

2. 经营环境因素

（1）经营环境。配送中心所在地区的优惠物流产业政策对物流企业的经济效益将产生重要影响。数量充足和素质较高的劳动力条件也是配送中心选址考虑的因素之一。

（2）商品特性。经营不同类型商品的配送中心最好能分别布局在不同地域。如生产型配送中心的选址应与产业结构、产品结构、工业布局等紧密结合进行考虑。

（3）物流费用。物流费用是配送中心选址的重要考虑因素之一。大多数配送中心选择接近物流服务需求地，例如接近大型工业、商业区，以便缩短运距，降低运费等物流费用。

（4）服务水平。服务水平是配送中心选址的考虑因素。由于现代物流过程中能否实现准时运送是服务水平高低的重要指标。因此，在配送中心选址时，应保证客户可在任何时候向配送中心提出物流需求，都能获得快速满意的服务。经营环境因素的权重系数一般是0.3~0.5，是进行配送中心选址时应考虑的主要因素。

3. 基础设施状况

（1）交通条件。配送中心必须具备方便的交通运输条件。最好靠近交通枢纽进行布局，如紧临港口、交通主干道枢纽、铁路编组站或机场，有两种以上运输方式相连接。

（2）公共设施状况。配送中心的所在地，要求城市的道路、通信等公共设施齐备，有充足的供电、水、热、燃气的能力，且场区周围要有污水、固体废弃物等的处理能力。

4. 其他因素

（1）国土资源利用。配送中心的规划应贯彻节约用地、充分利用国土资源的原则。配送中心一般占地面积较大，周围还需留有足够的发展空间，为此地价的高低对布局规划有重要影响。此外，配送中心的布局还要兼顾区域与城市规划用地的其他要素。

（2）环境保护要求。配送中心的选址需要考虑保护自然环境与人文环境等因素，尽可能降低对城市生活的干扰。对于大型转运枢纽，应适当设置在远离市中心区的地方，使得大城市交通环境状况能够得到改善，城市的生态建设得以维持和增进。

（3）周边状况。由于配送中心是火灾重点防护单位，不宜设在易散发火种的工业设施（如木材加工、冶金企业）附近，也不宜选择设在居民住宅区附近。

三、配送中心选址的一般方法

配送中心的选址应综合运用定性和定量分析相结合的方法，在全面考虑选址影响因素基础上，选出若干个可选的地点，进一步借助比较法、专家评价法、模糊综合评价等数学方法量化比较，最终得出较优的方案。

近年来，随着选址理论的发展，很多配送中心选址及网点布局的方法被开发出来，但归结起来它们可以分为五种主要方法：解析方法、最优化规划方法、启发式方法、仿真方法以及综合因素评价法。

1. 解析方法

解析方法通常是指物流地理中心方法。这种方法通常只考虑运输成本对配送中心选址的影响，而运输成本一般是运输需求量、距离以及时间的函数，所以解析方法根据距离、需求量、时间或三者的结合，通过在坐标上显示，以配送中心位置为因变量，用代数方法来求解配送中心的坐标。解析方法考虑影响因素较少，模型简单，主要适用于单个配送中心选址问题。对于复杂的选址问题，解析方法常常感到困难，通常需要借助其他更为综合的分析技术。

2. 最优化规划方法

最优化规划方法一般是在一些特定约束条件下，从许多可用的选择中挑选出一个最佳方案。运用线性规划技术解决选址问题一般需具备两个条件，一是必须有两个或两个以上的活动或定位竞争同一资源对象；二是在一个问题中，所有的相关关系总是确定的。随着20世纪70年代计算机能力的增强，使得以最优化规划方法求解大型配送选址及网点布局逐渐成为可行。最优化规划方法中的线性规划技术以及整数规划技术是目前应用最为广泛，也是最主要的选址方法。最优化规划方法的优点是它属于精确式算法，能获得精确最优解。不足之处主要在于对一些复杂情况很难建立合适的规划模型；或者模型太复杂，计算时间长，非常难以得到最优解；还有些时候得出的解虽然是最优解，但在实际中不可行。

3. 启发式方法

启发式方法是一种逐次逼近最优解的方法，大部分在20世纪50年代末期以及60年代期间被开发出来。用启发式方法进行配送中心选址，首先要定义计算总费用的方法，拟定判别准则，规定改进途径，然后给出初始方案，迭代求解。启发式方法与最优规划方法的最大不同是它不是精确式算法，不能保证给出的解决方案是最优的，但只要处理得当，获得的可行解与最优解是非常接近的，而且启发式算法相对最优规划方法计算简单，求解速度快。所以在实际应用中，启发式方法是仅次于最优化规划技术的选址方法。

4. 仿真方法

仿真方法是试图通过模型重现某一系统的行为或活动，而不必实地去建设并运转一个系统，因为那样可能会造成巨大浪费，或根本没有可能实地去进行运转试验。在选址问题中，仿真技术可以使分析者通过反复改变和组合各种参数，多次试行来评价不同的选址方案。这种方法还可进行动态模拟，例如假定各个地区的需求是随机变动的，通过一定时间长度的模拟运行，可以估计各个地区的平均需求，从而在此基础上确定配送中心的分布。仿真方法可描述多方面的影响因素，因此具有较强的使用价值，常用来求解较大型的、无法手算的问题。其不足主要在于仿真方法不能提出初始方案，只能通过对已存在的备选方案进行评价，从中找出最优方案，所以在运用这项技术时必须首先借助其他技术找出各初始方案，初始方案的好坏会对最终决策结果产生很大影响。

5. 综合因素评价法

综合因素评价法是一种全面考虑各种影响因素，并根据各影响因素重要性的不同对方案进行评价、打分，以找出最优的选址方案。目前关于以上各种方法哪一种方法是最优选址方法还有不同看法。鉴于各种方法各有优缺点，所以实际运用中通常以最优化规划方法为主，再综合其他各种方法以确定最终的选址方案。但无论应用哪种方法，获得准确的数据以及应用各种模型的技巧都是成功的必要前提，因为对于一个实际的选址问题，单独应用以上任何方法都难以获得最佳的方案。

在具体实践中，选择地址的方法可分为单一配送中心选址和多个配送中心有机配合使用时多个地址的选择方法。两种方法各有不同。关于单一选址方法和多址选址方法的定量方法，我们将在本章下两个小节中详细讨论。

四、配送中心选址的基本步骤

选址具体如图 3－1 所示，可分为以下几个步骤：

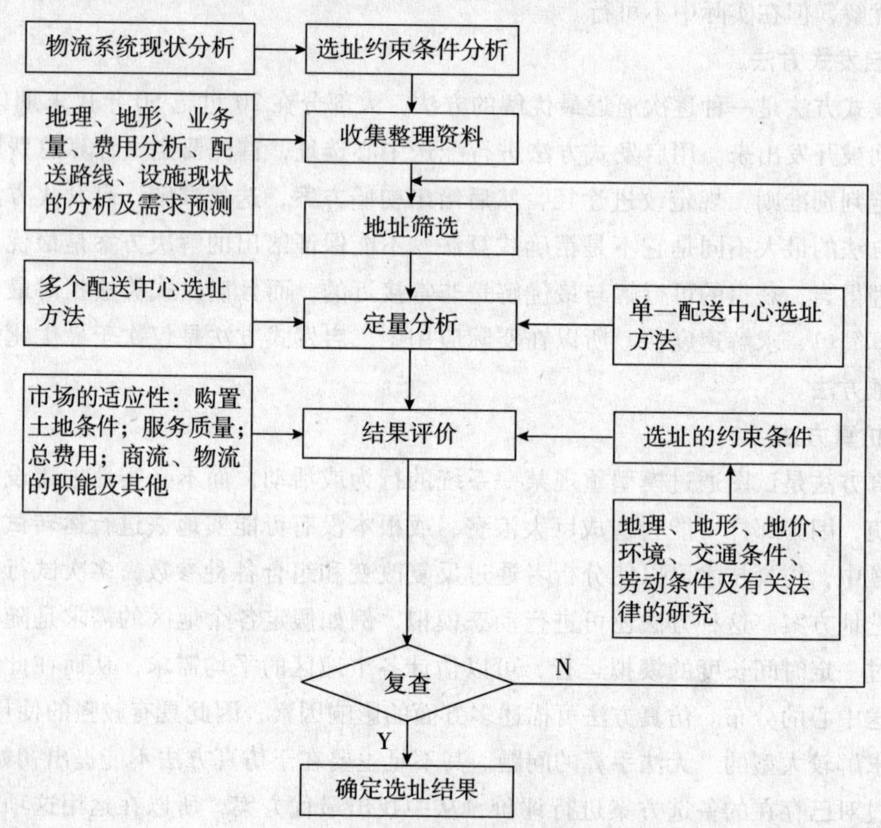

图 3－1　配送中心的选址程序

1. 选址约束条件分析

选址时，首先要明确建立配送中心的必要性、目的和意义。需要条件包括：配送中心的服务对象——顾客的现在分布情况及未来分布情况的预测、货物作业量的增长率及配送区域的范围。运输条件包括：靠近铁路货运站、港口和公共汽车终点站等运输节点，同时靠近运输业者的办公地点。配送服务条件包括：向顾客报告到货时间、发送频度、根据供货时间计算从顾客到配送中心的距离和服务范围。用地条件包括：使用现有的土地还是重新取得地皮？如果重新取得地皮，那么地价有多贵？地价允许范围内的用地分布情况如何？法规制度包括：根据指定用地区域的法律规定，有哪些地区不允许建立配送中心？流通职能条件包括：商流职能是否要与物流职能分开？配送中心是否也具有流通加工的职能？如果需要，要不要限定配送中心的选址范围？其他：不同的物流类别，有不同的特殊需要。

2. 收集整理材料

选择地址的方法，一般是通过成本计算，也就是将运输费用、配送费用及物流设施费用模型化，根据约束条件及目标函数建立数学公式，从中寻求费用最小的方案。①掌握业务量。选址时，应掌握的业务量包括如下内容：工厂到配送中心之间的运输量；向顾客配送的货物数量；配送中心保管的数量；配送路线上的业务量。②掌握费用。选址时，应掌握的费用如下：工厂至配送中心之间的运输费；配送中心到顾客之间的配送费；与设施、土地有关的费用及人工费、业务费等。③其他。用缩尺地图表示顾客的位置、现有设施的设置方位及工厂位置，并整理各候选地的配送路线及距离等资料；对必备车辆数、作业人员数、装卸方式、装卸机械费用等，要与成本分析结合起来考虑。

3. 地址筛选

在对所取得的上述资料进行充分的整理和分析、考虑各种因素的影响并对需求进行预测后，就可以初步确定选址范围，即确定初始候选地点。

4. 定量分析

针对不同情况选用不同模型进行计算，得出结果。

5. 结果评价

结合市场适应性、购置土地条件、服务质量等，对计算所得结果进行评价，看其是否有现实意义及可行性。

6. 复查

分析其他影响因素对计算结果的相对影响程度，分别赋予它们一定的权重，采用加权法对计算结果进行复查。如果复查通过，则原计算结果即为最终结果；如果复查发现原计算结果不适用，则返回步骤 3 继续计算，直至得到最终结果为止。

7. 确定选址结果

在用加权法复查通过后，则计算所得的结果即可作为最终的计算结果。但是所得解不一定为最优解，可能只是符合条件的满意解。

五、配送中心选址的注意事项

不同类型的配送中心，面临着不同的选址问题。比如，大中城市的配送中心应采用集中与分散相结合的方式选址。在中小城镇中，因配送中心的数目有限且不宜过于分散，故宜选择独立地段；在河道（江）较多的城镇，商品集散大多利用水运，配送中心可选择沿河地段。应当注意的是，城镇要防止将那些占地面积较大的综合性配送中心放在城镇中心地带，导致交通不便等诸多因素。下面分别简要分析各类配送中心在选址时的注意事项：

1. 不同类型配送中心选址时的注意事项

（1）转运型配送中心。转运型配送中心大多经营倒装、转载或短期储存的周转类商品，大都使用多式联运方式，因此一般应设置在城市边缘地区的交通便利地段，以方便转运和减少短途运输。

（2）储备型配送中心。储备型配送中心主要经营国家或所在地区的中、长期储备物品，一般应设置在城镇边缘或城市郊区的独立地段，且具备直接而方便的水陆运输条件。

（3）综合型配送中心。这类配送中心经营的商品种类繁多，应根据商品类别和物流量选择在不同地段。例如，与居民生活关系密切的生活型配送中心，若物流量不大又没有环境污染问题，可选择接近服务对象的地段，但应具备方便的交通运输条件。

2. 经营不同商品的配送中心选址时的注意事项

经营不同商品的配送中心对选址的要求不同，应分别加以注意，如冷藏品、蔬菜、建筑材料、危险品等配送中心的选址特殊要求。

（1）果蔬食品配送中心。果蔬食品配送中心应选择设在入城干道处，以免运输距离拉得过长，商品损耗过大。

（2）冷藏品配送中心。冷藏品配送中心往往选择屠宰场、加工厂、毛皮处理厂等附近。因为有些冷藏品配送中心会产生特殊气味、污水、污物，而且设备及运输噪声较大，对所在地环境造成一定影响，故多选择城郊。

（3）建筑材料配送中心。通常建筑材料配送中心的物流量大，占地多，有严格的防火等安全要求，应选择城市边缘对外交通运输干线附近。

（4）燃料及易燃材料配送中心。石油、煤炭及其他易燃物品配送中心应满足防火要求，选择城郊的独立地段。在气候干燥、风速较大的城镇，还必须选择大风季节的下风位或侧风位。特别是油品配送中心选址应远离居住区和其他重要设施，最好选在城镇外围的地形低洼处。

第二节　单一设施的选址问题

单一配送中心是最简单的配送中心，对众多配送点只设置一个配送中心组织货物配送。对单一配送中心进行选址，单一配送中心的选址方法有重心法、数值分析法等。现以重心法为例进行计算说明。

一、重心法模型构建

重心法是将物流系统的需求点看成是分布在某一平面范围内的物体系统，各点的需求量和资源量分别看成是物体的重量，物体系统的重心将作为物流网点的最佳设置点，利用确定物体重心的方法来确定物流网点的位置。

如图 3－2 所示，设有 n 个顾客，它们各自的坐标是（x_i，y_i）（$i=1$，2，3…，n），配送中心的坐标是（x_0，y_0），有

$$H=\sum_{j=1}^{n}C_j \tag{3-1}$$

式中，H——从配送中心到各顾客的总运输费用；

C_j——从配送中心到各顾客的运输费用。

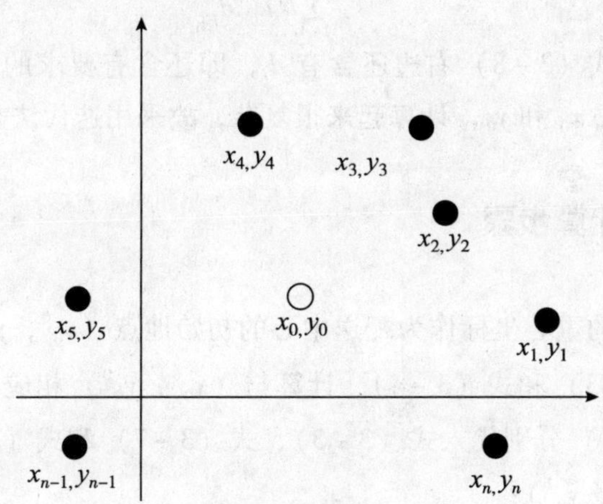

图 3－2　顾客与配送中心的位置坐标

而 C_j 又可以用下式来表示：

$$C_j=h_jw_jd_j \tag{3-2}$$

式中，h_j——从配送中心到顾客 j 的运输费率；

w_j——从配送中心到零售店 j 的发送量；

d_j——从配送中心到顾客的运距。

d_j 也可以写成如下形式：

$$d_j=\left[(x_0-x_j)^2+(y_0-y_j)^2\right]^{\frac{1}{2}} \tag{3-3}$$

把式（3－2）代入式（3－1）中，得到

$$H=\sum_{j=1}^{n}h_jw_jd_j \tag{3-4}$$

从式（3－3）和式（3－4），可求出使 H 为最小的 x_0、y_0。

解决这个问题的方法是运用下面的计算公式，令

$$\frac{\partial H}{\partial x_0}=\frac{\sum_{j=1}^{n}h_jw_j\ (x_0-x_j)}{d_j}=0 \tag{3-5}$$

$$\frac{\partial H}{\partial y_0}=\frac{\sum_{j=1}^{n}h_jw_j\ (y_0-y_j)}{d_j}=0 \tag{3-6}$$

从式（3－5）和式（3－6）中可分别求得最适合的 ${x_0}^*$ 和 ${y_0}^*$，即

$${x_0}^*=\frac{\sum_{j=1}^{n}h_jw_jx_j/d_j}{\sum_{j=1}^{n}h_jw_j/d_j} \tag{3-7}$$

$${y_0}^*=\frac{\sum_{j=1}^{n}h_jw_jy_j/d_j}{\sum_{j=1}^{n}h_jw_j/d_j} \tag{3-8}$$

因式（3－7）和式（3－8）右边还含有 d_j，即还含有要求的未知数 x_0、y_0，而要从两式的右边完全消去 x_0 和 y_0，计算起来很复杂，故采用迭代法来进行计算。

二、迭代法的计算步骤

（1）以所有顾客的重心坐标作为配送中心的初始地点（${x_0}^0$，${y_0}^0$）；

（2）利用式（3－3）和式（3－4），计算与（${x_0}^0$，${y_0}^0$）相应的总运费 H^0；

（3）把（${x_0}^0$，${y_0}^0$）分别代入式（3－3）、式（3－7）和式（3－8）中，计算配送中心的改善地点（${x_0}^1$，${y_0}^1$）；

（4）利用式（3－3）和式（3－4），计算与（${x_0}^1$，${y_0}^1$）相应的总运费 H^1；

（5）把 H^1 和 H^0 进行比较，如果 $H^1<H^0$，则返回（3）的计算，再把（${x_0}^0$，${y_0}^0$）代入式（3－3）、式（3－7）和式（3－8）中，计算配送中心的再改善地点（${x_0}^2$，${y_0}^2$）。如果 $H^1\geqslant H^0$，则说明（${x_0}^0$，${y_0}^0$）为最优解。

这样反复计算下去，直至 $H^{k+1}\geqslant H^k$，求出最优解（${x_0}^k$，${y_0}^k$）为止。

由上述分析可知，应用迭代法的关键是给出配送中心的初始地点（${x_0}^0$，${y_0}^0$）。

三、重心法模型的优缺点

重心法适用于在计划区域内对单一物流配送中心进行选址，并且对物流配送中心

初期的固定建设费用考虑较少的静态选址问题，如区域物流配送中心等。重心法通常只能找出物流配送中心的初步位置，为企业决策提供一种基本的决策依据。

关于重心法，尽管理论上能够求得比较精确的最优化结果，但是在现实工作中，却不一定容易实现。首先，在精确的最优化解上，由于其他因素的影响，决策者考虑其他因素后，又是不得不放弃这一最优化解结果，而去选择现实中满意的其他方案；其次，在该模型中将距离用坐标来表示，这样就把运输费用看成是两点间直线距离的函数，这一点与实际是不相符的，虽然可通过在距离计算公式中增加一个调整系数来加以修正，但系数的合理选取还是有一定的难度；最后，当供给点和需求点同在一个系统中时，求得的“重心”的最优性是在供给点必须通过该“重心”再到达需求点的前提下取得的，而事实上，这个前提并不是真正必需的，在很多情况下，由于明显的不合理性而会对结果进行调整，调整的结果就难以保证其最优性。

求解配送中心最佳地址的模型有离散型和连续型两种。重心法模型是连续型模型，一方面，相对于离散型模型来说，其配送中心地点的选择是不加特定限制的，有自由选择的长处。可是从另一个方面来看，重心法模型的自由度过多也是一个缺点，因为由迭代法计算求得的最佳地点实际上往往很难找到，有的地点很可能在河流湖泊上或街道中间等。此外，迭代计算非常复杂，这也是连续型模型的缺点之一。

第三节　多设施的选址问题

多设施选址方法的代表有 CFLP 法和鲍莫尔—沃尔夫（Baumol - Wolfe）法等。

一、配送中心选址的 CFLP 法

有限容量选址问题（Capacitated Facility Location Problem，CFLP）方法是一种启发式方法。启发式方法与最优化方法的最大不同是它不是精确式算法，不能保证给出的解决方案是最优的，但只要处理得当，获得的可行解与最优解是非常接近的。而且启发式算法相对最优化方法，计算简单、求解速度快。当配送中心的能力有限制，而且用户的地址和需求量以及设置多个配送中心的数目均已确定的情况下，可采用 CFLP 法，从配送中心的备选地点中选出总费用最小的由多个配送中心（假设 m 个）组成的配送系统。

这个方法的基本步骤如下：

首先，假定配送中心的备选地点一定，据此假定在保证总运输费用最小的前提下，求出各暂定配送中心的供应范围。然后再在所求出的供应范围内分别移动配送中心至

其他备选地点，以使各供应范围的总费用下降。当移动每个配送中心的地点都不能继续使本区域总费用下降，则计算结束；否则，按可使费用下降的新地点，再求各暂定配送中心的供应范围，重复以上过程，直到费用不再下降为止。

（1）初选配送中心地点。通过定性分析，根据配送中心的配送能力和用户需求分布情况适当的确定配送中心数量及其设置地点，并以此作为初始方案。这一步骤非常重要，因为它将直接影响整个计算的收敛速度。

（2）确定各暂定配送中心的供应范围。设暂定的配送中心有 k 个，分别为 s_1，s_2，…，s_k；用户有 n 个；从配送中心 s_i 到用户 j 的单位运输费用为 $h_{s_i j}$；以运输费用 U 最低为目标；则可构成运输问题模型如下：

$$\min U = \sum_{i=1}^{k}\sum_{j=1}^{n} h_{s_i,j} X_{s_i,j}$$

$$\sum_{j=1}^{k} x_{s_i j} \geqslant D_j, j = 1,2,\cdots,n$$

$$\sum_{j=1}^{n} x_{s_i j} \leqslant M_{s_i}, i = 1,2,\cdots,k$$

$$X_{s_i,j} \geqslant 0, i = 1,2,\cdots,k; j = 1,2,\cdots,n$$

式中，$X_{s_i,j}$——配送中心 s_i 到用户 j 的运输量；

M_{s_i}——配送中心 s_i 的容量；

D_j——用户 j 的需求量。

解以上运输问题，就可求得各暂定配送中心的供应范围。这可表述为如下用户集合：

$$N_i = \{i : X_{s_i j} \neq 0\}, i = 1,2,\cdots,k$$

（3）在以上各配送范围内，移动配送中心到其他被选地点，寻求可能的改进方案。设在原定配送中心 s_i 的配送范围 N_i，除 s_i 之外，可做配送中心被选地点的还有 L_i 个，在这些地点设置配送中心的固定费用分别为 F_{t_l}，其中 $t_l \in L_i$，则以 t_l 为新的配送中心时，N_i 内的总费用为：

$$u_{t_l} = \sum_{j=1}^{N_i} h_{t_l,j} X_{t_l,j} + F_{t_l}, t_l \in L_i$$

由上式可求得：

$$u_{t_l}' = \min_{t_l \in L_i}\{u_{t_l}\}$$

若 $u'_{t_l} \leqslant u_{s_i}$，说明步骤（3）求出的目标函数值是步骤（2）求出的第 i 个配送中心目标函数值的一部分，则令 $s_i' = t_l'$，否则令 $s_i' = s_i$。对所有 k 个区域重复上述过程，得到新的配送中心的集合 $\{s_i'\}_{i=1}^{k}$。

（4）比较新、旧配送中心集合的总费用。若前者大于或等于后者，说明已经得到了所要求的解，计算可停止。如果前者小于后者，说明新得到的配送中心地点可使总费用下降，通过改善配送中心的供应范围，还有可能进一步降低总费用。为了进一步降低总费用，以新的配送系统代替原有配送系统，重复步骤（2）至步骤（4），直到总费用不能再下降为止。

按以上步骤得到的收敛解，虽然没有得到理论上的证明，但是由于费用总是下降的，因此在实际应用中，可以充分相信所得到的解。

二、鲍莫尔—沃尔夫（Baumol - Wolfe）模型

鲍莫尔—沃尔夫法属于非线性规划，并且以逐次求解运输问题为思路的启发式解法。其只考虑租用的仓库或配送中心，所以模型中不包含仓库或配送中心的固定投资成本。

1. 鲍莫尔—沃尔夫模型适用条件

鲍莫尔—沃尔夫法首先将研究的问题抽象定义如下：

（1）工厂到配送中心间的整车运输成本，及配送中心到用户的零担运输成本，都与运输量呈线性关系；

（2）用户的位置及需求量为已知；

（3）配送中心的容量可满足需求点要求；

（4）配送中心的候选位置及其变动、固定存储成本为已知。

在上述四项假设条件下，求解配送中心的个数、规模大小及位置，以使运输成本及存储成本之和最小。

与其他布局方法不同，鲍莫尔—沃尔夫法不再假设配送中心存储成本随配送中心规模呈线性变化，因为实际中更常见的情况是存储成本随配送中心配送量的增大而变得平坦。因此，鲍莫尔—沃尔夫假设存储成本与配送中心配送量之间的关系是：

$$S_k = \mu_k \sqrt{d_k}$$

式中，S_k——存储成本；

μ_k——配送中心单位运量的可变费用；

d_k——配送中心的配送量。

所以，对于某一规模的配送中心 k 我们可以求出它的边际存储成本，也就是存储费率 C_k。

$$C_k = \mu_k \sqrt{d_k}/2d_k$$

由于 C_k 是单位货物存储费率，所以其可以和运输费率直接相加，这样原问题就可以通过构建一般的运输规划模型，直接应用运输规划技术来求解。

2. 鲍莫尔—沃尔夫法的基本步骤

（1）求初始方案。开始时，设有 q 个备选地点，令所有备选地点上的网点配送量均为0，即 $d_k=0$，所以各网点的存储费率 $C_k^L=0$（$k=1, 2, \cdots, q$），上角标表示迭代次数。然后对所有资源点 i 和需求点 j，求各资源点和各需求点之间的最低费用率，用

C_{ij}^L 表示。$C_{ij}^L = \min(C_{ik}^L + C_{kj}^L + C_k^L)$（$i=1, 2, \cdots, m, j=1, 2, \cdots, n$）。$C_{ik}^L$ 和 C_{kj}^L 分别是从各资源点到配送中心的运输费率以及从配送中心到各用户的运输费率，显然由于 $C_k^L=0$，由各资源点 i 到需求点 j 配送货物要经过配送中心 k。

假设各资源点的资源量和需求点的需求量已知，然后以 C_{ij}^L 为运价系数构建运输模型。

$$\min F^L = \sum_{i=1}^{m}\sum_{j=1}^{n} C_{ij}^L X_{ij}^L$$

$$\sum_{i=1}^{m} X_{ij}^L = a_i$$

$$\sum_{j=1}^{n} X_{ij}^L = b_j$$

$$X_{ij}^L \geqslant 0$$

式中，X_{ij}^L ——由资源点 i 经网点 k 向需求点 j 配送货物的数量；

a_i——资源点 i 的可供资源量；

b_j——需求点 j 的需求量。

求解上述运输问题得到各配送中心的通过量 d_k^L 后，可求得配送中心的存储费用 S_k^L，然后计算各配送中心网点的边际成本：

$$C_k^L = \mu_k \frac{\sqrt{d_k^L}}{2d_k^L}$$

令迭代次数 $L=0$。

（2）$L=L+l$，求改进方案。用 C_k^L 代替 C_k^{L-1} ，利用运输问题模型求出一组新的 d_k^L。

（3）新旧方案比较。如果两个方案完全相同，取新方案为最优解。否则返回步骤（2），反复进行步骤（2）至步骤（3），直到 d_k^L 与 d_k^{L-1} 完全相同，即获得最优解。

鲍莫尔—沃尔夫法较好地解决了存储成本非线性的问题，而且每次迭代都是沿着使存储成本不断下降的方向选择最小方案，因此可以相信最终解是我们所要求得到的解。鲍莫尔—沃尔夫法的主要缺点是不能保证最终解是最优解，而且该解法没有涉及配送中心新建固定投资成本。

本章小结

本章主要探讨了配送中心选址问题。第一节是配送中心选址概述，具体包括配送中心选址的重要性、影响因素、一般方法、基本步骤和注意事项；第二节和第三节针对单一设施的选址和多设施的选址问题分别作了论述。单一设施选址问题的解决方法主要为重心法，多设施的选址方法有 CFLP 法、鲍莫尔—沃尔夫法等。

第四章　配送中心规划基础资料分析

基础资料分析是进行配送中心规划的重要前期工作，对于把握拟建配送中心的总体特征和作业基本需求有重要意义。同时，准确翔实的资料分析和能够为配送中心内部布局及业务流程设计提供支撑。本章将详细介绍配送中心规划所涉及的基础资料的主要类型及订单、品项及数量三大特征对配送中心规划的影响。

第一节　配送中心规划资料分析概述

一、配送中心规划的基础资料

规划开始时，首先针对企业进行规划基础资料的收集与需求调查。收集的方法包括现场访谈记录以及厂商使用资料表格的收集，另外对于规划需求的基本资料，也可借助事前规划好的需求分析表格，要求使用单位填写完成。至于表格中厂商未能翔实填写的重要资料，则须规划人员通过访谈与实地勘察测量等方法自动完成。规划资料分为两大类，包括现行作业资料及未来规划需求资料，如表4－1所示。

表4－1　　配送中心系统规划的基础资料

现行作业资料	未来规划需求资料
基本运营资料	营运策略与中长程发展计划
商品资料	商品未来需求预测资料
订单资料	品项数量的变动趋势
物品特性资料	可能的预定厂址与面积
销售资料	作业实施限制与范围
作业流程	附属功能的需求
业务流程与适用单据	预算范围与经营模式
厂房设施资料	时程限制

续 表

现行作业资料	未来规划需求资料
人力与作业工时资料	预期工作时数与人力
物料搬运资料	未来扩充的需求
供货厂商资料	
配送据点与分布	

（一）现行作业资料

基本营运资料：包括业务形态、营业范围、营业额、人员数、车辆数、上下游点数等。

商品资料：包括商品形态、分类、品项数、供应来源、保管形态（自有/他人）等。

订单资料：包括订购商品种类、数量、单位、订货日期、交货日期、订货厂商等资料，最好能包括一个完整年度的订单资料，以及历年订单以月别或年别分类的统计资料。

物品特性资料：包括物态、气味、温湿度需求、腐蚀变质特性、装填性质等包装特性资料，物品重量、体积、尺寸等包装规格资料，商品储存特性、有效期限等资料。包装规格部分另须区分单品、内包装、外包装单位等可能的包装规格。另外配合通路要求，有时也须配合进行收缩包装，以致有非标准单位的包装形式。

销售资料：可依地区区别、商品区别、通路区别、客户区别及时间区别分别统计的销售额资料，并可依相关产品单位换算为同一计算单位的销货量资料（体积、重量等）。

作业流程：包括一般物流作业（进货、储存、拣货、补货、流通加工、出货、配送等）、退货作业、盘点作业、仓储配合作业（移仓调拨、容器回收流通、废弃物回收处理）等作业流程现状。

业务流程与适用单据：包括接单、订单处理、采购、拣货、出货、配派车等作业及相关单据流程，以及其他进销存库存管理、应收与应付账款系统等作业。

厂房设施资料：包括厂房仓库适用来源、厂房大小与布置形式、地理环境与交通状况、适用设备主要规格、产能和数量等资料。

人力与作业工时资料：人力组织构架、各作业区适用人数、工作时数、作业时间与时序分布。

物料搬运资料：包括进、出货及在库的搬运单位，车辆进、出货频率与数量，进、出货车辆类型与时段等。

供货厂商资料：包括供货厂商类型、供货厂商规模及特性、供货家数及分布、送货时段、接货地需求等。

配送据点与分布：包括配送通路类型，配送据点的规模、特性及分布，卸货地状况，交通状况，收货时段，特殊配送需求等。

（二）未来规划需求资料

营运策略与中长程发展计划：须配合企业使用者的背景、企业文化、企业发展策略、外部环境变化及政府政策等必要因素。

商品未来需求预测资料：依目前成长率及未来发展策略预估未来成长趋势。

品项数量的变动趋势：分析企业使用者在商品种类、产品规划上可能的变化及策略目标。

可能的预定厂址与面积：分析是否可利用现有场地或有无可行的参考预定地，或是另行于计划中寻找合适区域及地点。

作业实施限制与范围：分析配送中心经营及服务范围，是否须包含企业使用者所有营业项目范围，或仅以部分商品或区域配合现行体制方式运作实施，以及须考虑有无新事业项目或单位的加入等因素。

附属功能的需求：分析是否须包含生产、简易加工、包装、储位出租或考虑福利、休闲等附属功能，以及是否须配合商流与通路拓展等目标。

预算范围与经营模式：企业使用者须预估可行的预算额度范围及可能的资金来源，必要时必须考虑独资、合资、部分出租或与其他经营者合作的可能性，另外也可朝向建立策略联盟组合或以共同配送的经营模式加以考虑。

时程限制：企业使用者须预估计划执行年度、预期配送中心开始营运年度，以及是否以分年、分阶段方式实施的可行性。

预期工作时数与人力：预期未来工作时数、作业班次及人力组成，包括正式、临时及外包等不同性质的人力编制。

未来扩充的需求：须了解企业使用者扩充弹性的需求程度及未来营运策略可能的变化。

二、配送中心的规划要素

配送中心的规划除了必须先了解是属于哪一种配送中心外，还要注意配送中心的 E、I、Q、R、S、T、C 等规划要素，这几个英文字母的意思分别如下：

E——Entry，指配送的对象或客户；

I——Item，指配送商品的种类；

Q——Quantity，指配送商品的数量或库存量；

R——Route，指配送的通路；

S——Service，指物流的服务品质；

T——Time，指物流的交货时间；

C——Cost，指配送商品的价值或建造的预算。

（一）配送的对象或客户——E

由于配送中心的种类很多，因此配送客户的对象也是五花八门。例如，制造商型配送中心，它的配送对象有经销商、批发店、百货公司、超市、便利商店及平价商店等几种。其中经销商、统仓及批发店等的订货量较大，它的出货形态可能大部分是整托盘出货（P→P），小部分整箱出货；而超市的订货量较小，它的出货形态可能 30% 是属于整箱出货（P→C），70% 是属于拆箱出货（C→B），如表 4－2 所示。制造商型配送中心有可能同时出现整托盘、整箱及拆箱拣货的情形。此种情况由于客户层次不同与订单量大小差异性大，订货方式也非常复杂，同时有业务员抄单、电话订货、传真订货及计算机连线等方式（EOS、POS），是配送中心中比较复杂的一种，难度也比较高。如果是零售商型配送中心，它的配送对象可能是批发店（百货公司）、超市及便利商店中的一种，因此它的出货形态可能出现整托盘及整箱拣货的形态、整箱及拆箱拣货的形态。这种情况由于客户层次整齐与订单量大小差异小，订货大部分采用计算机连线方式，是配送中心中比较简单的一种，难度比较低。

表 4－2　零售型配送中心出货形态表

	批发店	超市	便利商店
P→P	40%	10%	
P→C	60%	60%	30%
C→B		30%	70%

（二）配送商品的种类——I

配送中心处理的商品品项数差异性非常大：多则万种以上，如书籍、医药及汽车零件等配送中心；少则数百种甚至数十种，如制造商型配送中心。由于品项数的不同，则其复杂性与困难性也有所不同。例如所处理的商品品项数为一万种的配送中心与处理商品品项数为一千种的配送中心完全不同，其商品储存的储位安排也完全不同。

另外，配送中心所处理的商品种类不同，其特性也完全不同。如目前比较常见的配送商品有食品、日用品、药品、家电、3C 产品、服饰、录音带、化妆品、汽车零件及书籍等。由于其商品的特性不同，配送中心的厂房硬件及物流设备的选择也完全不同。例如，食品及日用品的进出货量较大，而3C产品的商品尺寸大小差异性非常大，家电产品的尺寸则较大。

服饰产品的物流特性有：80%直接送货到商店，而20%左右存于配送中心，等待理货及配送。另外较高档的服饰必须使用悬吊的搬运设备及仓储设备。

书籍物流的特性有：库存的书籍种类很多，而畅销品与不畅销品的物流量差异性非常大；另外退货率高达30%～40%；新出版的书籍、杂志，其中80%是直接送货到书店，而20%则是库存与配送中心等待补书。

（三）配送商品的数量或库存量——Q

配送中心中商品的出货数量也是变幻莫测，例如货款结算问题、年节高峰问题，以及由于忽然流行某种商品而造成出货量波动等。

以货款结算的问题来说，一般而言，如果每月20日是货款结算的截止日期，也就是20日以前订货算是这个月的货款，而20日以后订货算是下个月的货款，因此在15～20日的订货量就会明显降低，而后的订货量就会明显增加。

配送中心的库存量到底要以最多量来考虑，还是以最小量或者以平均量来考虑?若以最多量来考虑则低潮时的人力太浪费，若以最低量来考虑则高潮时的人力不足。

可见，如何确定平衡点非常重要，要做到既不会缺货也不会浪费空间，既不会人力不足也不会让人力过剩，必须要有一套有效的控制办法。例如利用外面的协作仓库及临时作业人员的方式，同时必须事先分析了解客户的订货习性而对症下药。

对配送中心的库存量而言，进口商型配送中心因进口船期的原因，必须有较长的库存量（约2个月以上）。

在通过型配送中心，则完全不需要考虑库存量，但必须注意分货的空间及效率。一般的配送中心库存量在7～10日。

（四）配送的通路——R

物流配送的通路，与配送中心的规划有很大关系。因此在规划配送中心之前首先必须了解物流配送的通路属于哪一种，然后再进行规划才不会造成失败。以下为目前物流配送的几种通路模式：

（1）工厂→营业所→零售商→消费者；

（2）工厂→配送中心→营业所→零售商→消费者；

（3）工厂→配送中心→零售店→消费者；

（4）工厂→配送中心→消费者。

（五）物流的服务品质——S

配送中心与传统营业所、经销商最大的不同就是服务品质，改变了过去买商品必须增加亲自去取的观念，订购商品必须3～5天以后才会送达。但物流服务品质的高低恰恰与物流成本成正比，也就是物流服务品质越高则其成本也越高。但是站在客户立场而言，希望以最经济的成本得到最佳服务；所以原则上物流服务水平，应该是合理物流成本之下的服务品质，也就是物流成本不会比竞争对手高，而物流服务水平比他高一点即可。目前物流的服务内容包括订货交货时间、商品缺货率、流通加工服务、商品店头陈列服务、紧急配送、夜间配送及假日配送、司机服务态度、信息提供的服务、顾问咨询服务等几种。以下针对物流的服务内容加以说明：

1. 订货交货时间

准确的交货时间是最基本的物流服务品质项目，是其他服务品质的前提。

2. 商品缺货率

商品缺货率也是物流服务品质之一，因为商品缺货往往会造成零售经营者很大的困扰及损失。商品的缺货率越低则代表其服务品质越好。

3. 流通加工服务

流通加工业称为物流加工，它主要是针对零售商的需求所提供的进一步服务。流通加工的内容包括：①贴价格标签；②贴进口商品的中文说明；③贴进口商品税条；④年节的礼盒包装；⑤批发店的最低购买量的热缩包装；⑥商品品质检查等多种服务。在配送中心集中作业可以提高作业效率及降低成本。

4. 商品店头陈列服务

有的配送中心也提供商品店头陈列服务，但是此种服务仅限于小超市及平价商店，一般零售商大部分由增加陈列上架。

5. 紧急配送、夜间配送及假日配送

当前配送中心的服务越来越多元化，为了提供更完善的服务品质，除全年无休息365日提供服务外，甚至提供紧急配送、夜间配送及指定时间配送等项目，提供客户满意的服务。

6. 司机服务态度

在物流服务品质中司机服务态度也是重点项目之一，因为过去货运司机的形象，给人的感觉是粗鲁、礼貌不佳等印象；而现在的物流司机服务态度已经有了很大改善，对人彬彬有礼、穿制服、不摔货等，甚至会与客户联系，强化与客户的沟通交流，逐渐由业务司机的形象产生。

7. 信息提供的服务

在配送中心，另外一种服务为信息的提供，因为物流信息的EIQ资料相当于零售商的POS，它可以提供POS资料给零售商，零售商就不必花费高额的经费去建置POS系统就可以得到POS资料。另外，物流经营者也可以提供商品的贩卖情报给制造商，为制造商生产及经营策略提供参考。

8. 顾问咨询服务

物流经营者还可以向零售业及制造业提供物流方面的建议，尤其对较小的零售业及制造业本身经营管理能力不强时。因此日本零食批发商为了提供超世纪便利店进一步的服务，在公司内部成立一个模拟的商店，然后把技术提供给零售业参考以增进客户关系。另外国内物流者也把物流运输的技术提供给客户（进口商或制造商），可为双方降低成本增进彼此关系。

（六）物流的交货时间——T

在物流服务品质中物流的交货时间非常重要，交货时间太长或不准时都会严重影响零售商的业务，因此交货时间的长短与守时成为物流经营者的重要评估项目。

物流交货时间是指从客户下订单开始，经过订单处理、库存检查、理货、流通加工、装车直到卡车配送到达客户手上的这一段时间；物流的交货时间按厂商服务水平的不同，可分为 4 小时、12 小时、24 小时、2 天、3 天、一星期送到等几种。目前国内一般承诺自订货后 24～48 小时可以送达。一般物流的交货时间越短则其成本会越高，因此最好的服务水平为 12～24 小时，稍微比竞争对手好一点，但成本又不会增加。

除了物流的交货时间外，还有物流的送货频度，也就是同一客户多长时间送一次货。目前根据各厂商商品特性的不同可分为：一天两次、一天一次、两天一次、三天一次、四天一次等几种。目前最常见的是一天一次及两天一次的配送频度。

当全部都是一天一次或两天一次的配送频度，但订货的数量又不多时，对物流经营者而言成本太高，因此目前的做法是以 EQ 分析的 ABC 分类来决定配送频度，例如，A 级厂商的订货量较大就每天配送，而 B 级厂商的订货量中等则两天配送一次，而 C 级厂商的订货量较少则三天配送一次或四天配送一次；原则上如此规划。当然也有例外，当客户的配送量达到经济配送量时可以弹性调整，以达到客户满意的要求。

（七）配送商品的价值或建造的预算——C

在配送中心的设立中除了以上的基本要素外，还应该注意研究配送商品的价值和建造预算。因为如果没有足够的建造费用，那些理想的计划是无法实现的。

另外，与物流成本息息相关的是配送商品的价值，因为在物流成本计算方法中，往往会计算它所占商品的比例，因此如果商品的单价高则其百分比相对会比较低，则客户比较能够负担得起；如果商品的单价低则其百分比相对会比较高，则客户负担感觉会比较高。

三、需求资料分析的内容

通过对基础资料的整理和分析，可以为规划设计阶段提供参考依据。分析方法包括定量和定性两种方法。

（1）定量化的分析包括：①储位单位分析；②物品特习惯分析；③EIQ 分析。

（2）定性化的分析包括：①作业时序分析；②人力需求分析；③作业流程分析；④作业功能需求分析；⑤业务流程分析。

一般规划分析者最容易犯的错误通常在于无法确定分析的目的，仅将收集获得的资料做一番整理及统计计算，而最后只得到一堆无用的数据与报表，却无法与规划设计需求相结合。因此在资料分析过程中，建立合理的分析步骤并有效地掌握分析数据是规划成功的关键。以下说明一些重要的分析工具及方法，及其应用范围与分析步骤。

第二节　订单品项与数量分析

配送中心在出货特性上，常有出货日程不确定、前置时间短、出货量变化大等现象，如果面对出货品项繁多，订单资料量又大，往往使规划分析者无从下手，一般分析者在无法深入分析的情形下，常用总量或平均量来概括估计相关需求条件，往往与实际需求变动产生很大的差异。若能掌握数据分析的原则，通过有效的资料统计，以及进一步的相关分析，将能使分析的过程简化，并可把握实际有用的信息。

EIQ 分析就是利用“E”、“I”、“Q”这三个物流关键要素，来研究配送中心的需求特性，为配送中心提供规划依据。日本铃木震先生积极倡导以订单品项数量分析手法（EIQ）来进行配送中心的系统规划，即从客户订单的品项、数量与订购次数等观点出发，进行出货特性的分析。而在配送中心的规划中，EIQ 确实是简明有效的分析工具。

下面介绍订单品项数量的分析方法和步骤。

一、订单出货资料的分解

收集到的企业订单出货资料，通常其资料量庞大且资料格式不易直接应用，最好能从企业信息系统的数据库中直接取得电子化数据，便于数据格式转换，并便于借助计算机运算功能处理大量的分析资料。

在进行订单品项数量分析时，首先必须考虑时间的范围与单位。在以某一工作天为单位的分析数据中，主要的订单出货资料可分解成表 4－3 的格式，并由此展开 EQ、EN、IQ、IK 四个类别的分析步骤。主要分析项目及意义说明如下：

（1）订单量（EQ）分析：单张订单出货数量的分析；

（2）订货品项数（EN）分析：单张订单出货品项数的分析；

（3）品项数量（IQ）分析：每单一品项出货总数量的分析；

（4）品项受订次数（IK）分析：每单一品项出货次数的分析。

表 4－3　　EIQ 资料统计格式（单日）

出货订单	出货品项						订单出货数量	订单出货品项
	I_1	I_2	I_3	I_4	I_5	…		
E_1	Q_{11}	Q_{12}	Q_{13}	Q_{14}	Q_{15}		$Q_{1.}$	N_1
E_2	Q_{21}	Q_{22}	Q_{23}	Q_{24}	Q_{25}		$Q_{2.}$	N_2
E_3	Q_{31}	Q_{32}	Q_{33}	Q_{34}	Q_{35}		$Q_{3.}$	N_3
⋮								
单品出货量	$Q_{.1}$	$Q_{.2}$	$Q_{.3}$	$Q_{.4}$	$Q_{.5}$		Q	N
单品出货次数	K_1	K_2	K_3	K_4	K_5		—	

注：Q_1（订单 1 的出货量）$= Q_{11} + Q_{12} + Q_{13} + Q_{14} + Q_{15} + \cdots$；

Q_1（品项 I_1 的出货量）$= Q_{11} + Q_{21} + Q_{31} + Q_{41} + Q_{51} + \cdots$；

N_1（订单 E_1 的出货项数）= 计数(Q_{11}，Q_{12}，Q_{13}，Q_{14}，Q_{15}，…）>0 者；

K_1（品项 I_1 的出货次数）= 计数(Q_{11}，Q_{21}，Q_{31}，Q_{41}，Q_{51}，…）>0 者；

N（所有订单的出货总项数）= 计数(K_1，K_2，K_3，K_4，K_5，…）>0 者；

K（所有订单的总出货次数）$= K_1 + K_2 + K_3 + K_4 + K_5 + \cdots$。

在资料分析过程中，要注意数量单位的一致性，必须将所有订单品项的出货数量转换成相同的计算单位，否则分析将失去意义，如体积、重量、箱、个或金额等单位。金额的单位与价值功能分析有关，常用在按货值进行分区管理的场合，体积与重量等单位则与物流作业有直接密切的关系，也将影响整个系统的规划，但是在资料分析过程中，须再将商品物性资料加入，才可进行单位转换。

上述 EIQ 格式乃针对某一天的出货资料进行分析，另外若分析资料范围为一时间周期内（如一周、一月、或一年等），另须加入时间的参数，即为 EIQT 分析，如表 4－4所示。

表 4-4　　EIQT 资料分析格式（加入时间范围）

日期	客户订单	出货品项						订单出货数量	订单出货品项
		I_1	I_2	I_3	I_4	I_5	…		
T_1	E_1	Q_{111}	Q_{121}	Q_{131}	Q_{141}	Q_{151}	…	$Q_{1.1}$	N_1
	E_2	Q_{211}	Q_{221}	Q_{231}	Q_{241}	Q_{251}	…	$Q_{2.1}$	N_{21}
	⋮								
	单品出货量	$Q_{\cdot 11}$	$Q_{\cdot 21}$	$Q_{\cdot 31}$	$Q_{\cdot 41}$	$Q_{\cdot 51}$	…	Q_1	N_1
	单品出货品项	K_{11}	K_{21}	K_{31}	K_{41}	K_{51}	…	—	K_1
T_2	E_1	Q_{112}	Q_{122}	Q_{132}	Q_{142}	Q_{152}	…	$Q_{1.2}$	N_{12}
	E_2	Q_{212}	Q_{222}	Q_{232}	Q_{242}	Q_{252}	…	$Q_{2.2}$	N_{22}
	⋮								
	单品出货量	$Q_{\cdot 12}$	$Q_{\cdot 22}$	$Q_{\cdot 32}$	$Q_{\cdot 42}$	$Q_{\cdot 52}$	…	Q_2	N_2
	单品出货品项	K_{12}	K_{22}	K_{32}	K_{42}	K_{52}	…	—	K_2
⋮	⋮								
合计	单品总出货量	$Q_{\cdot 1 \cdot}$	$Q_{\cdot 2 \cdot}$	$Q_{\cdot 3 \cdot}$	$Q_{\cdot 4 \cdot}$	$Q_{\cdot 5 \cdot}$	…	Q	N
	单品出货品项	K_1	K_2	K_3	K_4	K_5	…	—	K

注：Q_1（品项 I_1 的出货量）$= Q_{11} + Q_{12} + Q_{13} + Q_{14} + Q_{15} + \cdots$；

Q（所有品项的总出货量）$= Q_1 + Q_2 + Q_3 + Q_4 + Q_5 + \cdots$；

K_1（品项 I_1 的出货次数）$= K_{11} + K_{12} + K_{13} + K_{14} + K_{15} + \cdots$；

K（所有订单的总出货次数）$= K_1 + K_2 + K_3 + K_4 + K_5 + \cdots$。

二、EIQ 资料取样

要了解配送中心实际运作的物流特性，单从一年的资料分析无法有效判断并得出有效结论，但是若分析一年以上的资料，往往因资料量庞大，使分析过程费时费力。因此可先就单日别的出货量进行初步分析，找出可能的作业周期及其波动幅度，若各周期内出货量大致相似，则可缩小资料范围，以一较小周内的资料进行分析，若各周期内趋势相近，但是作业量仍有很大差异，则应对资料做适当分组，再从某一群组中找出代表性的资料进行分析。一般常见的分布趋势如一周内出货量集中在周五、周六；一个月内集中于月初或月尾；一年中于某一季出货量最大等。实际分析过程如找出可能的作业周期，则使分析步骤容易进行，如将分析资料缩至某一月份、一年中每月月初第一周或一年中每周的周末等范围。

但是，一般配送中心一天的订单可能有上百张，订货品项资料可能上千笔，要集中处理这样多的资料不是一件容易的事，因此需要资料的取样分类。若 EIQ 的资料量过大，不易处理时，通常可依据配送中心的作业周期性，先取一个周期内的资料加以分析（若配送中心作业量有周期性波动），或取一个星期的资料分析。若有必要再进行更详细的资料分析。

同时也可依商品特性或客户特性将资料分成数个群组，针对不同的群组分别进行EIQ分析；或是以某群组为代表，进行分析后再将结果乘上数倍，以求得全体资料。或是采取抽样方式，分析后再将结果乘上倍数，以代表全体资料。不管采用何种分类和抽样方式进行资料取样，都必须注意所取样的资料是否能反映、代表全体状态。

三、资料分析使用的统计方法

EIQ分析以量化分析为主，常用的统计手法包括平均值、最大最小值、总数、柏拉图分析、次数分布及ABC分析等，以下分别说明集中常见的分析方法。

（一）柏拉图分析

在一般配送中心作业中，如将订单或单品品项出货量经排序后绘图（EQ、IQ分布图），并将其累积量以曲线表示出来，即为柏拉图，此为数量分析时最基本的绘图分析工具，如图4－1所示。其他只要可表示成项与量关系的资料，均可以柏拉图方式描述。

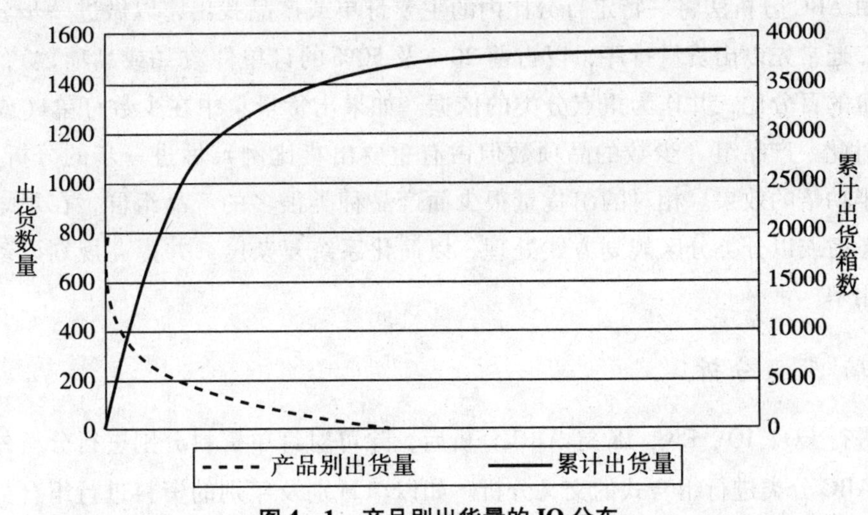

图4－1 产品别出货量的IQ分布

（二）次数分布

绘出EQ、IQ等柏拉图分布图，但是若想进一步了解产品出货量的分布情形，可将出货量范围做适当分组，并计算各产品出货量出现于各分组范围内的次数，其例如图

4－2所示。

由图4－2可知，次数分布图的分布趋势与资料分组范围有密切关系，在适当的分组之下，将可得到进一步有用的信息，并找出数量分布趋势及主要分布范围。但是在资料分组过程中，仍有赖于规划分析者的专业素养和对资料认知的敏感性，以快速找出分组范围。

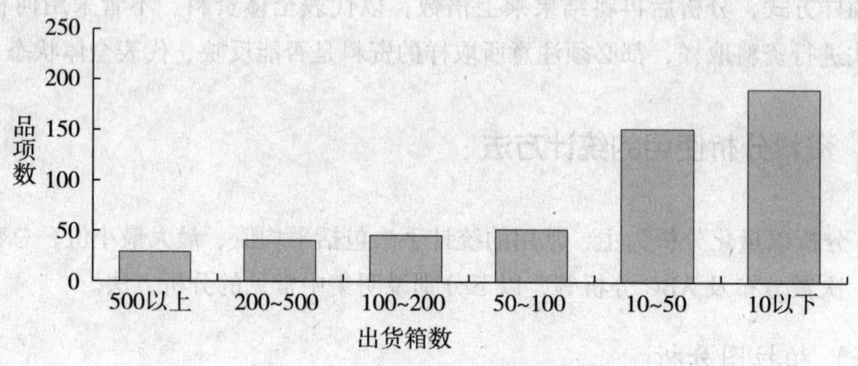

图4－2　出货量的品项次数分布

（三）ABC分析

在制作EQ、IQ、EN、IK等统计分布图时，除可由次数分布图找出分布趋势，进一步可由ABC分析法将一特定百分比内的主要订单或产品找出，以做进一步分析及重点管理。通常先以出货量排序，以占前20%及50%的订单件数（或品项数），计算所占出货量的百分比，并作为重点分类的依据。如果出货量集中在少数订单（或产品），则可针对此一产品组（少数的品项数但占有重要出货比例）做进一步的分析及规划，以达事半功倍的效果。相对的出货量很少而产品种类很多的产品组群，在规划过程中可先不考虑或以分类分区规划方式处理，以简化系统复杂度，并提高规划设备的可行性及利用率。

（四）交叉分析

在进行EQ、IQ、EN、IK等ABC分析后，除可对订单资料分别进行分析外，也可以就其ABC分类进行组合式的交叉分析。如以单日别及年别的资料进行组合分析，或其他如EQ与EN、IQ与IK等项目，均可分别进行交叉汇编分析，以找出有利的分析信息。其分析过程先将两组分析资料经ABC分类后分为3个等级，经由交叉汇编后，产生3×3的9组资料分类，再逐一就各资料分类进行分析探讨，找出分组资料中的意义及其代表的产品组。在后续规划中，如结合订单出货与物性资料，也可产生有用的交叉分析数据。

第三节　订单变动趋势分析

一、订单变动趋势分析

所有利用历史资料的分析过程，均是利用过去的经验值来推测未来趋势的变化。在配送中心的规划过程中，首先须针对历史销售或出货资料进行分析，以了解销售趋势及变动。如能找出各种可能的变动趋势或周期性变化，则有利于后续资料的分析。

一般分析过程的时间单位须视资料收集的范围及广度而定，如要预测未来成长的趋势，通常以年为单位；如要了解季节变动的趋势通常以月为单位；而要分析月或周内的倾向或变动趋势，则须将选取的期间展开至旬、周或日等时间单位；如此将使分析资料更为充实，但是相对所花费的时间及分析过程也繁复许多。如果在分析时间有限的情形下，找出特定单月、单周或单日平均及最大、最小量的销货资料来分析，也是可行的方法。变动趋势分析常用的方法包括时间数列分析、回归分析等，读者可参考一般统计分析图书，以下就时间数列分析做简要说明。

针对一段时间周期内的销货资料进行分析时，通常先进行单位换算，以求数量单位统一，否则分析结果将无意义。常见的变动趋势包括：

（1）长期趋势：长时间内呈现渐增或渐减的趋向，必须在时间数列中除其他可能的变动影响因子；

（2）季节变动：以一年为周期的循环变动，发生原因通常是由于自然气候、文化传统、商业习惯等因素；

（3）循环变动：以一固定周期（如月、周）为单位的变动趋势。部分长期的循环（如景气循环）有时长达数年以上；

（4）偶然变动：为一种不规则的变动趋势，可能为多项变动因素的混合结果。

如以各年度月份的时间单位为横轴，进行时间序列分析，常可得其变动形态，包括长期趋势的变动、季节变动、循环变动及不规则变动。在不同的变动趋势下，可调整规划能力的策略及规划设置的规模。

依据不同的变动趋势可设定产能水平的目标，并制定必要能力的水平，通常以达成尖峰值的80%为基准，再视尖峰值出现的频率来调整。一般若曲线的山峰值与山谷值超过3倍时，要再同一个配送中心系统内处理，将使效率降低，营运规模的制定将更加困难，因此必须制定适当的营运量策略以取得经济效益与营运规模的平衡。不足的产能或储运量可借助外包、租用调拨仓库、订单平准化，或设计弹性功能较大的仓储物流设备类适应；至于多余的产能或储运空间，则可以考虑出租他人使用，或者开发与时间互补性的产品，以消化淡季时的剩余储运能力。

二、EIQ 图表分析应用

EIQ 图表分析是订单资料分析过程最重要的步骤，通常须对各个分析图表进行认真分析，并配合交叉分析及其他相关资料做出综合判断结论。以下为一些基本的分析准则及类型以供参考，至于较深入的判读技巧仍待规划分析者不断地从各类不同的产业类型及实务信息汇总获得。

（一）EQ 分析

EQ 分析主要可了解单张订单订购量的分布情形，可用于决定订单处理的原则、拣货系统的规划，并将影响出货方式及出货区的规划。通常以单一营业日的 EQ 分析为主，各种 EQ 分布图类型分析如表 4－5 所示。

表 4－5　EQ 分布图类型分析

EQ 分布图类型	分析	应用
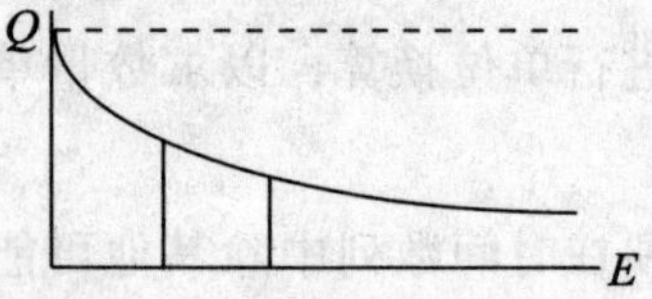 Q E	为一般物流中心常见模式，由于量分布趋两极化，可利用 ABC 作进一步分类	规划时可将订单分类，少数而量大的订单可作重点管理，相关拣货设备的使用亦可分级
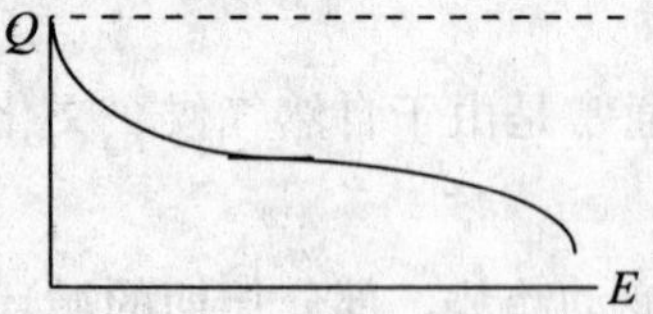 Q E	大部分订单量相近，仅少部分有特大量及特小量	可以以主要量分布范围进行规划，少数差异较大者可以特例处理，但须注意规范特例处理模式
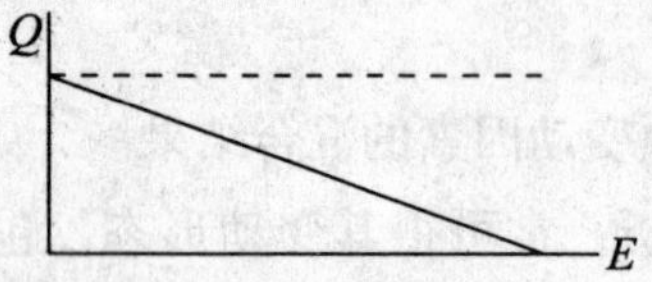 Q E	订单量分布呈渐减趋势，无特别集中于某些订单或范围	系统较难规划，宜规划通用的设备，以增加运用的弹性，货位亦以容易调者为宜
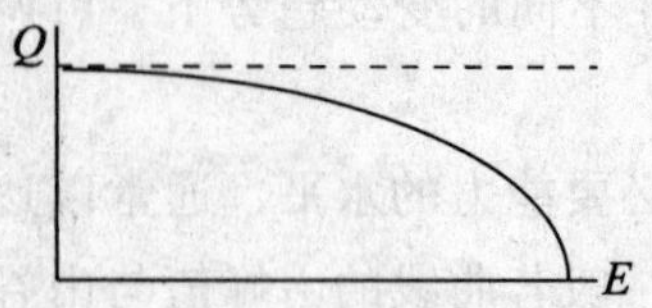 Q E	订单量分布相近，仅少数订单量较少	可区分为两种类型，部分少量订单可以批次处理或以零星拣货方式规划
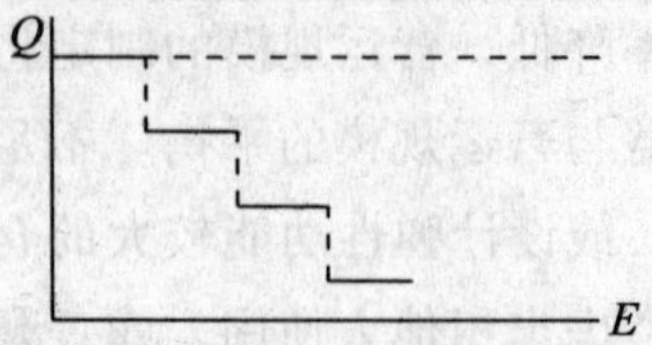 Q E	订单量集中于特定数量而无连续性渐减，可能为整数发货，或为大型物件的少量发货	可以较大单元负载单位规划，而不考虑零星发货

EQ图形分布，可作为决定储区规划及拣货模式的参考，当订单量分布趋势越明显时，则分区规划的原则越易运用，否则应以弹性化较高的设备为主。当EQ量很小的订单数所占比例很高时（>50%），应可将该类订单另行分类，以提高拣货效率；如果以订单类别捡取则须设立零星拣货区，如果采取批量拣取，则须视单日订单数及物性是否具有相似性，综合考虑物品分类的可行性，以决定是否于拣取时分类或于物品拣出后于分货区进行分类。

品项数量（IQ）分析：主要了解各类产品出货量的分布状况，分析产品的重要程度与运量规模。可用于仓储系统的规划选用、储位空间的估算，并将影响拣货方式及拣货区的规划，各种IQ分布图类型分析如表4－6所示。

表4－6　　IQ分布图类型分析

IQ分布图类型	分析	应用
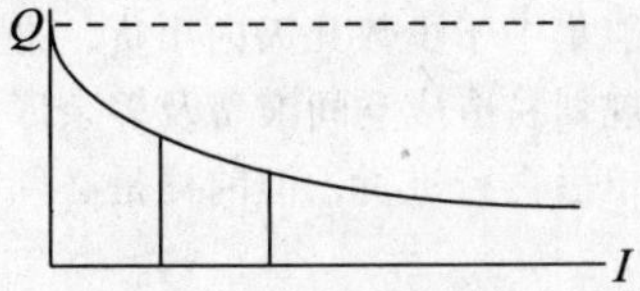 Q I	为一般物流中心常见模式，由于量分布趋两极化，可利用ABC作进一步分类	规划时可将订单分类按储区储存，种类产品储位单位、存货水平可设定不同水平
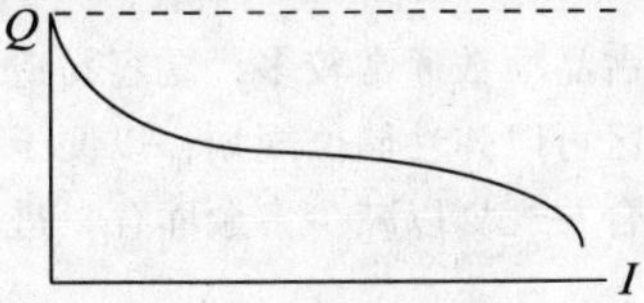 Q I	大部分产品发货量相近，仅少部分有特大量及特小量	可以以主要量分布范围进行规划，少数差异较大者可以特例处理，但须注意规范特例处理模式
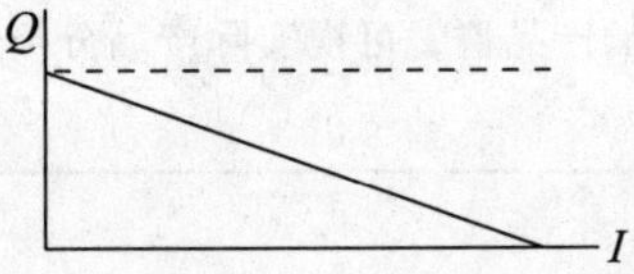 Q I	各产品发货量呈渐减趋势，无特别集中于某些订单或范围	系统较难规划，宜规划通用的设备，以增加运用的弹性，货位亦以容易调者为宜
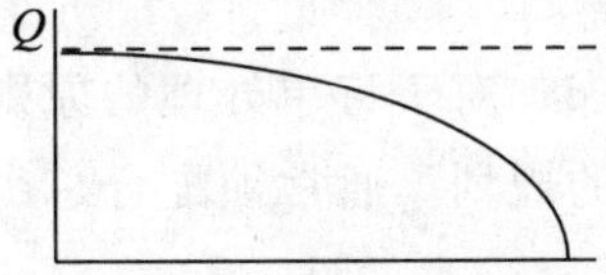 Q I	各产品发货量分布相近，仅部分品项发货量较少	可区分为两种类型，部分少量产品可用轻量型储存设备存放
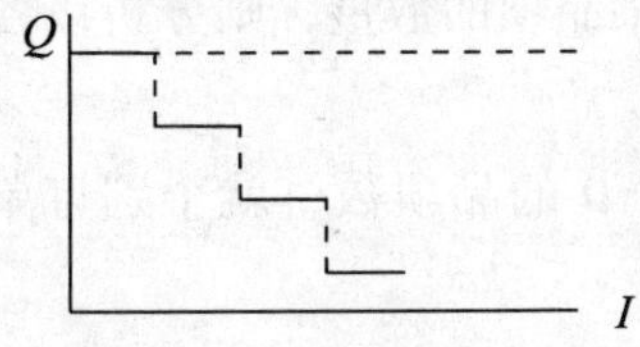 Q I	产品发货量集中于特定数量而无连续性渐减，可能为整数（箱）发货，或为大型物件，但发货量较小	可以较大单元负载单位规划，或重量型储存设备规划，但仍需配合物性加以考虑

在规划储区时应以一时间周期的IQ分析为主（通常为一年），若配合进行拣货区的规划时，则须参考单日的IQ分析；另外单日IQ量与全年IQ量是否对称也是分析观

察的重点，因为结合出货量与出货频率进行关联性分析时，整个仓储拣货系统的规划将更趋于实际，因此可进行单日IQ量与全年IQ量的交叉分析。

若将单日及全年的IQ图以ABC分析将品项依出货量分为ABC（大、中、小）三类，并产生对照组合后进行交叉分析，则将其物流特性分成以下几类如表4-7所示。

表4-7　单日与全年IQ分析对照表

分类	对比
Ⅰ	年出货量及单日出货量均很大，为出货量最大的主力产品群，仓储拣货系统的规划应以此类为主，仓储区以固定储位为较佳，进货周期宜缩短而存活水平较高，以应付单日可能出现的大量出货，通常为厂商型配送中心或工厂发货中心
Ⅱ	年出货量大但单日出货量较小，通常出货天数多且出货频繁，而使累积的年出货量放大。可考虑以零星出货方式规划，仓储区可以固定储位规划，进货周期宜缩短并采取中等存货水平
Ⅲ	年出货量小但单日出货量大，虽总出货量很少，但是可能集中于少数几天内出货，是容易造成拣货系统混乱的可能因素。若以单日量为基础规划易造成空间浪费及多余库存，宜以弹性储位规划，基本上平时不进货，于接到订单后再行进货，但前提是必须缩短进货前置时间
Ⅳ	年出货量小且单日出货量也小，虽出货量不高，但是所占品项数通常较多，是容易造成占地仓储空间使周转率降低的主要产品群。因此仓储区可以弹性储位规划，以便于调整货位大小的储存设施为宜，通常拣货区可与仓储区合并规划以减少多余库存，进货周期宜缩短并降低存货水平
Ⅴ	年出货量中等但单日出货量较小，为分类意义较不突出的产品群，可视实际产品分类特性再归纳入相关分类中

（二）订单品项数（EN）分析

订单品项数（EN）分析主要了解订单与订购品项数的分布，对于订单处理的原则及拣货系统的规划有很大影响，并将影响出货方式及出货区的规划。通常须配合总出货品项数、订单出货品项累计数及总品项数三项指针综合参考。

以 Q_{ei} = 数量（订单 e，品项 i）符号表示单一订单订购某品项的数量，则分析以各指针的意思如下：

（1）单一订单出货品项数：计算单一订单中出货量大于0的品项数，就个别订单来看，可视为各订单拣取作业的拣货次数。

$$N_1 = \text{COUNT}(Q_{11}, Q_{12}, Q_{13}, Q_{14}, Q_{15}, \cdots) > 0$$

（2）总出货品项数：计算所有订单中出货量大于0或出货次数大于0的品项数。

$$N = \text{COUNT}(Q_1, Q_2, Q_3, Q_4, Q_5, \cdots) > 0 \text{ 或}$$

COUNT（K_1，K_2，K_3，K_4，K_5，…）>0，且 $N \geqslant N_e$（总出货品项数必定大于单一订单的出货品项数）

此值表示实际有出货的品项总数，其最大值即为配送中心内的所有品项数。若采用订单批次拣取策略，则最少的拣取次数即为总出货品项数。

（3）订单出货品项累计次数：将所有订单出货品项数加总所得数值，即以 EN 绘制柏拉图累积值的极值。

$$GN = N_1 + N_2 + N_3 + N_4 + N_5 + \cdots$$

$GN \geqslant N$（当个别订单间的品项重复率越高，则 N 越小）。

此值可能会大于总出货品项数甚至所有产品的品项数。若采用订单拣取作业，则拣取次数即为订单出货品项累计次数。

由以上说明，针对 EN 图与总出货品项数、订单出货品项累计次数两项指针，及配送中心内总品项数的相对量加以比较，可整理如表4－8 所示的模式。基本上表4－8 中各判断指针的大小，须视配送中心产品特性、品项数、出货品项数的相对大小及订单品项的重复率来决定，并配合其他因素综合考虑。

表4－8　　EN 分布图类型分析

EN 分布图类型	分析	应用
N品项数 N总品项数 GN出货品项累计数 N总出货品项数 EN=1	单一订单的出货项数较小，$EN=1$ 的比例很高，总品项数不大，且与总出货项数差距不大	订单出货品项重复率不高，可考虑订单拣取方式作业，或采取批量拣取配合边拣边分类作业
N品项数 N总品项数 GN出货品项累计数 N总出货品项数 EN≥10 E	单一订单的出货项数较大，$EN \geqslant 10$，总出货项数及累积出货项数均仅占总品项数的小部分，通常为经营品项数很多的配送中	可以订单别拣取方式作业，但由于拣货区路线可能很长，可以订单分割方式分区拣货再集中，或以接力方式拣取

（三）品项受订次数（IK）分析

品项受订次数（IK）分析：主要分析产品出货次数的分布，对于了解产品的出货频率有很大的帮助，主要功能可配合 IQ 分析决定仓储与拣货系统的选择。另外当储存、拣货方式已决定后，有关储区的划分及储位配置，均可利用 IK 分析的结果作为规划参考的依据，基本上仍以 ABC 分析为主，并从而决定储位配置的原则，各类型分析如表 4－9 所示。

表 4－9　　IK 分布图类型分析

IK 分布图类型	分析	应用
K I	为一般配送中心常见模式，由于量分布趋两极化，可利用 ABC 做进一步分类	规划时可依产品分类划分储区及储位配置，A 类可接近出入口或便于作业的位置及楼层，以缩短行走距离，若品项多时可考虑作为订单分割的依据来分别拣货
K I	大部分产品出货次数相近，仅少部分有特大量及特小量	大部分品项出货次数，因此储位配置依物性决定，少部分特异量仍可依 ABC 分类精神决定配置位置，或以特别储区规划

（四）IQ 及 IK 交叉分析

IQ 及 IK 交叉分析：将 IQ 及 IK 以 ABC 分析分类后，可对拣货策略的决定，提供参考依据，如图 4－3 所示。将 IQ 及 IK 以 ABC 分析分类后，所得交叉分析的分类整理如表 4－10 所示。依其品项分布的特性，可将配送中心规划为以订单别拣取或批量拣取的作业形态，或者以分区混合处理方式运作。实际上拣货策略的决定，仍须视品项数与出货量的相对量做判断的依据。

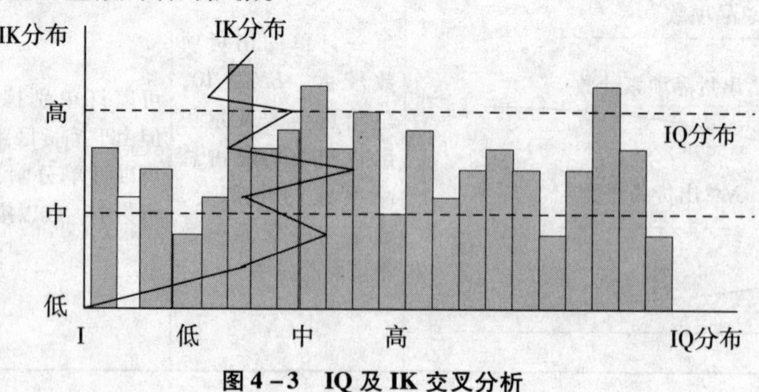

图 4－3　IQ 及 IK 交叉分析

表 4－10　　IQ 及 IK 交叉类型分析

IK \ IQ	高	中	低
高	可采用批量拣货方式，再配合分类作业处理	可采用批量拣货方式，视出货量及品项数是否便于拣取时分类来决定	可采用批量拣货方式，并以拣取时分类方式处理
中	以订单拣取为宜	以订单拣取为宜	以订单拣取为宜
低	以订单拣取为宜，并集中于接近出入口位置处	以订单拣取为宜	以订单拣取为宜，可考虑分割为零星拣货区

三、EIQ 分析的用途

通过 EIQ 分析，可以得到许多有用的信息，对配送中心的规划和改善具有重要意义。EIQ 分析对配送中心规划的作用可以概括如下。

1. 可以了解物流特性

利用 EIQ 加以分析之后，可归纳出如下一些特征：

（1）订单内容

订单上的内容，即客户订购何种物品、多少数量，这些“种类”及“数量”为物流系统的基本要素。

（2）订单特性

从客户处接收的订单，不同客户具有不同的特性。统计分析这些特性，可得出客户的订货特性。

（3）接单特性

从各个具有“订单特性”的客户而来的订单，加以收集和累积后，即成为一天的接单，长久分析后可看出配送中心的“接单特性”。

（4）配送中心特性

除了接单特性外，再加上入库特性、保管特性，即构成配送中心特性。

（5）EIQ 特性

将客户订单（E）的内容中的种类（I）、数量（Q）加以收集，得到一日、一个月、一年中的接单特性，当业务状态稳定时即形成一定的特性，此一特性就是 EIQ 特性。

2. 得出配合物流系统特性的物流系统模块

尽管配送中心的形态有许多变化，可是组成一个配送中心的子系统如自动仓库、高速自动分类机、拣货系统，流动货架、旋转货架、输送机等模块，台车、叉车等要素确有一定规则。从 EIQ 分析资料可以得到选择子系统、模块、要素等的条件，再依据这些条件，选出候选的各个模块，这样可以节省许多设计时间。

3. 选择物流设备

事先建立物流设备选择时所需的条件，只要 EIQ 分析结果符合这些条件要求，即可得出所需的物流设备。

4. 仿真分析

EIQ 资料为日常物流资料，可用于仿真分析系统所需作业人员数、作业时间。

5. 进行物流系统的基础规划

在规划物流系统时有件重要的事必须加以确定：规模上的需求是什么？有多少出货量？多少入货量？由 EIQ 分析可得出过去的需求状况，这些数据可以当做是假定的需求，将这些数据与阶层式的系统设备条件加以对应，即可得到概略性的系统规格（系统轮廓）。这些方案可能有好几个可供选择，若将入库条件、库存条件、预算金额、建筑法规等条件列入考虑因素，即可进一步将系统的轮廓细致化，最后定案的系统规格也可以依据实际情况加以展开。

第四节　物品特征与储运单位分析

一、PCB 分析

考察物流系统的各个作业（进货、拣货、出货）环节，可看出这些作业均是以各种包装单位（P——托盘、C——箱子、B——单品）作为作业基础。每一个作业环节都需要人员、设备的参与，即每移动一种包装单位或转换一种包装单位都须使用到设备、人力资源。而且不同包装单位可能有不同的设备、人力需求。因此掌握物流过程中的单位转换相当重要，因此也要将这些包装单位（P，C，B）要素加入 EIQ 分析。所谓 PCB 分析，即以配送中心的各种接受订货的单位来进行分析，对各种包装单位的 EIQ 资料表进行分析，以得知物流包装单位特性。

进行 EIQ 分析时，如能配合相关物性、包装规格及特性、储运单位等因素，进行关联及交叉分析，则更容易对仓储及拣货区域进行规划。结合订单出货资料与物品包装储运单位的 EIQ－PCB 分析（P——托盘、C——箱子、B——单品），即可将订单资料以 PCB 的单位加以分类，在按照各分类别分别进行分析。

一般企业的订单资料中同时含有各类出货形态，订单中包括整箱与零散两种类型同时出货，以及订单中仅有整箱出货或仅有零星出货。为适当地规划仓储与拣货区，必须将订单资料依出货单位类型加以分割，以正确计算各区实际的需求。常见于物流系统的储运单位组合形式如表 4－11 所示。

表 4－11　　储运单位组合形式

入库单位	储存单位	拣货单位
P	P	P
P	P，C	P，C
P	P，C，B	P，C，B
P，C	P，C	C
P，C	P，C，B	C，B
C，B	C，B	B

二、物品特性分析

其他物性资料也是产品分类的参考因素，如依储存保管特性分为干货区、冷冻区及冷藏区，或依产品重量分为重物区、轻物区，也有依产品价值分为贵重物品区及一般物品区等。针对一般基本物性与包装单位的分析要素，整理如表 4－12 所示。

表 4－12　　商品物性与包装单位分析表

特性	资料项目	资料内容
物料性质	1. 物态	□气味　□液体　□半液体　□固体
	2. 气味特性	□中性　□散发气味　□吸收气味　□其他
	3. 储存保管特性	□干货　□冷冻　□冷藏
	4. 温湿度需求特性	______℃，______%
	5. 内容物特性	□坚硬　□易碎　□松软
	6. 装填特性	□规则　□不规则
	7. 可压特性	□可　□否
	8. 有无磁性	□有　□无
	9. 单品外观	□方形　□长方形　□圆筒　□不规则形　□其他
单品规格	1. 重量	______（单位：　）
	2. 体积	______（单位：　）
	3. 尺寸	长×宽×高（单位：　）
	4. 物品基本单位	□个　□包　□条　□瓶　□其他

续 表

特性	资料项目	资料内容
基本包装单位规格	1. 重量	______ （单位： ）
	2. 体积	______ （单位： ）
	3. 外部尺寸	长×宽×高（单位： ）
	4. 基本包装单位	□个 □包 □条 □瓶 □其他
	5. 包装单位个数	______ （个/包装单位）
	6. 包装材料	□纸箱 □捆包 □金属容器 □塑料容器 □袋 □其他
外包装单位规格	1. 重量	______ （单位： ）
	2. 体积	______ （单位： ）
	3. 外部尺寸	长×宽×高（单位： ）
	4. 基本包装单位	□托盘 □箱 □包 □其他
	5. 包装单位个数	______ （个/包装单位）
	6. 包装材料	□包膜 □纸箱 □金属容器 □塑料容器 □袋 □其他

第五节 物流与信息流基本流程分析

进行配送中心规划过程中，除了数量化信息的分析以外，一般物流与信息流流程等定性化资料分析也有必要，包括如下内容。

一、作业流程分析

可针对一般常态性及非常态作业加以分类，并整理出配送中心的基本作业流程。由于产业与产品别的不同，配送中心的作业流程也不尽相同，可依个别企业的特性找出原有作业流程，并逐步分析其必要性与合理性，经合理化分析以后再依序建立其作业流程规划。一般配送中心作业流程内容分析如表 4－13 所示。

表 4－13　　　　　一般配送中心作业流程内容分析

作业性质	作业分类	作业内容
1. 一般常态性物流作业	（1）进货作业	车辆进货 进货卸载 进货点收 理货
	（2）储存保管作业	入库 调拨补充
	（3）拣货作业	订单拣取 拣货分类 集货
	（4）出货作业	流通加工 品检作业 出货点收 出货装载
	（5）配送作业	车辆调度指派 路线安排 车辆运送 交递货物
	（6）仓储管理作业	定期盘点 不定期抽盘 到期物品处理 即将到期物品处理 移仓与储位调整
2. 非常态性物流作业	（1）退货物流作业	退货 退货卸载 退货点收 退货责任确认 退货良品处理 退货瑕疵品处理 退货废品处理 其他
	（2）换货补货作业	退货后换货作业 误差责任确认 零星补货拣取 零星补货包装 零星补货运送 其他

续 表

作业性质	作业分类	作业内容
2. 非常态性物流作业	（3）物流配合作业	车辆货物出入管制 装卸车辆停泊 容器回收 空容器暂存 废料回收处理

二、业务流程分析

配送中心内与仓储物流作业相对应的是相关业务流程的执行运作，作业过程中以结合物流、信息流及相关窗体流程为主。基本上可依个别企业的特性找出原有信息窗体流程步骤、输出/入方式及资料接口传递方式等现状，并逐步分析其必要性与合理性，经窗体与信息接口合理化以后，再依序建立其作业流程的规划。

一般配送中心由于品项繁多，每日订单量又大，使处理订单和订单录入工作量非常大。目前许多物流企业已逐步朝无纸化作业方向努力，其关键就是在于信息流程的分析与规划。一般配送中心相关业务流程内容分析如表 4 – 14 所示。

表 4 – 14　　配送中心相关业务流程内容分析

作业性质	作业分类	作业内容
1. 物流支持作业	（1）接单作业	客户资料维护 订单数据处理 货量分配计算 订单资料维护 订单资料异动 退货数据处理 客户咨询服务 交易分析查询 其他
	（2）出货作业	出货数据处理 出货资料维护 出货与订购差异的处理 换货补货处理 紧急出货处理 其他

续　表

作业性质	作业分类	作业内容
1. 物流支持作业	（3）采购作业	厂商资料维护 采购数据处理 采购资料维护 采购资料异动 货源规划 其他
	（4）进货作业	进货数据处理 进货资料维护 进货与采购差异的处理 进货时程管制 其他
	（5）库存管理作业	产品资料维护 储位管理作业
	（6）库存管理作业	库存数据处理 到期日管理 盘点数据处理 移仓数据处理 其他
	（7）订单拣取作业	配送计划制作 拣取作业指示处理 配送标签打印处理 分类条码打印处理 其他
	（8）运输配送作业	运输计划制作 车辆调度管理 配送路径规划 配送点管理 货物运行基本资料维护 运输费用数据处理

续 表

作业性质	作业分类	作业内容
2. 一般性业务作业	(1) 财务会计作业	一般进销存账务处理作业 成本会计作业 相关财务报表作业 其他
	(2) 人事薪资管理	差勤数据处理 人事考核作业 薪资发放作业 员工福利 教育训练 绩效管理 其他
	(3) 厂务管理作业	门禁管制作业 公共安全措施 厂区整洁维护 一般物流订购发送 设备财产管理 其他
3. 决策支持作业	(1) 效益分析	物流成本分析 营运绩效分析
	(2) 决策支持管理	车辆指派系统 配送点与道路网络分析

三、作业时序分析

在配送中心规划过程中，须了解过去的作业形态及作业时间的分布。如目前大部分的便利店和超市已采用夜间进货，可避免日间车流量过大，也可在购物低谷时段处理进货点作业。因此基于服务客户的原则，配送时段的配合已成为必要的考虑因素。相对的配送中心内拣货及分货作业须配合配送时段的需求，向前或向后调整，其次才考虑与厂商进货时段的制定。通常对商品或通路主导权较大的物流经营者常约束厂商进货的时段，以有效规划作业人力及设施的利用。若不限定厂商进货时段，则容易造成进出货同时进行，人力与设备调度困难及作业空间混乱等问题。

将配送中心一个正常工作天内各项作业的工作时段，逐一条例化描述及分析，较有利于观察配送中心的作业时序与特性，其作业时序分析如图 4－4 所示。

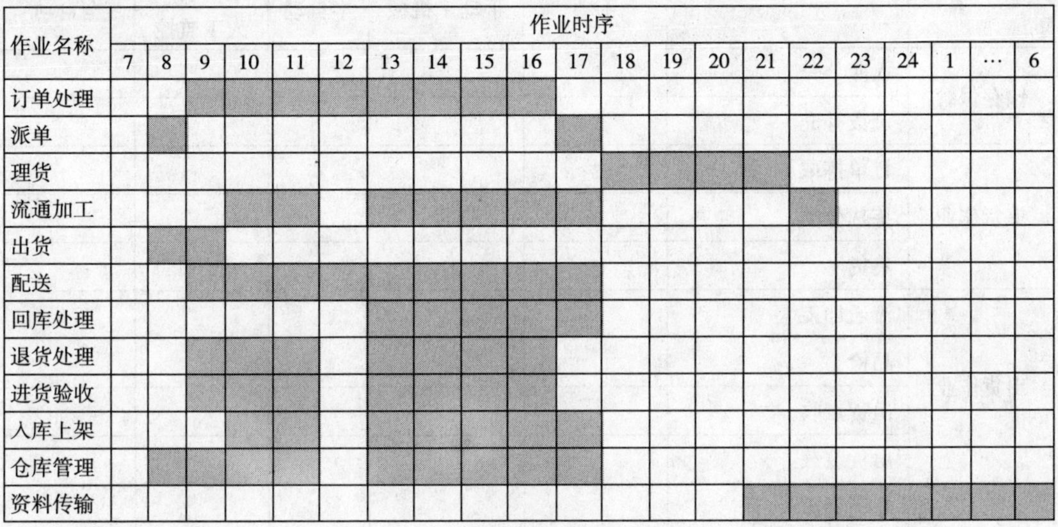

作业名称	作业时序																				
	7	8	9	10	11	12	13	14	15	16	17	18	19	20	21	22	23	24	1	…	6
订单处理																					
派单																					
理货																					
流通加工																					
出货																					
配送																					
回库处理																					
退货处理																					
进货验收																					
入库上架																					
仓库管理																					
资料传输																					

图 4－4　配送中心作业时序

四、人力需求与素质分析

对配送中心使用人数、背景及各层级人数进行分析，并参考劳动人数及劳动程度，以作为后续规划物流系统经营效率、设备自动化与机械化程度的参考。

五、自动化水平的分析

可对现有系统设备自动化程度进行分析及研究，是否有过度依赖人力现象或自动化设备的过高配置，其分析结果可作为后续规划物流系统设备的参考依据。配送中心自动化水平的分析表如表 4－15 所示。

表 4－15　　配送中心自动化水平分析

作业分类	作业内容	自动化水平				
		手动	手动＋机械	半自动	全自动＋人工监控	全自动
进货作业	车辆进货					
	进货卸载					
	进货点收					
	理货					

续 表

作业分类	作业内容	自动化水平				
		手动	手动+机械	半自动	全自动+人工监控	全自动
储存保管	入库					
	调拨补充					
拣货作业	订单拣取					
	拣货分类					
	集货					
出货作业	流通加工					
	品检					
	出货点收					
	出货装载					
配送作业	车辆调派					
	路线安排					
	车辆运送					
	交递作业					
仓储管理作业	定期盘点					
	不定期抽盘					
	到期物品处理					
	即将到期物品处理					
	移仓与储位调整					

在物流仓储自动化分类上，可将人员、设备与作业互动的关系分成5级。

（1）手动：以人力完成相关作业的方式，如以人手堆码货物；

（2）手动+机械：有机械化设备辅助操作完成作业，如以堆高机叉取货物等作业；

（3）半自动：人员经由简易的操作、输入动作，经由自动化机械设备完成作业，但无任何控管作业；

（4）全自动+人工监控：虽由机械设备自动完成相关作业，但须人员进行监视及核对作业；

（5）全自动：由自动化设备完成相关作业，自动核对修正，自动资料收集反馈与监控。

本章小结

本章介绍了配送中心规划基础资料分析。第一节介绍了配送中心规划资料分析概述；第二节介绍了订单品项与数量分析；第三节介绍了订单变动趋势分析；第四节介绍了物品特征与储运单位分析；第五节分别对物流与信息流基本流程分析。

第五章 配送中心作业系统规划

物流配送中心规划是一个系统工程，要求规划的流程合理化、简单化和机械化。所谓合理化就是各项作业流程既有必要性又有合理性。要使流程合理化，必须对流程设计提出很高要求，因为物流配送中心的类型确定之后，其功能区域分布不合理，严重影响作业效率。

物流配送中心的作业活动可以按照常规作业和非常规作业进行分类，结合已有的资料来确定基本和辅助作业流程。分析各流程的必要性和合理性，建立作业流程规划。物流配送中心的主要内容有订货、进货、发货、仓储、拣货和配送等。在确定了物流配送中心的主要活动及其程序之后，才能规划设计整个作业流程。

第一节 配送中心基本作业流程

物流作业是按照客户要求，将货物分拣出来，按时、按量发送到指定地点的过程。物流作业是物流配送中心运作的核心内容，因此，物流作业流程的合理性，以及物流作业效率的高低都会直接影响整个物流系统的正常运行。具体来说，物流作业一般包括以下几项内容（如图5－1所示）：客户及订单管理、入库作业、理货作业、装卸搬运作业、流通加工作业、出库作业、配送作业等。

（一）客户及订单管理

物流管理的最终目标是满足客户需求，因此客户服务应该成为全局性的战略目标。通过良好的客户服务，不仅可以提高配送中心的信誉，增加配送中心对客户的亲和力并留住客户，而且可以通过客户服务获得第一手市场信息和客户需求信息，为企业的进一步发展打下基础。在本项作业活动中，主要完成客户合同的签订、客户管理、订单管理以及客户结算等工作。

（二）入库作业

入库作业时指货物到达仓储区，经过接运、验收，码放至相应的货位，并完成交

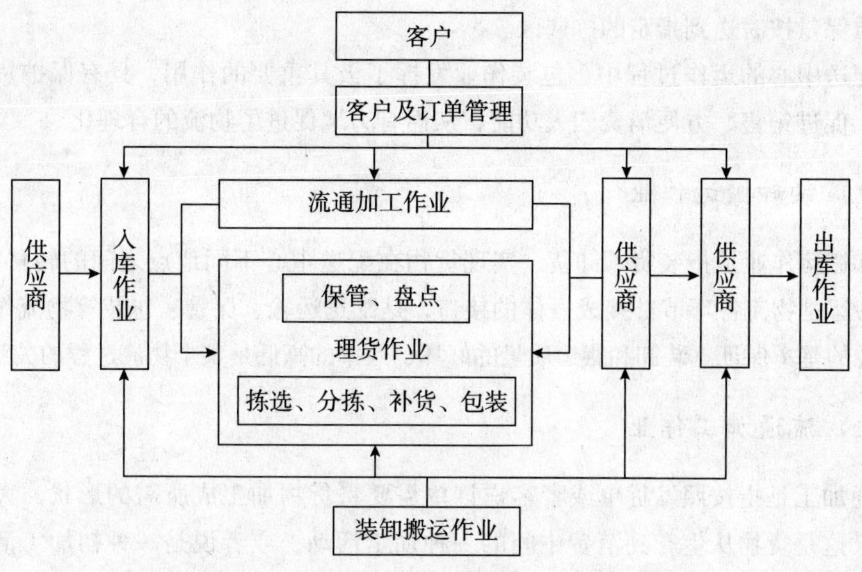

图 5－1　配送中心基本作业流程

割手续的全过程。入库作业的大致过程为：从送货车上将货物卸下，并核对该货物的数量及状态（数量检查、质量检查、开箱等），进行验收和分类，并搬运到配送中心的储存地点，然后将必要信息给以书面化等。在入库作业中，货物质量管理即验收工作至关重要。

（三）理货作业

理货是配送中心的基本作业活动，主要完成货物的储存保管、库存控制、盘点、拣选、分拣、补货和再包装等工作。

储存保管作业的主要任务在于妥善保管货物，根据货物属性、货物存储对环境的要求等，对货物进行不定期检查、保养，善用仓储空间，对环境因素进行调整，科学地确保货物质量和数量完整。

在配送中心的工作过程中，货物不断地进库和出库。在长期积累下理论库存数量与实际库存数是不相符的。有些货物因长期存放，品质下降，不能满足客户需要。为了有效地掌握货物数量和质量情况，必须定期对各储存场所进行清点作业，即盘点作业。

拣选是按订单或出库单的要求，从储存场所选出货物，并放置于指定地点的作业。在配送中心内部所涵盖的作业范围中，拣选作业是极为重要的一环，其重要性相当于人体的心脏部分。拣选作业的目的在于正确而迅速地把客户所需的货物集中起来。

分拣是将货物按品种、出入库先后顺序进行分门别类堆放的作业。

补货作业是从保管区把货物运到另一个拣选区的工作。补货作业的目的是确保货物能保质保量按时送到指定的拣选区。

在配送中心的运作过程中，包装作业发挥了极其重要的作用，具有保护货物、方便物流、促进销售、方便消费四大功能，从而有力地促进了物流的合理化。

（四）装卸搬运作业

装卸搬运作业是指装货、卸货、实现货物在配送中心不同地点之间的转移等活动。装卸、搬运是物流各环节链接成一体的接口，是配送运输、保管、包装等物流作业得以顺利实现的基本保证。装卸和搬运质量的好坏、效率的高低是整个物流过程的关键所在。

（五）流通加工作业

流通加工是指按照发货单或者客户订单需要将货物加工成所需的形状、大小等作业过程。这是货物从生产到消费中间的一种加工活动，或者说是一种初加工活动，是社会化分工、专业化生产的新形式，是使货物发生物理性变化（如大小、形式、数量等变化）的物流方式。通过流通加工，可以节约材料，提高成品率，保证供货质量和更好地为客户服务。所以，对流通加工的作业不可低估。流通加工时物流过程中“质”的升华，是流通向更深层次发展。

（六）出库作业

出库是指货物离开货位，经过备货、包装和复核，装载至发货准备区，同时办理完交割手续的过程。

货物出库要根据“先进先出、推陈出新”的发货原则，做到先进先出，保管条件差的先出，包装简易的先出，容易变质的先出，对保管期限的货物要再限期内发出。

货物发运质量直接影响货物流通的速度和货物运输安全。按照“及时、准确、安全、经济”的货物发运原则，做到出库的货物包装牢固，符合运输要求，包装标志和发货标志鲜明清楚。要单证齐全，单货同行，单货相符；要手续清楚，货物交接责任分明，确保货物配送顺利进行。

（七）配送作业

所谓配送作业就是利用配送车辆把客户订购的货物从配送中心送到客户手中的工作。

当单个客户配送数量不能达到车辆的有效载运负荷时，就存在如何集中不同客户的配送货物，进行搭配装载以充分利用运能、运力的问题，这就需要配装；和一般送货的不同之处在于，通过配装送货可以大大提高送货水平及降低送货成本。所以，配装也是配送系统中有现代特点的功能要素，也是现代配送不同于以往送货的重要区别之处。

配送运输由于配送用户多，一般城市交通路线又较复杂，如何组合成最佳路线，如何使配载和路线有效搭配等，是配送运输的特点，也是难度较大的工作。如何集中车辆调度，组合最佳路线，采取巡回送货方式，是配送运输活动中送货组织需要加以解决的主要问题。

交货时配送活动的最后作业，是把运送到客户的货物，按客户要求，在指定地点进行卸车，办理核查、移交手续等作业活动。

第二节　配送中心进货系统规划

一、进货系统的基本流程

商品入库如图 5 – 2 所示，是指接到商品入库通知单后，经过接运提货、装卸搬运、检查验收、办理入库手续等一系列作业环节构成的工作过程。入库作业集体分为货物入库准备、货物接运、货物验收、货物入库交接和登记。

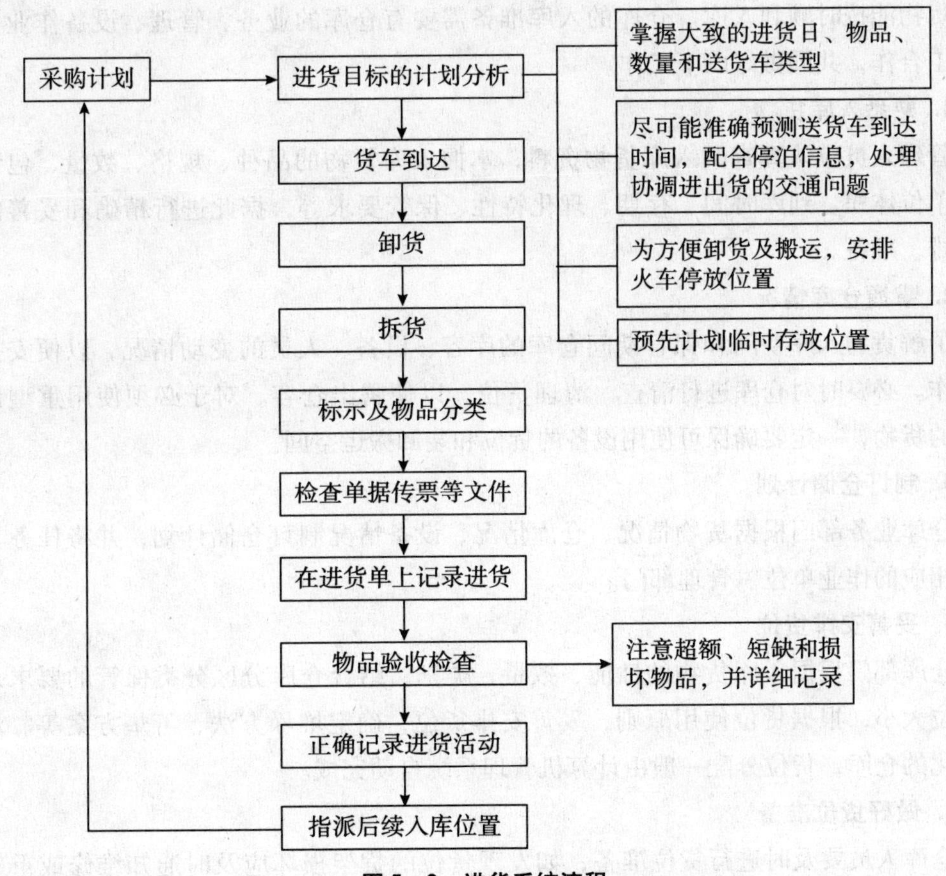

图 5 – 2　进货系统流程

货物接运可在车站、码头、仓库或专用线进行。货物到达仓库之后，仓库人员首先应进行验单，检查随货物同时到达的货单。按照货单开列的收货单位、货物名称、规格、数量以及交货日期等项内容，与货物的各项标志逐项进行核对。在验单过程中应该注意，如果发现错送，应当拒收退回。对于一时无法退回的货物，必须在清单后另行存放，并且要及时记录待以后处理。对于检查验收合格的货物，则填写入库单据，并办理入库交接手续。

货物进入仓库，卸货可以分为人工和机械两种情况。在大型仓库里一般使用装卸机械进行，例如叉车、吊车、输送带等。在装卸的过程中，必须注意轻搬轻放，保证货物安全无损。在条件允许的情况下，应尽可能在卸载的同时，按照货物的保管要求，将不同收货单位或不同品种的货物分别堆放，为货物入库作准备。

二、进货系统中货物入库准备

仓库应根据仓储合同、入库单货入库计划，及时地进行库场准备和仓储设备准备，以便货物能按时顺利入库。仓库的入库准备需要有仓库的业务、管理、设备作业等部门分工合作，共同做好以下工作。

1. 熟悉入库货物

管理人员应认真查阅入库货物资料，掌握入库货物的品种、规格、数量、包装状态、单位体积、到库时间、存期、理化特性、保管要求等，据此进行精确和妥善的库场安排、准备。

2. 掌握仓库情况

了解货物入库期间和保管期间仓库的库容、设备、人员的变动情况，以便安排入库工作。必要时对仓库进行清查，清理货位，以便腾出仓容。对于必须使用重型设备操作的货物，一定要确保可使用设备的货位和装卸搬运空间。

3. 制订仓储计划

仓库业务部门根据货物情况、仓库情况、设备情况制订仓储计划，并将任务下达到各相应的作业单位、管理部门。

4. 妥善安排货位

仓库部门根据入库货物的性能、数量、类别，结合仓库分区分类保管的要求，核算货位大小，根据货位使用原则，妥善安排货位，确定堆垛方法、苫垫方案等。对于自动化的仓库，货位分配一般由计算机管理系统自动完成。

5. 做好货位准备

仓库人员要及时进行货位准备，如发现货位的货架损坏应及时通知维修或重新安排货位。彻底清洁货位，清楚残留物，清理排水管道，必要时要消毒除虫、铺地。详细检查照明、通风等设备，发现损坏及时通知修理。

6. 准备苫垫材料、作业用具

在货物入库前，根据所确定的苫垫方案，准备相应材料，并组织衬垫铺设作业。准备妥当作业所需的用具，以便能及时使用。

7. 验收准备

仓库理货人员根据货物情况和仓库管理制度，确定验收方法。准备验收所需的点数、称量、测试、开箱、装箱、丈量、移动照明等工具盒用具。

8. 装卸搬运工艺设定

根据货物、货位、设备条件和人员等情况，合理科学地制定货物装卸搬运工艺，保证作用效率。

9. 文件单证准备

对货物入库所需的各种报表、单证、记录簿等，如入库记录、理货检验单、料卡、残损单等应预先填妥，以备使用。

实际操作中，由于仓库种类、货位种类和业务性质不同，入库准备工作有所差别，需要根据具体实际和仓库制度灵活调整，做好充分准备。

三、进货系统中卸货与验收

（一）卸货

卸货就是将货物由车辆搬至码头的动作，其最需要克服的关键在于车辆与月台间的间隙。一般装卸台与货车（含货柜车、厢式车等）之间的高度总会有差距且有间隙，使叉车等装卸搬运车辆无法直接进出货车，不得不靠人工搬运，造成时间和人力方面的浪费，严重影响工作效率及增加作业危险性。通常装卸货码头为作业安全与方便起见，常见下列四种设施：

1. 可移动式楔块

可搬移的楔块又叫竖板，当装卸货物时，可放置于卡车或拖车的车轮旁固定，以避免装卸货期间车轮意外滚动可能造成的危险。

2. 升降平台

最安全也最有弹性的卸货辅助器应属升降平台。升降平台分为卡车升降平台、码头升降平台两种。当配送车辆到达时，以卡车升降平台而言，可提高或降低车子后轮使得车底板高度与月台一致，以方便装卸货；若以码头升降平台而言，则可通过升降平台上的高度调节板调整码头平台高度来配合配送车车底板的高度，因而两者有异曲同工之效。

3. 车尾附升降台

装置于配送车尾部的特殊平台。当装卸货时，可运用此平台将货物装上卡车或卸至月台。升降板可延伸至月台，可以倾斜放至地面，其设计有多种样式，适于无月台设施的配送中心或零售店的装卸货使用。

4. 吊钩

当拖车倒退入码头碰到码头缓冲块时，码头设施即开动吊钩，使其钩住拖车，以免装卸货时轮子打滑，其作用类似移动式的楔块，也可用链子等代替吊钩。

除了使用以上四种设备来克服车辆与月台间的间隙外，若车辆后车厢高度与码头月台同高，可考虑直接将车辆尾端开入停车台装卸货的方式，让车辆与月台间紧密结合，使装卸作业方便有效率，且对于货物安全也更能发挥保护效果。

（二）验收

货物验收是对产品的质量和数量进行检查的工作。验收工作一般分为两种：第一种是先点收货物，再通知负责检验的单位办理检验工作；第二种是先有检查部门检验品质认为完全合格后，再通知仓储部门办理收货手续。

1. 货物验收的标准

货物要能达到公司的满意程度才准许进行验收入库，因而验收要符合预定的标准。基本上验收货品时，可根据下列几项标准进行检验：采购合约或者订购单所规定的条件，以询价或议价时的合格样品为准据，采购合约中的规格或者图解，各种产品的国家质量标准。

2. 确定抽检比例的依据

配送中心的验收工作繁忙，商品连续到货，而且品种、规格较为复杂，在有限的时间内不可能逐件检查。因此，需要确定一定的抽查比例。抽查比例的大小可以根据商品的特性、价值、供应商信息和物流环境等因素决定。

（1）商品的物流化学性能：对物流化学性能不稳定的商品应加大抽查比例。

（2）商品价值的大小：对贵重商品应加大抽检比例。

（3）生产技术和品牌信誉：品牌信誉较好的商品抽检比例较小。

（4）物流环境：包括储运过程的气候、地理环境和运输包装条件等。

（5）散装商品的验收：散装称重商品必须全部通过计量，计件商品必须全部检查质量和核查数量。

①在品质检验方面，包括物理实验、化学分析及外形检查等；

②数量的点收方面，除核对货品号码外，还可依据采购合约规定的单位，用度量衡工具，逐一衡量其长短、大小和轻重。

3. 货物检验的主要方法

（1）视觉检验：在充足的光线下，利用视力观察货物的状态、颜色、结构等表面状况，检查有无变形、破损、脱落、变色、结块等损害情况，以判定质量。

（2）听觉检验：通过摇动、搬运操作、轻度敲击来听取声音，以判定质量。

（3）触觉检验：利用手感坚定货物的细度、光滑度、黏度、柔软程度等，以判定质量。

（4）嗅觉、味觉检验：通过货物所特有的气味、滋味测定来判定质量，有时会感觉到串味损害。

（5）测试仪器检验：利用各种专用测试仪器进行货物性质测定，如含水量、密度、黏度、成分、光谱等测试。

（6）运行检验：对货物进行运行操作，如电器、车辆等，检查操作功能是否正常。

4. 货物检验的内容

（1）外观质量检验。

①包装检验。包装检验室对货物的外包装，也称为运输包装、工业包装的检验。检验包装有无被撬开、开缝、挖洞、污染、破损、水渍和沾湿等不良情况。撬开、开缝、挖洞有可能是被盗的痕迹，污染是因为配装、堆存不当所造成，破损有可能因装卸、搬运作业不当、装载不当造成，水渍和沾湿是由于雨淋、渗透、落水、潮解造成。包装的含水量是影响货物保管质量的重要指标，一些包装物含水量高表明货物已经受损，需要进一步检验。

②货物外观检验。对无包装的货物，直接查看货物的表面，检查是否有生锈、破裂、脱落、撞击、刮痕等损害。

③重量、尺寸检验。对入库物资的单件重量、货物尺寸进行衡量和测量，确定货物的质量。

④标签、标志检验。主要检查货物的标签和标志是否具备、完整、清晰，标签、标志与货物内容是否一致等。

⑤气味、颜色、手感检验。通过货物的气味、颜色判定是否新鲜，有无变质。用手触摸、捏试，判定有无结块、干涸、融化、含水量太高等。

⑥打开外包装检验。若外包装检验中判定内容有受损的可能，或者依照检验标准要求开包检验、点算包内细数时，应该打开包装进行检验。开包检验必须有两人以上在现场，检验后在箱件上印贴已验收的标志。需要封装的应及时进行封装，包装已破损的应更换新包装。

（2）内在质量检验。

内在质量检验室对货物的内容进行检验，包括对物流结构、化学成分、使用功能等进行鉴定。内在质量检验由专门技术检验单位进行，经检验后出具检验报告说明货物质量。

(3) 入库货物检验程度。

入库货物检验程度是指对入库货物实施数量和质量检验的数量。分为全查和抽查，原则上应采用全查的方式，对于大批量、同包装、同规格、较难破坏、质量较高、可信赖的货物可以采用抽查的方式检验。但是在抽查中发现不符合要求较多时，应扩大抽查范围，甚至全查。

①数量检验的范围包括：

- 不带包装的物品检验率为100%，不清点件数检验率为100%
- 定尺钢材检验率为10%～20%，非定尺钢材检验率为100%
- 贵重金属材料100%过净重
- 有标量或者标志定量的化工产品，按标量计算，核定总重要
- 同一包装、规格整齐、大批量的货物，包装严密、符合国家标准且有合格证的货物采取抽样的方式验量，抽查率为10%～20%

②质量检验的范围包括：

- 带包装的金属材料，抽验率为5%～10%；无包装的金属材料全部目测查验
- 入库量10台以内的机电设备，验收率为100%；100台以内，验收不少于10%；运输、起重设备100%查验
- 仪器仪表外观质量缺陷查验率为100%
- 易于发霉、变质、受潮、变色、污染、虫蛀、机械性损伤的货物，抽验率为5%～10%
- 外包装质量缺陷检验率为100%
- 对于供货稳定，信誉、质量较好的厂家产品，特大批量货物采用抽查的方式检验质量
- 进口货物原则上100%逐件检验

5. 入库检验时间

货物的数量、外表状况应在入库时进行检验；对货物的内容，在合同约定时间之内进行检验，或者按照仓储习惯，国内到货在入库的10天之内，国外到货30天之内进行内容质量检验。

6. 检验中发现问题的处理

货物检验中，可能会发现诸如证件不齐、数量缺陷、质量不符合要求等问题，应区别不同情况，及时处理。

(1) 凡检验中发现问题等待处理的货物，应该单独存放、妥善保管，防止混杂、丢失、损坏。

(2) 数量短缺在规定磅差范围内的，可按原数入账。凡超过规定磅差范围的，应

查对核实，做成验收记录和磅码单交主管部门，主管部门再会同货主向供货单位办理交涉。凡实际数量多于原发料量的，可由主管部门向供货单位退回多发数，或补发货款。

(3) 凡质量不符合规定时，应及时向供货单位办理退货、换货交涉，或征得供货单位同意代为修理，或在不影响使用的前提下降价处理。商品规格不符或错发时，应先将规格对的予以入库，规格不对的做成验收记录交给主管部门办理换货。

(4) 证件未到或不齐时，应及时向供货单位索取，到库商品应作为待检验商品堆放在待验区，待证件到齐后再进行验收。证件未到之前不能验收、不能入库，更不能发料。

(5) 凡属承运部门造成的商品数量短少或外观包装严重残损等，应凭借运提货时索取的"货运记录"向承运部门索赔。

(6) 凡价格不符，供方多收部门应予以拒付，少收部门经过检查核对后，应主动联系，及时更正。

(7) 凡"入库通知单"或其他证件已到，在规定时间里未见商品到库时，应及时向主管部门反映，以便查询处理。

在商品验收过程中，如果发现商品数量或质量问题，应该严格按照有关制度进行处理。在对验收过程中发现的问题进行处理时应注意以下几个方面：

第一，在商品入库凭证未到齐之前不得正式验收。如果入库凭证不齐或不符，仓库有权拒收或暂时存放，待凭证到齐后再验收入库。

第二，发现商品数量或质量不符合规定，要会同有关人员当场做出详细记录，交接双方应在记录上签字。如果是交货方的问题，仓库应该拒接接受。如果是运输部门的问题就应该提出索赔。

第三，在数量验收中，计件商品应及时验收，发现问题要按规定的手续、在规定期限内向有关部门提出索赔要求。否则超过索赔期限，责任部门对形成的损失将不予负责。

四、进货系统中货物编号

由于进货作业是配送中心作业的首要环节，为了让后续作业准确而快速地进行，保持货物品质及作业水准，在进货阶段对货物进行有效地编码是一项十分重要的工作。

（一）货物编号的原则

(1) 简易性。编号结构应尽量简单，长度尽量短，这不仅便于记忆，也可以节省计算机的存储空间，减少代码处理的差误，提高信息处理效率。

（2）单一性。每一个编号只对应一种货物。

（3）一贯性。编号要统一，有连贯性。

（4）充足性。采用的文字、记号或数字应足够用来编号。

（5）完全性。每一种货物都用一种代码表示。

（6）适应性。编号应尽可能反映货物的特点，易于记忆，具有暗示或联想的作用。

（7）扩充弹性。为未来货物品种的扩展及货物规格的增加留有余地，使其可因需要而自由延伸，或随时从中插入。

（8）组织性。编号应有组织性，以便存档或查找账卡及相关资料。

（9）实用性。管理计算机化已成为目前趋势，编号应与计算机配合。

（10）分类展开性。若货物过于繁多、复杂，使得编号庞大，则应使用渐近分类的方式来进行编号。

（二）货物编号的方法

货物编号的方法很多，常见的有无含义代码和有含义代码。无含义代码通常可以采用顺序码和无序码来编排，有含义代码则通常是在对货物进行分类的基础上，采用序列顺序码、数值化字母顺序码、层次码、特征组合码及复合码等进行编排。配送中心常用的编号方法如下：

（1）顺序编号。顺序编号又称流水编号，即将阿拉伯数字或英文字母按顺序往下编号的方法，常用于账号及发票编号等。在品种少、批量多的物流配送中心也可用于货物编号，为了使用方便，常与编号索引配合使用。

（2）分组编号。分组编号是按货物特性将数字组成多个数组，每个数组代表货物的某一种特性的编号方法。例如，第一组代表货物的种类，第二组代表货物的形状，第三组代表货物供应商，第四组代表货物尺寸等。至于每一个数组的具体位数应视实际需要而定。

（3）数字分段编号。数字分段编号是把数字进行分段，每一段数字代表具有同一共性的一类货物的编号方法。

（4）实际意义编号。实际意义编号是指按照货物的名称、重量、尺寸、分区、存储位置、保存期限或其他特征等实际情况来编号的方法。此方法的优点在于通过货物的编号就可知货物的内容及相关信息。

（5）后位数编号。运用编号末尾的数字，来对同类物品作进一步的细分，也就是从数字的层级关系来看出物品的归属类别。

（6）暗示编号。暗示编号是指用数字与文字的组合进行编号，编号本身岁不直接指明货物的实际情况，但却能暗示货物的内容的编号方法。此法容易记忆又不易让外人知道。

五、进货系统中货物堆码与货位确定

（一）货物堆码

货物的堆码质量在一定程度上反映出仓储作业和管理水平。作业时应按照有关码垛标准和货物的有关堆码要求进行堆码，不码“自由垛”和“懒垛”，要确保库存货物、仓储设施和作业人员的安全。货垛要整齐美观，便于收发和盘点。要充分合理地利用仓容，提高仓储利用率。

1. 码垛要求

（1）合理。对不用品种、规格型号、牌号、等级、批次和不同生产厂家的货物要分开堆码，不能混杂不清。所选垛型要符合货物的性能和特点要求。库房内码垛要符合“五距”（墙距、顶距、灯距、柱距、垛距）的要求；库房外码垛要距离建筑物 2m 以上；排水沟附近不能堆码货物。同时还要根据“先进先出”的原则，按货物进库先后次序堆码。

（2）稳定。货垛要不偏不斜，不倒不歪，不压坏货垛底层货物和地坪。要留有“五距”，确保货物和仓储设施的安全。

（3）定量。每行每层数量力求成整数，便于过目知数。不具备整数堆码条件的货物，其垛层要明显，以便于清点数目、发货和盘点。

（4）整齐。排列要整齐有序，严格按规定的垛型标准堆码。横竖均成行、成列，包括标志一律朝外，做到整洁、美观。

（5）节省。节省仓位，节省人力机力，提高仓库面积利用率。

2. 垛型及码垛方法

（1）重叠式货垛。逐件逐层向上重叠堆高形成垛型。钢板、箱装货物等质地坚硬、包装牢固、占地面积较大且不易倒塌的货物可采用此方法堆码。箱装重叠式货垛要不偏不斜，与地面垂直，垛高 1m 以上允许偏差不超出 2～3cm。中厚钢板重叠式货垛要垛层分明，不歪不偏。以便于起吊和清点，层间应前后交错或左右交错，两层交错距离为 5～20cm。凡是定尺单张板材要码成四面齐，非定尺板材要码成三面齐。成捆有色锭材的重叠式货垛堆码要四面齐，压缝向上堆码，层次清楚。松散的锭材要码在货垛的顶部，不得混码与每层之中。袋装化工产品产品可码成二横一竖或二横三竖的重叠式货垛。要求垛的四个侧面与地面垂直，误差不得超出 5cm。

（2）纵横交错式货垛。将货物一层压一层纵横交叉向上堆码，形成方形桩垛，故称方形垛。此垛型适宜码大垛、高垛，垛形牢固、整齐。金属材料中的成捆型钢、管材、紫铜锭等采用此方式堆码既快又安全。码垛时要将垛底码紧堆实，不得松动。堆码单跟圆形货物（如管材、圆钢）时，每层两边要用铁丝箍紧，避免滚动滑落，造成倒桩。定尺货物要四面齐，非定尺货物要三面齐。

（3）仰伏相扣式货垛。将货物仰放一层，伏放一层，正反相扣，互相咬紧形成桩垛。这种货垛适用于金属材料中型钢材和锭材的码垛。

（4）压缝式货垛。将底层排列成方形、长方形、环形等垛底，然后起脊卡缝逐层码高，形成压缝起脊式垛形，故也称起脊压缝式垛形。环形垛底形成的货垛为圆柱形，卷板、电动机、盘条和筒装货物适宜采用此种方式堆码。

（5）行列式货垛。一些体积大而且重，外形特殊需要经常查看四周变化情况的货物。只能平放，排列成行。此种方式适合于大型变压器、搅拌机、汽车灯，有利于通风、检查，也便于发货。汽车可以根据车种、车型分组排列成行列式存放，后车紧接前车排成列，行间距离一般为30～50cm。搅拌机、变压器堆码时两件相靠，并列成行（有的为单列）。两行之间应留出通道，以便于检查和发货。

（6）插柱式货垛。堆码货物时，在货垛两侧插入两对或三对钢棒或钢管作为插桩，然后将货物平铺于插桩之中，每层或第二层拉铁丝，以防倒塌。此货垛是长方形金属材料常用的垛形。为起吊出货方便，层间宜采用缩进伸出的方式堆码。

（7）衬垫式货垛。四面是不规则的产品（如裸体电动机、减速器等）常采用此垛型。堆码时每层垫入与物体相适应的衬垫物，以加强货垛的稳定性，然后向上堆码。

（8）串联式货垛。利用货物中间的管道或孔隙（如管子零件、轮胎等），用绳索将一定数量的货物串联起来，逐层向上堆码。

（9）鱼鳞形货垛。将圆圈形货物（如电线、盘条等）半卧，其一小半压在另一圈货物上，顺序排列，第一件和最后一件直立作柱或另放柱子。码第二层时，方法与第一层相同，唯方向相反。这种货垛稳固，花纹像鱼鳞一样，故称鱼鳞形货垛。

（10）通风式货垛。需要通风保管的货物，堆码时在每层或每件货物之间都留出一定空隙，以便于通风透气。

（二）货位确定

1. 货位的使用方式

仓储货位是仓库内具体存放货物的位置。库场除了通道、机动作业场地，就剩下存货的货位。为了使仓库管理有序、操作规范，存货位置要能准确表示。人们根据仓库的结构、功能，按照一定的要求将仓库存货位置进行分块分位，形成货位。每一个货位都用一个编号表示，以便区别。货位确定并进行标识后，一般不随便改变。货位可大可小，有大致几千平方米的散货货位，有小至仅有零点几平方米的橱架货位，根据具体所存货物的情况确定。货位分位场地货位、货架货位，有的相邻货位可以串通合并使用，有的预先已安装地坪，无须垫垛。仓库货位的使用有三种方式：

（1）固定货位。货位只用于存放确定的货物，使用时要严格区分，绝不能混用、串用。长期货源的计划库存等大都采用固定方式。固定货位便于拣选、查找货物，但是仓容利用率较低。由于货物固定，可以对货位进行有针对性的装备，有利于提高货物保管质量。

（2）不固定的货物货位。货物任意存放在有空的货位，不加分类。不固定货位有利于提高仓容利用率，但是仓库内显得混乱，不便于查找和管理。对于周转极快的专业流通仓库，货物保管时间极短，大都采用不固定方式。不固定货物的货位储藏，在计算机配合管理下，能实现充分利用仓容，有方便查找的好处。采用不固定货位的方式，仍然要遵循仓储的分类安全管理原则。

（3）分类固定货物的货位。对货位进行分区、分片，同一区内只存放一类货物，但在同一区内的货位则采用不固定使用的方式。这种方式有利于货物保管，也较方便查找货物，仓容利用率可以提高。大多数存储仓库都使用这种方式。

2. 选择货位的原则

（1）保证先进先出、缓不围急。“先进先出”是仓储保管的重要原则，能避免货物超期变质；在货位安排时要避免后进货物围堵先进货物；存期较长的货物，不能围堵存期较短货物。

（2）根据货物的尺寸、数量、特性、保管要求选择货位。货位的通风、光照、温度、排水、刮风、雨雪等条件要满足货物保管的需要。货位尺寸与货物尺寸匹配，特别是大件、长件货物要能存入所选货位；货位的容量与货物的数量接近，选择货位时考虑相近货物的情况，防止与相近货物相忌而互相影响。对需要经常检查的货物，存放在方便经常检查的货位。

（3）出入库频率高的货物使用方便作业的货位。对于有持续入库或者持续出库的货物，应安排在靠近出口的货位，方便出入。流动性差的货物，可以安排在离出入口较远的位置。同样道理，存期短的货物安排在出入口附近。

（4）小量集中、大不围小、重近远轻。多种小批量货物，应合用一个货位或者集中在一个货位区，避免夹存在大批量货物的货位中，可以方便查找。重货应离装卸作业区最近，以减少搬运作业量或者可以直接用装卸设备进行堆垛作业。使用货架时，重货放在货架下层，需要人力搬运的重货，存放在腰部高度的货位。

（5）方便操作。所安排的货位能保证搬运、堆垛、上架的作业方便，有足够的机动作业场地，能使用机械进行直达作业。

（6）作业分布均匀。尽可能避免仓库内或者同条作业线路上有多项作业同时进行，避免相互妨碍。

六、进货系统中入库交接与登记

入库货物经过点数、查验之后，可以安排卸货、入库堆码。待卸货、搬运、堆垛作业完毕，与送货人办理交接手续，并建立仓库台账。

（一）手续

交接手续是指仓库对收到的货物向送货人进行确认，表示已接受货物。办理完交接手续，意味着划分清楚了运输、送货部门和仓库的责任。完整的交接手续包括：

（1）接受货物。仓库通过查验货物，将不良货物剔出、退回或者编制残损单证等以明确责任，确定收到货物的确切数量、货物表面状态是否良好。

（2）接受文件。接受送货人送交的货物资料、运输的货运记录、普通记录等，以及在随货运输单证上注明的相应文件，如图纸、准运证等。

（3）签署单证。仓库与送货人或承运人共同在送货人交来的送货单、交接清单上签署，并留存相应单证。提供相应的入库、查验、理货、残损单证、事故报告，由送货人或承运人签署。

（二）登账

货物入库时仓库应建立详细反映仓储实际情况的明细账。

入库货物等级的主要内容有：货物名称、规格、型号、生产厂家、数量、件数、批次、金额，注明货位号或运输工具、入库经办人。

（三）立卡

货物入库或上架后，将货物名称、规格、数量等内容填在料卡上称为立卡。料卡又称为货卡、货牌，插放在货物下方的支架上或摆放在货垛正面的明显位置。

（四）建档

仓库应对所接受仓储的货物或者委托人建立存货档案或者客户档案，以便进行货物管理，与客户保持联系，同时有助于总结和积累仓库保管经验，研究仓储管理规律。

存货档案应一货一档设置，将该货物入库、保管、交付的相应单证、报表、记录、作业安排等资料的原件或者复制件存档。存货档案应统一编号，妥善保管，长期保存。

存货档案的内容有：货物的各种技术资料、合格证、装箱单、质量标准、送货单、发货清单等；货物运输单据、货运记录、残损记录、装载图等；入库通知单、验收记录、磅码单、技术检验报告；保管期间的检查、保养作业、通风除湿、翻仓、事故等直接操作记录，存货期间的温度、湿度、特殊天气的记录等；交接签单、检查报告等；回收的仓单、货垛牌、仓储合同、存货计划、收费存根等；其他有关该货物仓储保管的特别文件和报告记录。

第三节　配送中心储存系统规划

一、配送中心储存系统概述

传统的物流系统中储存作业一直扮演着最主要的角色，但是在现今生产制造技术及运输系统都已相当发达的情况下，储存作业的角色也已起了质与量的变化。虽然其调节生产量与需求量的原始功能一直没有改变，不过为了满足现今市场少量多样的形态，使得物流系统中的拣货、出货、配送的重要性已凌驾在储存保管功能之上。

（一）储存作业的功能

配送中心因形态的不同，对储存作业的需求程度也有所差别，可将其功能分为两类：一是调节生产或市场需求的变化；二是维持其他作业的顺利进行。现就配送中心实际运作的观点讨论储存作业的功能，分为下列三项：

1. 调节生产制造与需求的功能

部分附属于制造商的配送中心常位于工厂周边，除具备商品配送的功能之外，还具备一般仓库调节生产过剩或不足的功能。

2. 取得采购优惠的功能

另有部分属于零售商集团或批发商的配送中心，为了采购时能取得较优惠的折扣，常一次订购所谓经济批量的商品，所以储存区域也需考虑每一批量的大小。

3. 补充拣货作业区商品存量功能

前两项都包含在传统仓库的储存作业功能中，而配送中心内储存作业最重要的功能，就在于补充拣货作业区的商品存量。有时一个配送中心找不到真正的储存区域，其储存作业已包含在拣货作业区。

储位管理的目的，除保证储存作业三项基本功能外，最主要的目的就是辅助其他作业顺利进行。我们知道配送中心作业就是一连串“存”与“取”的动作所组合，如进货存放进货暂存区、暂存区取出再存放等。

在入库作业时所使用的保管区域，此区域的货品大多以中长期状态在进行保管，所以称为保管储区。一般配送中心均以此区域为最大且最主要的保管区域，货品在此区域均以较大的储存单位进行保管，是整个配送中心的管理重点所在。为了使保管区域的储存容量增大，就要分析如何将空间弹性运用，以提升使用效率。为了对其摆放方式、摆放位置及存量有效地控制，应考虑到储位的指派方式、储存策略等是否合宜，并选择合适的储存设备及搬运设备配合使用，以提高作业效率。对于保管储区的规划布置有下列要点：

（1）地面负荷：建筑前应顾及储存的需求总量，储区的地面状况与负荷不可超过最大负荷限度；

（2）货品状况：储区货架所储存货品的种类与数量，必须依大小、尺寸、形状及重量来设计储存策略，最好能采用可弹性调拨方式储存，使储区管理更具弹性；

（3）出入口：为使货品进出口便利储存作业及搬运作业等均可顺利进行，出入口的大小、位置及数量应斟酌分析；

（4）通道设计：通道应配合搬运设备的运作移动，因此通道应以实际最大运输工具转弯半径或货品宽度来设定，通道与储存区应以颜色标示清楚；

（5）其他：消防设备的位置应尽可能明显。非储存的空间，如办公室的面积应减至最低限度，而照明也宜分设开关控制以节省用电，但仍以便利为原则。

保管区作业要点：

（1）待验与验妥的货品应于预备储存时划分清楚，保管区内仅存放验妥的货品；

（2）盘点作业应在各储区中分别进行，其中以保管区内种类最多，作业也最复杂，故而应分析便利性；

（3）基于配送中心内货品品项繁多，且大小不一，故储位及储架位置应视情况及时调整；

（4）配送中心的服务策略，强调快速确实地提供客户满意。故以配送效率而言，报关员应依据入库单（见表5-1）迅速接受预备储区的货品，并且在需要时，依据补货单（见表5-2）补货至分拣区，方不致延滞服务水平。但每一作业皆需前一作业确实完成后，方可开始进行；

表5-1 **入库单**

日期： 时间： 编号：

项次	品名/规格	供应商	货品编号	单位	储位	预计进货数量	实际进货数量

主管： 经办：

表 5－2　　补货单

类别			补货日期/时间：			本单编号：	
项次	存放单位	品名	货品编号	货源储位	单位	需要数量	实发数量

点收员：　　　　　　　　　　　　　经办：

（5）保管区内的储存，应承接预备储存时的管理重点，注重颜色管理、目视管理、看板管理并加以整理、整顿，使货品储存分类、区隔划分标示清楚，以防止混淆，如表 5－3 所示；

表 5－3　　保管区整理、整顿检查表

	作业内容	是	否
整理	1. 储存的货架或空间应妥善规划，有无浪费		
	2. 整理出仓库的呆滞品，制定标准，区分摆放标示		
	3. 制定报废处理办法，指定权责单位处理		
	4. 进货不良的退货品应指定退货期限，避免大量积压		
	5. 不能使用的量具、搬运工具、货架应立即处理		
	6. 定期整理过期的文件、报表、资料		
整顿	1. 合格货品应以颜色贴纸（要区分月份）分别贴在所装容器上，以利先进先出作业的执行		
	2. 定期检视货品是否库存过久，并加以处理		
	3. 货架放置场所的标志是否损毁掉落		
	4. 储位上的标志是否有损毁掉落		
	5. 货品放置位置是否正确		
	6. 定期检查库存资料		

（6）散装的货品尽可能摆放在货架上或储物柜中。容易滚动的货品应放置储位上四周以挡板定位，并且以经济而有效的方式利用空间，使储区内货品整齐，不致因凌乱而寻找不到货品，并建立库存表（见表 5－4），记录库存情况，以供必要时可随时查阅库存情形；

表 5－4　　　　　　　　　　库存表

项次	货品名称/规格	货品编号	出/入库日期	出/入库单据编号	收发记录				备注
					昨日库存量	入库量	发货量	结存量	

主管：　　　　　　　　　　　　　　　　经办：

为使货品能常保时效性，收发货品应采取先进先出的原则。至于规划时，若为食品，则应另考虑保存期限，以先到期者先出货为原则，且周转率较高者应接近通道，以便利存取为原则。

（7）其他。如意外防护、进出库管制、温湿度、暴晒、火灾、地震天灾等损坏的防治及安全上的措施均应列入储存作业要点中，并订立各种办法加以管制，使保管区储存作业更完善。

（二）存储系统的构成

储存系统的主要构成要素包括储存空间、物品、人员及储存设备等要素。

1. 储存空间

储存空间即配送中心内的仓库保管空间。在进行储存空间规划时，必须考虑到空间大小、柱子排列、梁下高度、走道、设备回转半径等基本要素，再配合其他相关因素的分析，方可作出完善的设计。

2. 物品

物品是储存系统的重要组成要素。这些物品的特征、物品在储存空间的摆放方法以及物品的管理和控制是储存系统要解读的关键问题。

物品的特征包括以下几个方面：

（1）供应商：即商品是何处供应而来，还是自己生产而来。有无其兴业特征及影响；

（2）商品特征：此商品的体积大小、重量、单位、包装、周转率快慢、季节性的分布，及物性（腐蚀或溶化等），温湿度的需求，气味的影响等；

（3）数量：如生产量、进货量、库存决策、安全库存量等；

（4）进货时效：采购前置时间，采购作业特殊需求；

（5）品项：种类类别、规格大小等。

物品在储存空间摆放的影响因素包括：

（1）储位单位：储位的单位是单品，是箱，机还是托盘，且其商品特性如何；

（2）储位策略的决定：是定位储存、随机储存、分类储存，还是分类随机储存，或其他的分级、分区储存；

（3）储位指派原则的运用：靠近出口，以周转率为基础；

（4）商品相依需求性；

（5）商品特性；

（6）补货的方便性；

（7）单位在库时间；

（8）以订购概率为基础。

商品摆放好后，就要做好有效的在库管理，随时掌握库存状况，了解其品项、数量、位置、出入库状况等所有资料。

3. 人员

人员包括仓管人员、搬运人员、拣货和补货人员等。仓管人员负责管理及盘点作业，拣货人员负责拣货作业，补货人员负责补货作业，搬运人员负责入库、出库作业、翻堆作业（为了商品先进先出、通风、气味避免混合等目的），而人员在存取搬运商品时，在配送中心的作业中，讲求的是省时、有效率，而在照顾员工的条件下求的是省力。因此要达成存取效率高、省时、省力，则作业流程方面要合理化，精简确实。而储位配置及标示要简单、清楚、一目了然，且要好放、好拿、好找，再加上表单要简单、统一且标准化。

4. 储存设备

除了上述三项基本要素，另一个关键要素为搬运与输送设备、储存设备，即当物品储存不是以直观堆叠在地板上，则必须考虑相关的托盘、货架等；当人员不是以手工操作时，则必须考虑使用输送机、笼车、叉车等输送与搬运设备。

（1）搬运与输送设备。在选择搬运与输送设备时，需考虑商品特性、物品的单位、容器、托盘等因素，以及人员作业时的流程与状况，再加上储位空间的配置等，选择适合的搬运与输送设备。当然还要考虑设备成本与人员使用操作的方便性。

（2）储存设备。储存设备也要考虑如商品特性、物品的单位、容器、托盘等商品的基本条件，在选择适当的设备配合使用。例如使用自动仓库设备，或是固定货架、流力架等货架选择使用。有了货架设备时，必须将其做标示、区隔，或是颜色辨识管理等。若是在拣货作业时电子标签辅助拣选设备的应用，以及在出货、点货时，则无线电传输设备的导入等皆需纳入考虑。而后，需将各储位及货架等做一编码，以方便管理。而编码原则，则必须明晰易懂，好作业。

5. 存储保管的目标

（1）空间的最大化利用；

（2）劳力及设备的有效使用；

（3）储运货品特性的综合考虑，即对储存货品的体积、重量、包装单位等品项规格及腐蚀性、温湿度条件、气味影响等物性需求彻底了解，从而按货品特性适当储存；

（4）所有品项能随时准备存取，因为储存商品的时间值，因此若能做到一旦有需要时物品马上变得有用，则此系统才是一有计划的储位系统及良好的厂房布置；

（5）货品的有效移动，在储区内进行的大部分活动是货品的搬运，需要多数的人力及设备来进行物品的搬进与搬出，因此，人力与机械设备操作应达到经济和安全的程度；

（6）货品品质的保证，因为储存的目的即在保存货品直到被要求出货的时刻，所以在储存时必须保持在良好条件下，以确保货品品质；

（7）良好的管理，清楚的通道、干净的地板、适当且有次序的储存及安全的运行都是良好管理所关心的问题，将使得工作条件变得有效率及促使工作士气的提高。

6. 储存系统的评价指标

（1）储区面积率。

$$储区面积率=\frac{储区面积}{配送中心建筑面积}$$

应用目的：衡量长风空间的利用率是否恰当。

（2）可供保管面积率。

$$可供保管面积率=\frac{可保管面积}{储区面积}$$

应用目的：判断货位内通道规划是否合理。

（3）容积或面积使用率、单位面积保管量。

$$容积或面积使用率=\frac{存货总体积}{货位总体积}$$

$$单位面积保管量=\frac{平均库存量}{可保管面积}$$

应用目的：用以判断货位规划及使用的货架是否适当，以有效利用货位空间。

（4）平均每品项所占货位数。

$$平均每品项所占货位数=\frac{货架货位数}{总品项数}$$

应用目的：由每货位保管品项数的多少来判断货位管理策略是否应用得当。

（5）库存周转率。

$$库存周转率=\frac{出货量}{平均库存量}或\frac{营业额}{平均库存额}$$

应用目的：库存周转率可用来考核公司的营运绩效，以及作为衡量现今货品存量是否适当的指标。

（6）库存掌握程度。

$$库存掌握程度=\frac{实际库存量}{标准库存量}$$

应用目的：作为设定产品库存的比率依据，以供存货管制参考。

（7）库存管理费率。

$$库存管理费率=\frac{库存管理费用}{平均库存量}$$

应用目的：衡量公司每单位存货的库存管理费用。

（8）呆废品率。

$$呆废品率=\frac{呆废品件数}{平均库存量}或\frac{呆废品金额}{平均库存金额}$$

应用目的：用来测定货品耗损影响资金积压的状况。

二、储存作业方法

（一）储存方式

配送中心储存方式多种多样，一般有几下几种分类：

1. 按储存量大小分类

（1）大批储存。一般指3个托盘以上的存量。大批储存一般均以托盘为储存单位，采用地面堆码或自动仓库储存的方式。

（2）中批储存。中批储存一般指1～3个托盘的量，可以托盘或箱为出货拣取单位。多采用托盘货架或地面堆码的方式。

（3）小批储存。小批储存一般指小于一个托盘的储存，一般以箱为出货拣取单位。在储存区的小批量物品一般被存放于托盘货架、格板货架、货柜等。

（4）零星储存。零星储存区或拣取区是使用货柜或格板货架储存小于整箱货品的地方。一般来说，货品的拣取在此区域中进行。然而，若产品很小及整批储量并不占很大空间，则整批产品也能储存于零星区。

零星拣货区一般包括检查与打包的空间，同时为了安全目的与大量储区分开。另外，此储区最好置于低楼层及居中的位置，以降低等候拣取时间及减轻出货时理货的工作。

2. 按储存设备分类

（1）地面堆码储存。地面堆码储存是使用地板支撑的储存，有将物品放于托盘上堆码或直接地面堆码两种。堆叠时可以靠墙码放以提高货垛的稳定性，袋装物也能采用此法储存。这种堆码方式可分为行列堆码及整区堆码两种形式。

①行列堆码。行列堆码是将货物按行列堆码，在货堆之间留下足够的空间使得任何一行（列）堆码的托盘出货时暂不受阻碍。当在一行（列）储区中只剩几个托盘时，即应将这些托盘转移至小批量储区，而让此区域能再储存大批产品。

②整区堆码。整区堆码是指每一行与行间的托盘堆码并不留存或浪费任何空间，此方式能节省空间，适用于储存大量同类货品时。采用整区堆码时必须很小心作业，避免托盘存取时由于互相挤压而发生危险。

地面堆码的优点：

第一，适于形状不规则货品的储存：尺寸及形状不会造成地面堆码的困难；

第二，适合大量可堆叠货品的储存：若重量不致过重，能提供规则形状或容器化的物品三度空间的有效储存；

第三，只需简单的建筑即可；

第四，堆叠尺寸能根据储存量适当调整；

第五，通道的需求较小，且容易改变。

地面堆码的缺点：

第一，不能兼顾先进先出，若要先进先出，则必须增加翻堆作业，造成工作负荷增大并容易损坏货品；

第二，堆叠边缘无法被保护，容易被搬运设备损坏；

第三，地面堆码容易不整齐，不适合小单位的拣取作业；

第四，不适于储存某些特殊物品，如易燃物，需置于一定高度。

（2）货架储存。货架的种类很多，常用的货架类型包括：托盘货架、格板货架、流动货架、驶入式货架等。

货架储存的优点：

第一，存取方便；

第二，可以实现先进先出或自由存取；

第三，货物之间不会相互挤压。

货架储存空间除适于多样规则性货品的储存外，也能用于不规则形状货品的储存，但不能超出货格范围。

（3）自动仓库储存。自动仓库是由高层货架、有轨巷道堆垛机、输送系统构成的自动仓储系统，我国一般称其为自动仓库或立体仓库。它能够充分地利用空间，可以实现货物的自动存取，是一种高效的储存方式，在欧、美、日等发达国家得到了广泛的应用，在我国也得到了快速的发展。

选择储区位置的建议：①大批量使用大储区，小批量使用小储区；②能安全有效率地储于高位的物品使用高储区；③储存笨重、体积大的品项于较坚固的层架底层及接近出货区；④储存轻量货品于有限的载重层架；⑤将相同或相似的货品尽可能靠近储存；⑥滞销的货品或小、轻及容易处理的品项使用较远储区；⑦周转率低的物品尽量远离进货、出货区及仓库较高的区域；⑧周转率高的物品尽量放于接近出货区及较低的区域。

（二）储存策略

储存策略即决定货品在储存区域存放位置的方法或原则。良好的储存策略可以减少出入库移动的距离、缩短作业时间，甚至能够充分利用储存空间。

一般常见储存策略有定位储存、随机储存、分类储存、分类随机储存和共同储存等。

1. 定位储存

定位储存的原则：每一储存货品都有固定储位，货品不能互用储位，因此需要规划每一项货品的储位容量不得小于其可能的最大在库量。

（1）定位储存的优缺点。

其优点为：①每种货品都有固定储存位置，拣货人员容易熟悉货品储位；②货品的储位可按周转率大小或出货频率来安排，以缩短出入库搬运距离；③可针对各种货品的特性作储位的安排调整，将不同货品特性间的相互影响减至最小。

缺点为：储位必须按各项货品的最大在库量设计，因此储区空间平时的使用效率较低。

（2）定位储存的应用场合。

①不适于随机储存的场合；

②储存条件对货品储存非常重要时，例如，有些品项必须控制温度；

③易燃物必须限制储存于一定高度以满足保险标准及防火法规；

④依商品物性，由管理或其他策略指出某些品项必须分开储存，例如，饼干盒、肥皂、化学原料和药品；

⑤保护重要物品；

⑥厂房空间大；

⑦多种少量商品的储存。

总之，定位储存容易管理，所需的总搬运时间较少，但却需较多的储存空间。

2. 随机储存

每一个货品被指派储存的位置都是随机产生的，而且可经常改变；也就是说，任何品项可以被存放在任何可利用的位置。此随机原则一般是由储存人员按习惯来储存，且通常按货品入库的时间顺序储存于靠近出入口的储位。

（1）随机储存的优缺点

其优点为：由于储位可共用，因此只需按所有库存货品最大在库量设计即可，储区空间的使用效率较高。

其缺点为：①货品的出入库管理及盘点工作进行困难度较高；②周转率高的货品可能被储存在离出入口较远的位置，增加了出入库的搬运距离；③具有相互影响特性的货品可能相邻储存，造成货品的伤害或发生危险。

一个良好的储位系统中，采用随机储存能使货架空间得到最有效的利用，因此储位数目得以减少。由模拟研究显示出，随机储存系统与定位储存比较，可节省35%的移动储存时间及增加了30%的储存空间，但较不利于货品的拣取作业。

（2）应用场合

随机储存较适用以下两种情况：①厂房空间有限，需尽量利用储存空间；②种类少或体积较大的货品。

3. 分类储存

分类储存的原则：所有的储存货品按照一定特性加以分类，每一类货品都有固定存放的位置，而同属一类的不同货品又按一定的原则来指派储位。分类储存通常按产品相关性、流动性、产品尺寸和重量、产品特性来分类。

（1）分类储存的优缺点

优点为：①便于畅销品的存取，具有定位储存的各项优点；②各分类储存区域可根据货品特性再作设计，有助于货品的储存管理。

缺点为：①储位必须按各项货品最大在库量设计，因此储区空间平均的使用效率低；②分类储存较定位储存具有弹性，但也有与定位储存同样的缺点。

（2）适用的场合

①产品相关性大者，经常被同时订购；

②周转率差别大者；

③产品尺寸相差大者。

4. 分类随机储存

每一类货品固定存放位置，但在各类的储区内，每个储位的指派是随机的。分类随机储存优缺点如下：

优点：可收分类储存的部分优点，又可节省储位数量提高储区利用率。

缺点：货品出入库管理及盘点工作的困难度较高。

分类随机储存兼具分类储存及随机储存的特色，需要的储存空间介于两者之间。

5. 共同储存

在确定知道各货品的进出仓库时刻，不同货品可共用相同储位的方式成为共同储存。共同储存在管理上虽然较复杂，所需的储存空间及搬运时间却更经济。

（三）储存指派原则

储存策略是储区规划的大原则，当确定储存策略并进行储存区域规划后，还必须配合储位指派原则才能决定储存作业实际运作的模式。与储存策略相匹配的储位指派原则，可归纳为如下几项：随机储存策略、共同储存策略的储位指派原则是靠近出口原则：即将刚到达的商品指派到离出入口最近的空储位上；定位储存策略、分类（随机）储存策略的储位指派原则，则包括：

1. 以周转率为基础原则

按照商品在仓库的周转率（销售量除以存货量）来排定储位。首先依周转率由大自小排一序列，再将此一序列分为若干段，通常分为三至五段。同属于一段中的货品列为同一级，依照定位或分类储存法的原则，指定储存区域给每一级的货品。周转率越高应离出入口越近。

2. 产品相关性原则

商品相关性大的物品在订购时经常被同时订购，所以应尽可能存放在相邻位置。考虑物品相关性储存的优点：①缩短提取路径，减少工作人员疲劳；②简化清点工作；③产品相关性大小可以利用历史订单数据做分析。

3. 产品同一性原则

所谓产品同一性原则，系指把同一物品储存于同一保管位置的原则。此种将同一物品，保管于同一场所来加以管理的管理方式，其管理效果是能够期待的。

构建作业员对于货品保管位置皆能简单熟知，且对同一物品的存取花费搬运时间最少的系统是提高配送中心作业生产率的基本原则之一。因而当同一物品散布于仓库内多个位置时，物品在储存、取出等作业的不便可想而知，就是在盘点以及作业员对货架物品掌握程度等方面都可能造成困难。因而同一性原则是任何配送中心皆应确实遵守的重点原则。

4. 产品类似性原则

所谓类似性原则，系指将类似品比邻保管的原则，此原则系根据与同一性原则同样的观点而来。

5. 产品互补性原则

互补性高的物品也应存放于邻近位置，以便缺货时可迅速以另一品项替代。

6. 产品相容性原则

相容性低的产品绝不可放置在一起，以免损害品质，如烟、香皂、茶便不可放在一起。

7. 先进先出原则

所谓先进先出，系指先入库的物品先出库的意思。此一原则，一般适用于寿命周期短的商品。例如，感光纸、软片、食品等。

以作为库存管理的手段来考虑时，先进先出是必需的，但是若在产品型号变更少、产品寿命周期长、保管时的损耗、破损等不易产生等情况时，则需要考虑先进先出的管理费用及采用先进先出所得到的利益，将两者之间的优劣点比较后，再来决定是否要采用先进先出原则。另外，对于食品或易腐败变味的货品，此时应考虑的是先到期先出货的原则。例如，进口货柜货品储存配销的情况，常会有先进货的反而保存期长，而后进货的保存期限较短，快到过期日。所以，此时应以保存期限快过期的货品先出库，且在保存期限在 3 ~6 个月内的货品应考虑退货给原供应商或折扣处理，以免后续发生过期退货或品质变质造成顾客抱怨，影响整个作业进行。

8. 叠高原则

所谓叠高原则，即是像堆积木般将物品叠高。以配送中心整体有效保管的观点来看，提高保管效率是必然之事，而利用栈板等工具来将物品堆高的容积效率要比平置方式来得高。但注意的是，如先进先出等库存管理限制条件很严时，一味地往上叠并非最佳选择，应要考虑使用合适的货架或积层架等保管设备，以使叠高原则不至影响出货效率。

9. 面对通道原则

所谓面对通道原则，即是物品面对通路来保管，将可识别的标号、名称让作业员容易简单的辨识。为了使物品的储存、取出能够容易且有效率地进行，物品就必须要面对通道来保管，这也是使配送中心内能流畅进行及活性化的基本原则。

10. 产品尺寸原则

在仓库布置时，我们要同时考虑物品单位大小及由于相同的一群物品所造成的整批形状，以便能供应适当的空间满足某一特定需要。所以在储存物品时，必须要有不同大小位置的变化，用以容纳一切不同大小的物品和不同的容积。此原则的优点在于：物品储存数量和位置适当，则分拣发货迅速，搬运工作及时间都能减少。

一旦考虑储存物品单位大小，将可能造成储存空间太大而浪费空间，或储存空间太小而无法存放。未考虑储存物品整批形状，也可能造成整批形状太大无法同时存放（数量太多）或浪费储存空间（数量太少）。一般将体积大的货品存放于进出较方便的位置。

11. 重量特性原则

所谓重量特性原则，系按照物品重量的不同来决定储存物品于保管场所的高低位置上。

一般而言，重物应保管于地面上或货架的下层位置，轻的物品则保管于货架的上层位置；若是以人手进行搬运作业时，人的腰部以下的高度用于保管重物或大型物品，而腰部以上的高度则用来保管轻的物品或小型物品；此原则对于采用货架的安全性及人手搬运的作业有很大的意义。

12. 产品特性原则

物品特性不仅涉及物品本身的危险及易腐性质，同时也可能影响其他的物品，因此在配送中心布置设计时必须要考虑。列举五种有关货品特性的基本储存方法如下：

易燃物的储存：需在具有高度防护作用的建筑物内安装适当防火设备的空间，最好是独立区隔位置。

易窃物品的储存：需装在有加锁的笼子、箱、柜或房间内。

易腐品的储存：需要储存在冷冻、冷藏或其他特殊设备内，且以专人作业与保管。

易污损品的储存：可使用帆布套等覆盖。

一般物品的储存：需要储存在干燥及管理良好的库房，以应客户需要随时提取。

另外，彼此易相互影响的货品应分开放置，如饼干和香皂，容易气味相混；而危险的化学药剂、清洁剂，也应独立隔开放置，且作业时戴上安全护套。此原则的优点在于：不仅能随物品特性而有适当的储存设备保护，且容易管理与维护。

13. 储位表示原则

所谓储位表示原则，系指把保管物品的位置给予明确标示的原则。此原则主要目的在于将存取单纯化，并能减少其间的错误。尤其在临时人员、高龄作业员较多的配送中心，此原则更为必要。

14. 明晰（表示）性原则

所谓明晰性原则，系指利用视觉，使保管场所及保管品能够容易识别的原则。此原则需对于前述的储位表示原则、同一性原则及叠高原则等皆能顾及，例如颜色看板、布条、标示符号等方式，让作业员一目了然，且能产生联想而帮助记忆。

良好的储存策略与指派原则配合之下，可大量减少拣取商品所需移动的距离，然而越复杂的储位指派原则需要功能越强的计算机相配合。现今，国内计算机软硬件发达，价格便宜，各公司应多加规划利用，必可增加作业效率。

三、储存空间的规划布置

储存货品的空间叫做储存空间，储存是配送中心的核心功能和重要作业环节，储存区域规划的合理与否直接影响到配送中心的作业效率和储存能力。因此，储存空间的有效利用成为配送中心改善的重要课题。

在储存空间布置时，首先要考虑的是要储存货品的多少及其储存形态，以便能够提供适当的空间来满足需求，因为在储存货品时，必须规划大小不同的区域，以适应不同尺寸数量货品的存放。对于空间的规划，首先必须先行分类，了解各空间的使用目的，确定储存空间的大小，然后再进行储存空间的设计布置。倘若由于储存空间的限制而无法满足储存要求时，则要寻求可以提高保管效率的储存方法来满足规划要求。

（一）储存空间规划概述

1. 储存空间的定义

储存空间：即配送中心中以保管为功能的空间。储存空间包括物理空间、潜在利用空间、作业空间和无用空间（见图5－3），即：

储存空间＝物理空间＋潜在利用空间＋作业空间＋无用空间

物理空间：货物实际上占有的空间。

潜在利用空间：就是储存空间中没有充分利用的空间，一般配送中心至少有10%～30%的潜在利用空间可加以利用。

作业空间：为了作业活动顺利进行所必备的空间，如作业通道、货物之间的安全间隙等。

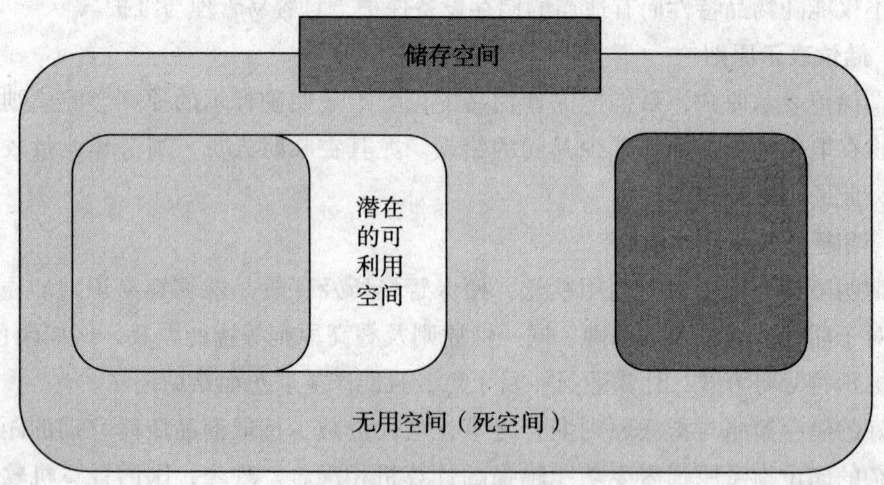

图5－3　存储空间示意

2. 影响储存空间的主要因素

影响储存空间的主要因素有八项，在人为要素上有作业方法及作业环境，在货品要素上有货品特性、货物存量、出入库量等；而在设备要素上有保管设备及出入库设备。各项因素的影响程度如表5－5所示。

表5-5　　储存空间的影响因素

影响因素 / 空间	人	物				设备	
	作业方法 作业环境	货品特性	保管货物量	入出货量	入出库件数	保管设备	入出库设备
物理空间	—	很大	很大	—	—	很大	—
潜在利用空间	—	很大	很大	—	—	很大	—
作业空间	很大	大	—	很大	很大	—	很大

3. 储存空间的评估要素

储存空间的评估要素包括：效率、流量、人性、成本、时间（见图5-4）。

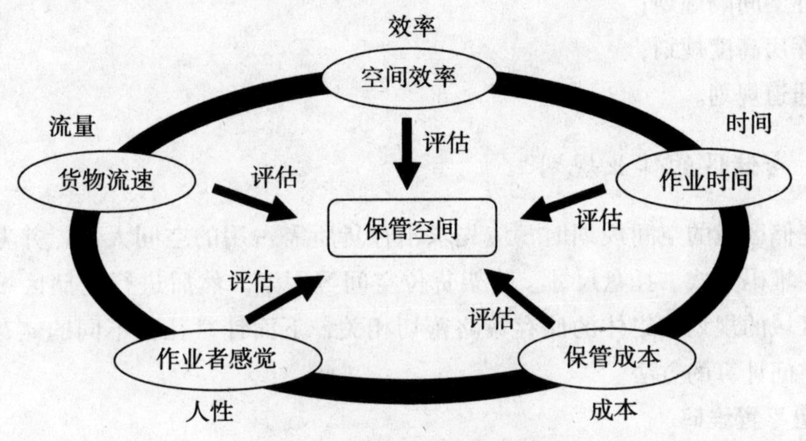

图5-4　储存空间的评估要素

空间效率（效率）：储存品特性、储存货物量、出入库设备，梁柱、走道的安排布置。

货物的流速（流量）：进货量、保管量、拣货量、补货量、出货量。

作业者感觉（人性）：作业方法、作业环境。

保管成本（成本）：固定保管费用、保管设备费用、其他搬运设备费用。

作业时间（时间）：出入库时段、入出库时间。

4. 储存空间规划的影响因素

进行储存空间规划时，需了解所有影响储存空间规划的要素，对其进行认真分析和考核。主要影响因素包括：

（1）货品尺寸、数量；

（2）托盘尺寸、货架空间；

（3）使用的机械设备；

(4) 通道宽度、位置及需求空间;

(5) 库内柱距;

(6) 建筑尺寸与形式;

(7) 进出货及搬运位置;

(8) 补货或服务设施的位置;

(9) 作业原则:动作经济原则、单元化负载、货品不落地原则、减少搬运次数及距离、空间利用原则等。

5. 储存空间的规划内容

储存空间规划的内容包括:

(1) 仓储区域的作业空间规划;

(2) 分拣区域的作业空间规划;

(3) 柱子间隔规划;

(4) 库房高度规划;

(5) 通道规划。

(二) 仓储区的作业规划

进行仓储区域的空间规划时,应先求出存货所需占用的空间大小,并考虑货品尺寸及数量、堆码方式、托盘尺寸、货架货位空间等因素,然后进行仓储区域的空间规划。因为区域的规划与集体的储存策略密切相关,下面针对几种不同的储存策略,分别介绍其空间计算的方法。

1. 托盘平置堆码

若公司货品多为大量出货,以托盘为单位置于地面上平置堆码的方式储存,则计算存货空间所需考虑到的因素有数量、托盘尺寸、通道等。假设托盘尺寸为 $P \times P$ 平方米,由货品尺寸及托盘尺寸算出每托盘平均可码放 N 箱货品,若公司平均存货量为 Q,则存货空间需求(D)为:

$$D = \frac{\text{平均存货量}}{\text{平均每托盘推码货品箱数}} \times \text{托盘尺寸} = \frac{Q}{N}\ (P \times P)$$

实际仓储需求空间还需考虑叉车存取作业所需时间,若以一般中枢通道配合单位通道规划,通道约占全部面积的 30% ~35%,故实际仓储需求空间为:

$$A = D/\ (1-35\%)\ = D \times 1.5$$

2. 使用托盘堆码

若货品多为大量出货,并以托盘堆码于地面上,则计算存货空间需考虑货品尺寸及数量、托盘尺寸、可堆码高度等因素。

假设托盘尺寸为 $P\times P$ 平方米，由货品尺寸及托盘尺寸算出每托盘平均可码放 N 箱货品，托盘在仓库内可堆码 L 层，若公司平均存货量约为 Q，则存货空间需求（D）为：

$$D=\frac{\text{平均存货量}}{\text{平均每托盘推码货品箱数}}\times\text{托盘尺寸}$$

$$=\frac{Q}{L\times N}\times(P\times P)$$

3. 使用托盘货架储存

若配送中心使用托盘货架来储存货品，则存货空间的计算除了考虑货品尺寸、数量、托盘尺寸、货架形式及货架层数外，还需考虑所需的巷道空间。假设货架为 L 层，每托盘约可码放 N 箱，若公司平均存货量为 Q，存货所需的面积为 P，则需求面积（P）为：

$$P=\frac{\text{平均存货量}}{\text{平均每托盘推码货品箱数}\times\text{货架层数}}=\frac{Q}{L\times N}$$

由于货架系统具有区特性，每区由两排货架及存取通道组成，因此由基本托盘占地空间需换算成仓库区后再加上存取通道空间，才是实际所需的仓储工作空间，其中存取通道空间需视叉车是否作直角存取或仅是通行而异。而在各储存货架内的空间计算，应以一个货格为计算基准，一般的货格通常可存放两个托盘。图 5－5 为储存空间的计算方法。

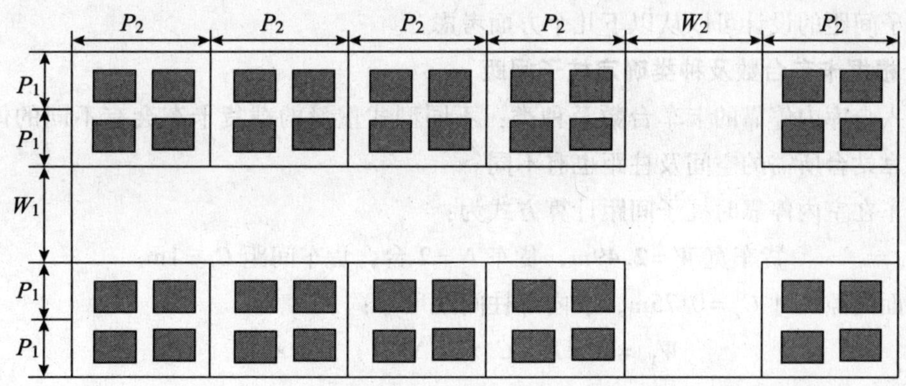

图 5－5　以托盘货架储存的储存空间计算

在图 5－5 中：

P_1——货格宽度；

P_2——货格长度；

W_1——叉车直角存取的通道宽度；

W_2——货架区侧向通道宽度；

并定义以下变量：

Z——每货架区的货格数（每格位含2个托盘空间）；

A——货架使用平面面积；

B——储区内货架使用平面总面积；

S——总库存区平面面积；

Q——平均存货需求量；

L——货架层数；

N——平均每托盘码放货品箱数。

则货架使用面积为：

$$A=(P_1\times4)\times(P_2\times5)=4P_1\times5P_2$$

货架使用总面积为：

$$B=\text{货架使用面积}\times\text{货架层数}=A\times L$$

总库存区平均面积为：

$$S=\text{货架使用面积}+\text{叉车通道}+\text{测通道}$$
$$=A+[W_1\times(5P_2+W_2)]+(2P_1\times W_2\times2)$$

（三）柱子间距设计

配送中心库内柱子的主要设计依据包括建筑物的楼层数、楼层高度、地盘载重、抗震能力等，另外还需考虑配送中心内的保管效率及作业效率。配送中心仓库内储存空间柱子间距的设计可以从以下几个方面考虑：

1. 根据卡车台数及种类确定柱子间距

进入仓库内停靠的卡车台数及种类：不同型式重量的载货卡车会有不同的体积长度，停靠站台所需的空间及柱距也有不同。

货车在室内停靠时柱子间距计算方式为：

货车宽 $W=2.49\text{m}$，货车 $N=2$ 台，货车间距 $C_t=1\text{m}$。

侧面间隙尺寸 $C_g=0.75\text{m}$，求内部柱间距尺寸：

$$W_1=W\times N+C_t\times(N-1)+2\times C_g$$
$$=2\times2.49+1\times1+2\times0.75$$
$$=7.48\ (\text{m})$$

货车停靠月台时柱子的排列如图5-6所示。

在图5-6中：

W_c——柱子间距；

W——货车宽度；

C_g——侧面间隙尺寸。

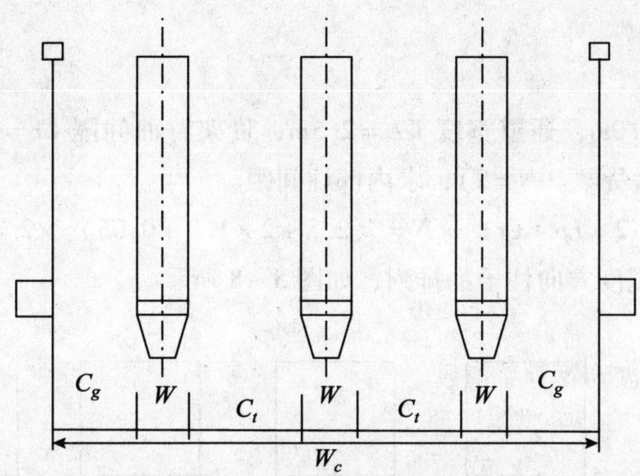

图 5－6　货车停靠月台时柱子的排列

求柱子间距：

$$W_c = W \times N + C_t \times (N-1) + 2 \times C_g$$

式中，N——货车数量。

2. 存设备的种类及尺寸确定柱子间距

储存空间的设计应优先考虑保管设备的布置效率，其空间的设计尽可能大而完整以供储存设备的安置，故应配合储存设备的规划，来决定柱子的间距。

（1）托盘货架宽度方向柱子的排列，如图 5－7 所示。

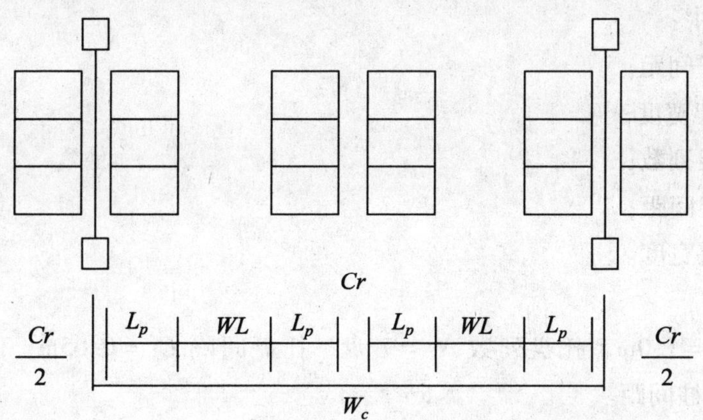

图 5－7　托盘货架宽度方向柱子的排列

在图 5－7 中：

W_c——柱子间距；

L_P——货架深度；

WL——通道宽度；

Cr——货架背面间隔；

N——货架巷道数。

计算示例：

托盘深度 $L_P=1.0\text{m}$，通道宽度 $WL=2.5\text{m}$，货架背面间隔 $Cr=0.05\text{m}$，平房建筑柱子间隔内可放 2 对货架（$N=2$），求内部柱间距。

$$W_c=(WL+2\times Lp+Cr)\times N=(2.5+2\times 1.0+0.05)\times 2=9.1\ (\text{m})$$

（2）托盘货架宽度方向柱子的排列，如图 5－8 所示。

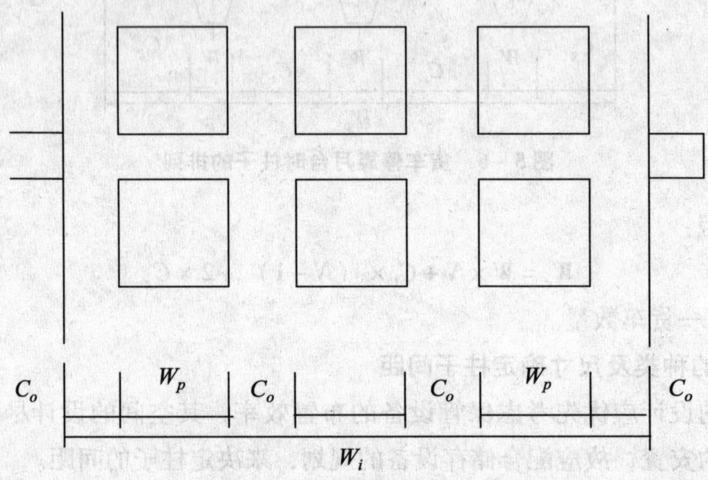

图 5－8　托盘货架宽度方向柱子的排列

在图 5－8 中：

W_i——柱子间距；

W_p——货架宽度；

N_p——货架列数；

C_p——货架间距；

C_o——通道宽度。

计算示例：

托盘宽 $W_p=1.0\text{m}$，托盘列数 $N_p=7$ 盘，托盘间隔 $C_p=0.05\text{m}$，侧面间隙 $C_o=0.05\text{m}$，求内部柱间距。

$$W_i=W_p\times N_p+C_p\times(N_p-1)+2\times C_o=1.0\times 7+0.05\times 6+2\times 0.05=7.4\ (\text{m})$$

（四）库房高度规划

在储存空间中，库房的有效高度也称为梁下高度，理论上是越高越好，但实际上受货物所能堆码的高度、叉车的扬程、货架高度等因素的限制，库房太高有时反而会增加成本及降低建筑物的楼层数，因此要合理设计库房的有效高度。在进行库房的有效高度设计时，应从以下三个方面考虑。

1. 保管物品的形态、保管设备的形式和堆码高度

由于所保管物品的形态及所采用的保管货架形式均与高度有关，当采用托盘地面堆码或采用高层货架时，两者所需的堆码高度差距非常大，耐压的坚硬货品及不耐压的货盘在采用地面堆码时，其对梁下有效高度的需求也有很大差异，故必须根据所采用的保管设备与堆码方式来决定库内的有效高度。

以下为采用地面堆码时梁下有效高度的计算方法。

计算示例：

货高 $HA=1.3\text{m}$，堆码层数 $N=3$，货叉的抬货高度 $FA=0.3\text{m}$，梁下间隙尺寸 $a=0.5\text{m}$，求最大举升货高与梁下有效高度。

$$\text{最大举升货高 } HL=3\times1.3+0.3=4.2\ (\text{m})$$

$$\text{梁下有效高度 } He=4.2+0.5=4.7\ (\text{m})$$

2. 所使用堆垛搬运设备的种类

储存区内采用不同的作业设备，如各类叉车、吊车等，对梁下间隙有不同的要求，需要根据具体堆垛搬运设备的起升参数和梁下间隙进行计算。

货架高度 $Hr=3.2\text{m}$，货物高度 $HA=1.3\text{m}$，货叉的抬货高度 $FA=0.3\text{m}$，梁下间隙尺寸 $a=0.5\text{m}$，求最大举升货高与梁下有效高度。

$$\text{最大举升货高 } HL=3.2+1.3+0.3=4.8\ (\text{m})$$

$$\text{梁下有效高度 } He=4.8+0.5=5.3\ (\text{m})$$

3. 所采用的储存保管设备的高度

由于各种货架都有其基本设计高度，装设货架时必须达到此高度才有经济效益，因此，有效高度的设计必须能符合所采用保管储存设备的基本高度要求。

梁下间隙尺寸是为了消防、空调、采光等因素，必须放置一些配线、风管、消防设备、灯光照明等而必须预留的装设空间，在所有梁下高度的计算中都必须把梁下间隙考虑进去。即：

$$\text{梁下有效高度}=\text{最大举升的货高}+\text{梁下间隙尺寸}$$

计算示例：

货架高度 $Hr=2.4\text{m}$，底层高度 $Hf=0.4\text{m}$，梁下间隙尺寸 $a=0.6\text{m}$，货物高度 $HA=2\text{m}$，求最上层货架高度与梁下有效高度。

$$\text{最上层货架高度 } HL=2.4\times2+0.4=5.2\ (\text{m})$$

$$\text{梁下有效高度 } He=5.2+0.6=5.8\ (\text{m})$$

（五）储存空间的有效利用

在储存空间中，不管货品是地面直接堆码或是以货架储存，均得占用保管面积，在地价日益昂贵的今天，若能有效利用空间，可以大大降低仓储成本。但要如何有效利用仓储空间呢？除了要合理地放置柱、梁、通道外，储存空间的充分利用很重要。空间有效利用的方法有以下三种：

1. 向上发展

当合理化设置好梁柱后，在此有限的立体空间中，面积固定，要增加利用空间就是向上发展。或许大家会认为仓库空间的向上发展会影响货品搬运工作的安全与困难程度，以及盘点困难，但目前科学一日千里，堆高技术日新月异，堆高设备更是不断出新以应所需，且非常普及，因此向上发展的困难已不大。堆高的方法为多利用货架，例如驶出/驶入式货架便可高达10m以上，而窄道式货架更可高达15m左右，利用这些高层货架把重量较轻的货品储存于上层，而把较笨重的货品储存于下层，或使用托盘来多层堆放以提高储物量，增加利用空间。

2. 平面经济的有效利用

在空间的利用上，如果能争取到二维平面区域的利用，相对的就争取到三度空间的利用，而要如何提升这二维平面经济效用呢？其要点有以下四点：

（1）非储存空间设置角落：所谓非储存空间就是一些厕所、楼梯、办公室、清扫工具室等设施应尽量设置在储存区域的角落或边缘，以免影响储存空间的整体性，便可增加储存货品的储存空间。

（2）减少通道面积：减少通道面积相对就是增加保管面积，但可能会因通道的变窄变少而影响作业车辆的通行及回转，因此在空间利用率与作业影响两条件中由增加需求的权重来取个平衡点，不要因为一时的扩展储存空间而影响了整个作业的方便性。一般性的做法是把通道设定成保管区中行走搬运车辆的最小宽度，再于适当长度中另设一较宽通道区域以供搬运车辆回转。通道宽度与适用的叉车型式如表5－6所示。

表5－6　通道宽度与适用的叉车型式

通道形式	通道宽度（m）	叉车型式
宽道式	3.0～4.5	配重式叉车
窄道式	2.1～3.1	前移式叉车
		支腿式叉车
		转柱式叉车
超窄道式	2.1以下	转叉式叉车
		拣选叉车

（3）货架的安置设置应尽量采用方形配置，以减少因货架安置而剩下过多无法使用空间。

（4）储存空间顶上的通风管路及配电线槽，宜安装于最不影响存取作业的角落上方，以减少对于货架的安置干涉。减少安置干涉，相对的就可增加货架数量，而提高保管使用空间。

3. 采用自动仓库

自动仓库在空间使用率上是最高的，但并不表示就是最适合的。对于自动仓库的先用必须先经过评估，了解自己配送中心的货物特性、量的大小、频率的高低以及单位化的程度再行决定是否适用于自动仓库。

四、立体仓库的规划设计

（一）立体仓库概述

1. 立体仓库的基本组成

立体仓库的结构和种类很多，但其一般均由建筑物、货架、理货区、管理区、堆垛机械和配套机械等几部分组成。

（1）建筑物。如果是低层立体仓库，则多为一般建筑物。如果是中、高层立体仓库，则需要设计和建造新的专用建筑物。

（2）货架。货架的作用是存放货物，它是立体仓库的中心部门。

（3）理货区。是指整体货场或倒货区域，和高层货架区相衔接。在中、高层立体仓库中是和高层货架区域相邻的1~2层建筑物，由分货场、暂存站台和出入卡车停车场构成。

（4）管理区。这是出入库管理及库存管理区域。对于计算机管理的自动化立体仓库，管理区域也就是计算机控制管理室。

（5）堆垛机械。对于低层立体仓库一般使用叉车等，对于中、高层立体仓库一般使用有轨巷道堆垛机、无轨巷道堆垛机或桥式堆垛机等。

（6）配套机械。是指货架外的出入库搬运作业、理货作业以及卡车装卸作业所使用的主要机械。如入出库台车、托盘装载装置、叉车、输送机等，为了特别放置出入库时货物散垛，也有的仓库备有压缩包装机。对于分拣仓库，还备有自动分拣、配载装置。

2. 立体仓库的分类

立体仓库的种类是随着生产的不断发展和进步而变化的。物流系统的多样性，决定了立体仓库的多样性。通常有如下几种分类方式：

（1）按照建筑形式分类。按照建筑形式可分为整体式和分离式立体仓库两种。一般整体式高度在12m以上；分离式高度在12m以下，但也有15~20m的。整体式立体仓库的货架与仓库建筑物构成一个不可分割的整体，货架不仅承受货物载荷，还要承受建筑物屋顶和侧壁的载荷。这种仓库结构重量轻、整体性好，对抗震也特别有利。分离式立体仓库的货架和建筑物是独立的，适用于利用原有建筑物作库房，或者在厂房和仓库内单建一个高货架的场合。由于这种仓库可以先建库房后立货架，所以施工安装比较灵活方便。

（2）按仓库高度分类。按仓库高度不同，立体仓库可以分为高层（>12m）、中层（5～12m）和低层（<5m）立体仓库。

（3）按货架形式分类。按库内货架形式的不同，立体仓库可以分为单元货格式货架仓库、贯通式货架仓库、旋转式货架仓库和移动式货架仓库。

单元货格式立体仓库是应用最为广泛的一种仓库，这种仓库的特点是，货架沿仓库的宽度方向分为若干排，每两排货架为一组，其间有一条巷道，供堆垛机或其他仓储机械作业，如图5－9所示。每排货架沿仓库纵长方向（L向）分为若干列，沿垂直方向（H向）分为若干层，从而形成大量货格，用以储存货物。货物以集装单元的形式储存在立体库中。在我国建成的所有立体仓库中，单元货格式立体仓库约占到90%以上。

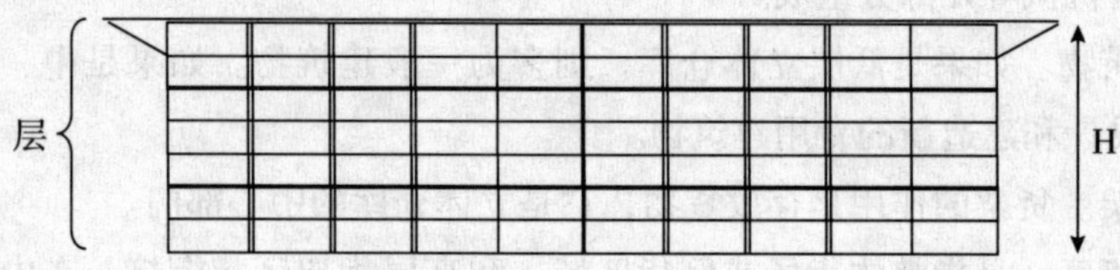

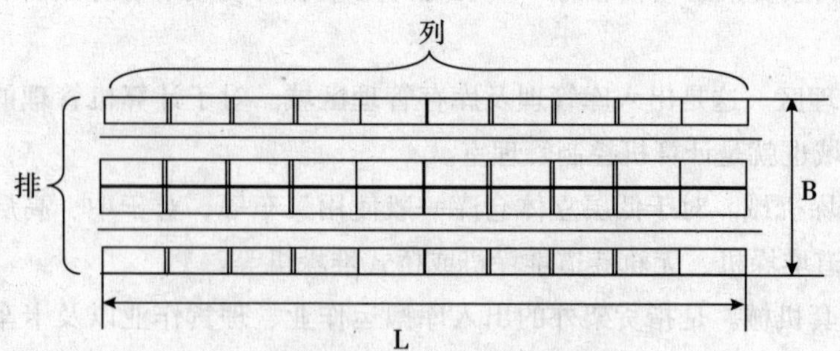

图5－9　单元货格式立体仓库货架布置

通常，对于单元货格式立体仓库，有如下一些概念及术语：

货格：货架内储存货物的单元空间。

货位：货格内存放一个单元货物的位置。

排：宽度方向（B向）上货位数的单位。

列：长度方向（L向）上货位数的单位。

层：高度方向（H向）上货位数的单位。

（4）按仓库的作业方式分类。按仓库的作业方式可以分为单元式仓库和拣选式仓库。

单元式仓库的出入库作业都是以货物单元（托盘或货箱）为单位，中途不拆散。所用设备为叉车或带伸缩货叉的巷道堆垛机等。

拣选式仓库的出库是根据提货单的要求从货物单元（或货格）中拣选一部分出库。其拣选方式可分为两种，第一种是拣选人员乘拣选式堆垛机到货格前，从货格中拣选所需数量的货物出库。这种方式称为“人到货前拣选”；第二种方式是将存有所需货物的托盘或货箱由堆垛机搬运至拣选区，拣选人员按出库提货单的要求拣出所需货物，然后再将剩余货物送回原址。这种方式叫“货到人处拣选”。对整个仓库来讲，当只有拣选作业，而不需要整单元出库时一般采用“人到货前拣选”作业方式；如果仓库作业中仍有相当一部分货物需要整单元出库，或者拣选出来的各种货物还需要按用户要求进行组合选配时，一般采用“货到人处拣选”作业方式。

3. 立体仓库的优点

（1）立体仓库能大幅度地增加仓库高度，充分利用仓库面积与空间，减少占地面积。立体仓库目前最高的已经达到40多米。它的单位面积储存量要比普通仓库高得多。例如，一座货架15m高的立体仓库，储存机电零件和外协件，单位面积储存量可达2～5t/m²，是普通货架仓库的4～7倍。

（2）便于实现仓库的机械化、自动化。从而提高出、入库效率，能方便地纳入整个企业的物流系统，使企业物流更为合理化。

（3）提高仓库管理水平。借助于计算机管理能有效地利用仓库储存能力，便于清点盘货，合理减少库存，节约流动资金。例如，某汽车厂的仓库，在采用自动化立体仓库后，库存物资的金额比过去降低了50%，节约资金数百万元。

（4）由于采用货架储存，并结合计算机管理，可以容易地实现先入先出的出入库原则，防止货物自然老化、变质、生锈。立体仓库也便于防止货物的丢失，减少货损。

（5）采用自动化技术后，立体仓库能适应黑暗、有毒、低温等特殊场合的需要。例如储存胶片卷轴的自动化立体库，以及各类冷藏、恒温、恒湿立体库等。

总之，立体仓库的出现，使传统的仓储观念发生了根本性的变化。原来那种固定货位，人工搬运和码放，人工管理，以储存为主的仓储作业已改变为自由选择货位，按需要实现先入先出的机械化、自动化仓储作业。在储存的同时，可以对货物进行必要的拣选、组配并根据整个企业生产的需要，有计划地将库存货物按指定的数量和时间要求送到合适的地点，满足均衡生产的需要。可以说，立体仓库的出现使“静态仓库”变成了“动态仓库”。

（二）立体仓库规划步骤与内容

立体仓库的规划设计一般包括以下几个阶段：

概念设计：明确建设立体仓库的目标和有关的背景条件。也是总体设计的准备阶段。

基本设计：对立体仓库的总体布置、设施配备、管理和控制方式、进度计划以及预算等进行全面的规划和设计。即总体设计阶段。

详细设计：根据总体设计的要求，对组成立体仓库的所有设备和设施的详细设计或选型，此阶段要完成所有设备和设施的制造和施工图纸。

下面将以单元式立体仓库为例，介绍总体规划和设计的一般步骤和方法。

1. 规划准备阶段

立体仓库是一项系统工程，需要花费大量投资，因此在建设前必须明确企业建设立体仓库的必要性和可能性，并对建库的背景条件进行详细分析。一般都要做以下几个方面的工作。

（1）确认建设立体仓库的必要性。根据企业的生产经营方针、企业物流系统的总体布置和流程，分析确定立体仓库在企业物流系统中的位置、功能和作用。

（2）根据企业的生产规模和水平，以及立体库在整个物流系统中的位置，分析企业物流和生产系统对立体库的要求，并考虑企业的经营状况和经济实力，确定立体库的基本规模和自动化水平。

（3）调查拟存货物的品名、特征（例如易碎、怕光、怕潮等）、外形及尺寸、单件重量、平均库存量、最大库容量、每日入出库数量、入库和出库频率等，以便确定仓库的类型、库容量和出入库频率等。

（4）了解建库现场条件，包括气象、地形、地质条件、地面承载能力、风及雪载荷、地震情况以及其他环境影响等。

（5）调查了解与仓库有关的其他方面的条件。例如，入库货物的来源及入库作业方式，进、出库门的数目，包装形式和搬运方法，出库货物的去向和运输工具等。

概念设计阶段也是项目的详细论证阶段。如果论证通过，本阶段的分析研究结果也为立体库的总体设计奠定一个可靠的基础。

2. 规划设计阶段

（1）确定仓库的结构类型和作业方式。

立体仓库一般由建筑物、货架、理货区（整理和倒货区域）、管理区、堆垛机械和配套机械几部分组成的。确定仓库的结构类型就是确定各组成部分的结构组成，如：①建筑物的特征：原有还是新建，高层还是低层等；②货架的结构和特征：库架合一或库架分离式，横梁式或牛腿式，焊接式或组合式等；③理货区的面积和功能：和高架区的位置关系，所进行的作业，配备的设施等；④堆垛机械的类型：有轨巷道式堆垛机、无轨堆垛机、桥式堆垛机和普通叉车等；⑤配套设备的类型：配套设备主要指那些完成货架外的出入库搬运作业、理货作业以及卡车的装卸作业等机械和设备。包括叉车、托盘搬运车、辊子输送机、链条输送机、升降台、有轨小车、无轨小车、转轨车以及称重和检测识别装置等，对于一些分拣仓库，还配备有自动分拣和配货装置。应根据立体库的规模和工艺流程的要求确定配套设备的类型。

最后，根据工艺要求，决定是否采用拣选作业。如果以整单元出库为主，则采用单元出库作业方式；若是以零星货物出库为主，则可采用拣选作业方式；并根据具体情况，确定采用“人到货前”拣选，还是“货到人处”拣选。

（2）确定货物单元的形式、尺寸和重量。

货物单元式指进行出入库作业和储存的集装单元，由集装单位化器具和货物两部分组成。因为单元式立体仓库是以单元化搬运为前提的，所以确定货物单元的形式、尺寸及重量显得尤为重要。一般需要确定两个方面的内容：集装单元化器具的类型、货物单元的外形尺寸和重量。

立体库常用的集装单元化器具具有托盘和集装箱，且以托盘最为常见。托盘类型又有许多种，如平托盘、箱式托盘、柱式托盘和轮式托盘等，一般要根据所储存货物的特征来选择。当采用堆垛机作业时，不同结构的货架，对托盘的支腿有不同要求，在设计时尤其要注意。

为了合理确定货物单元的尺寸和重量，需要对所有入库的货物进行 ABC 分析，以流通量大而种类较少的 A 类货物为主要矛盾，选择合适的货物单元的外形尺寸和重量。对于少数形状和尺寸比较特殊以及很重的货物，可以单独进行储存。

（3）确定货物单元的形式、尺寸和重量。

立体仓库是以单元化搬运为前提的，所以确定货物单元的形式、尺寸及重量是一个重要的问题。它不仅影响仓库的投资，而且对于整个物流和仓储系统的配备、设施以及有关因素都有极为重要的影响。因此，为了合理确定货物单元的形式、尺寸和重量，需要对所有入库的货物，抓住在流通中的关键环节，对货物单元的品种进行 ABC 分析，选择最为经济合理的方案。对于少数形状和尺寸比较特殊以及很重的货物，可以单独处理。例如，汽车上的前桥、后桥、车身等大件，形状不规则，尺寸又大，难以形成单元，就不需一定要与其他零件同入一个立体仓库。他们的储存问题可以用推式悬挂输送机或者其他方式单独处理。

（4）确定堆垛机械和配套设备的主参数。

立体库常用的堆垛机械为有轨巷道堆垛机、无轨堆垛机（高架叉车）、桥式堆垛机和普通叉车等。在总体设计时，要根据仓库的高度、自动化程度和货物特征等合理选择其规格结构，并确定其主要性能参数（包括外形尺寸、工作速度、起重量及工作级别等）。

立体库配套设备的配备应根据系统的流程和工艺统筹考虑，并根据立体库的出入库频率、货物单元的尺寸和重量等确定各配套机械及设备的性能参数。如对于输送机，则根据货物单元尺寸确定输送机的宽度，根据立体库的频率要求确定输送机的速度。

总体设计时，要根据仓库的规模、货物品种、出入库频率等选择最合适的机械设备，并确定其主要参数；根据出入库频率确定各个机构的工作速度；根据货物单元的重量选定起重、装卸和堆垛设备的起重量；对于输送机，则根据货物单元尺寸确定输送机的宽度，并确定使整个系统协调工作的输送机的速度。

（5）确定仓库总体尺寸。

确定仓库的总体尺寸，关键是确定货架的长宽高总体尺寸。立体仓库的设计规模主要取决于其库容量，即同一时间内储存在仓库内的货物单元数。如果已经给出库容量，就可以直接应用这个参数；如果没有给出，就要根据拟存入库内的货物数量，出入库的规律等，通过预测技术来确定库容量。根据库容量和所采用的作业设备的性能参数以及其他空间限制条件，即可确定仓库的总体尺寸。

（6）确定仓库的总体布置。

确定了立体仓库的总体尺寸之后，便可进一步根据仓库作业的要求进行总体布置。主要包括立体仓库的物流模式、高架区的布局方式和入出库输送系统的方式。

（7）选定控制方式。

立体仓库的控制方式，一般可分为手动控制和自动控制两种。

手动控制方式设备简单、投资小，对土建和货架的要求也较低。主要适用于规模较小，出入库频率较低的仓库，尤其适用于拣选式仓库。

自动控制是立体库的主要控制方式。立体库的自动控制系统根据其控制层次和结构不同，可分为三级控制系统和二级控制系统，一般由管理级、监控级和直接控制级组成（二级控制系统由管理级、控制级组成），可完成立体仓库的自动认址和自动程序作业。使用于出入库频率较高、规模较大的立体仓库，特别是一些暗库、冷库或生产线中的立体仓库，可以减轻工人的劳动强度，提高系统的生产率。

（8）选择管理方式。

立体仓库的管理方式一般可分为人工台账管理和计算机管理两种方式。台账管理方式仅适用于库存量较小，品种不多，出入库频率不高的仓库。在自动化立体仓库中，一般都采用计算机管理，与自动控制系统结合，实现立体库的自动管理和控制，是立体仓库管理的主要方式。在总体设计阶段，要根据仓库规模、出入库频率、生产管理要求、仓库自动化水平等方面的因素综合考虑选定一种管理方式。

（9）提出土建、公用设施的要求。

在总体设计时，还要提出对仓库的土建和其他公用设施的要求：①根据货架的工艺载荷，提出对货架的精度要求；②提出地面需要承受的载荷以及对基础均匀沉降的要求；③确定对采暖、采光、通风、给排水、电力、照明、防火、防污染等方面的要求。

（10）投资概算。

分别计算立体仓库各组成部分的设备费用、制造费用、设计及软件费用、运输费用、安装及调试费用等，综合得到立体仓库的总投资费用。

（11）进度计划。

在总体设计的最后，要提出立体仓库设计、制造、安装、调试以及试运营的进度计划以及监督和检验措施。

（三）单元式立体仓库的设计

1. 货格尺寸的设计

在立体仓库设计中，恰当地确定货格尺寸是一项很重要的设计内容，它直接关系到仓库面积和空间利用率，也关系到作业设备能否顺利完成存取作业。

对于牛腿式货架，每个货格只能放一个单元货，其货格载货示意图如图 5－10 所示。横梁式货架的每个货格一般可存放两个以上的单元货物，其载货示意图如图 5－11 所示。各间隙的名称和符号如表 5－7 所示。

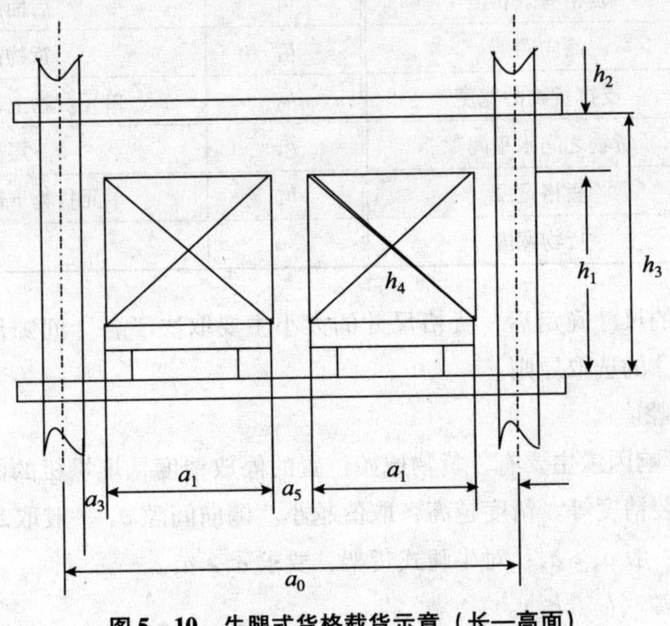

图 5－10　牛腿式货格载货示意（长—高面）

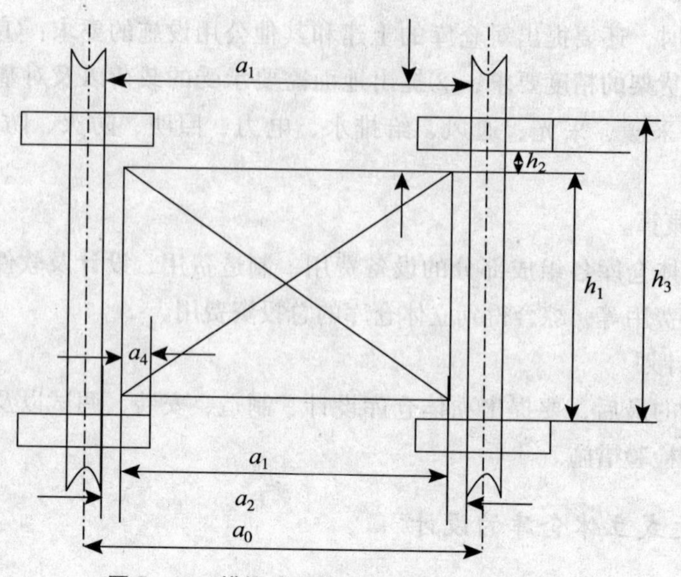

图 5-11　横梁式货格载货示意（长—高面）

表 5-7　　货格与货位间的尺寸代号及名称

代号	名称	代号	名称
a_0	货格长度	b_2	货格有效宽度
a_1	货物长度	b_3	前面间隙
a_2	货格有效长度	b_4	后面间隙
a_3	侧向间隙	h_1	货物高度
a_4	支撑货物的宽度	h_2	单元货物上部垂直间隙
a_5	货物之间水平间隙	h_3	层高
b_0	货格宽度	h_4	单元货物下部垂直间隙
b_1	货物宽度		

当单元货物的尺寸确定后，货格尺寸的大小主要取决于各个间隙尺寸的大小。下面介绍个间隙尺寸的选取原则。

（1）侧面间隙。

a_3 与 a_5 的影响因素主要有，货物原始位置的停放精度，堆垛机的停准精度以及堆垛机和货架的安装精度等。精度越高，取值越小。侧向间隙 a_3 一般取 50～100mm。对于横梁式货架，一般 $a_5 > a_3$；对牛腿式货架，要求 $a_5 \geqslant a_3$。

（2）垂直间隙（h_2、h_4）。

在确定垂直间隙时，上部垂直间隙 h_2 应保证货叉叉取货物过程中微起升时不与上部构件发生干涉。一般 $h_2 \geqslant$ 货叉上浮动行程 + 各种误差。下部垂直间隙 h_4 应保证货叉存货时顺利退出，一般 $h_4 \geqslant$ 货叉厚度 + 货叉下浮动行程 + 各种误差。影响 h_2 和 h_4 大小的各种误差包括：①堆垛机起升机构的停准误差；②垂直位置检测片安装误差；③货叉微升和微降行程误差；④货物高度误差；⑤货叉伸出时的绕性变形；⑥货架托梁（或横梁）的高度误差等。

（3）宽度方向间隙。

前面间隙 b_3 的选择应根据实际情况确定：对牛腿式货架，应使其尽量小；对横梁式货架，则应使货物不致因各种误差而掉下横梁。后面间隙 b_4 的大小应以货叉作业时不与后面拉杆发生干涉为前提。

2. 仓库总体尺寸的确定

确定仓库总体尺寸的关键是确定货架的总体尺寸，即货架的长、宽、高等。当货格尺寸确定后，只要知道货架的排数、列数、层数和巷道宽度，即可计算出其总体尺寸：

$$长度\ L = 货格长度 \times 列数$$

$$宽度\ B = （货格宽度 \times 2 + 巷道宽度）\times 排数/2$$

$$高度\ H = H_0 + \sum_{i=1}^{n} H_i$$

其中，H_0 为低层高度，H_i（$i = 1, 2, \cdots, n$）为各层高度，共 n 层。

$$巷道宽度 = 堆垛机最大外形宽度 + （150 \sim 200\text{mm}）$$

值得注意的是，总体尺寸的确定除取决于以上因素外，还受用地情况、空间制约、投资情况和自动化程度的影响。故需根据具体情况和设计者的实际经验来综合考虑、统筹设计，而且在设计过程中需要不断地修改和完善。

3. 平均作业周期的计算

货架总体尺寸确定后，即可计算堆垛机的平均作业周期。

（1）立体仓库的作业方式。

在单元式立体仓库中，货物的存取作业有两种基本方式，如图 5－10 所示。即单一作业方式和复合作业方式。单一作业方式即堆垛机从出入库台取一个货物单元送到指定货位，然后返回巷道口的出入库台（单入库）；或者从巷道口出发到某一个给定的货位取出一个货物单元送到出入库台（单出库）。复合作业方式即堆垛机从出入库台取一个货物单元送到选定的货位，然后直接转移到另一个给定货位，取出其中的货物单元，回到出入库台出库。为了提高作业效率，应尽量采用复合作业方式。

（2）平均单一作业周期的计算。

单一作业周期是指堆垛机完成一次单入库或单出库作业所需要的时间。在图 5－12 中，O 点为出入库台，P 点为作业货位。

则完成此项作业的时间为：

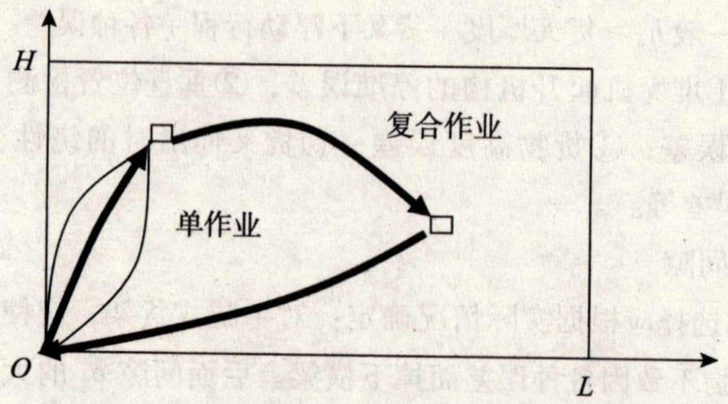

图 5－12　堆垛机作业的单一作业和复合作业

$$t_s = 2_{t_{OP}} + 2_{t_f} + t_a$$

式中，t_{OP}——从出入库台 O 到货位 P 的运行时间（s），且有 $t_{OP} = \max(t_l, t_h)$；

t_l——从 O 点到 P 点的水平运行时间；t_h 为从 O 点到 P 点的垂直运行时间；

t_f——堆垛机货叉叉取（或存放）作业时间（s），且有 $t_f = 2t_{\text{load}} + t_{\text{lift}}$。$t_{\text{load}}$ 为货叉完全伸出或完全缩回的时间，t_{lift} 为货叉微升或微降的时间，即货叉在货格内升起或卸货的时间；

t_a——堆垛机作业的附加时间（s），包括堆垛机的定位、操作、信息查询机传输等的时间。

为了综合评价一个仓库的作业效率，需求出堆垛机的平均作业周期，即各个货位作业周期的平均值。当各货位作业概率相同时，平均单一作业周期可用下式表示为：

$$t_{ms} = \frac{\sum_{j=1}^{m}\sum_{k=1}^{n} t_{jk} \times 2}{m \times n} + t_f \times 2 + t_a \tag{5-1}$$

式中，t_{ms}——平均单一作业周期（s）；

j——层数，$j = 1 \sim m$；

k——列数，$k = 1 \sim n$；

t_{jk}——第 j 层第 k 列所对应的货位到出入库台的运行时间（s）；

t_f、t_a 同前述。

当库容量很大时，按上式计算平均作业周期计算量很大，故不常采用。而采用简易算法。下面介绍一种计算平均作业周期的经验方法。

当出入库台在货架的一侧 P_0 点（如图 5－13 所示），以 P_0 为原点，在货架内取两个点 P_1 和 P_2，P_1 和 P_2 的坐标为

$$P_{1x} = \frac{1}{5}L \qquad P_{1y} = \frac{2}{3}H$$

$$P_{2x} = \frac{2}{5}L \qquad P_{2y} = \frac{1}{3}H$$

式中，L——货架全长；

H——货架全高。

分别计算从 P_0 到 P_1、P_2 两点的作业周期，将两者的平均值，作为该巷道堆垛机的平均作业周期。即平均单一作业周期的经验公式为：

$$t_{ms}=\frac{1}{2}\left[t\ (P_1)\ +t\ (P_2)\right] \tag{5-2}$$

式中，$t\ (P_1)$ ——堆垛机完成 P_1 货位的作业周期（s）；

$t\ (P_2)$ ——堆垛机完成 P_2 货位的作业周期（s）。

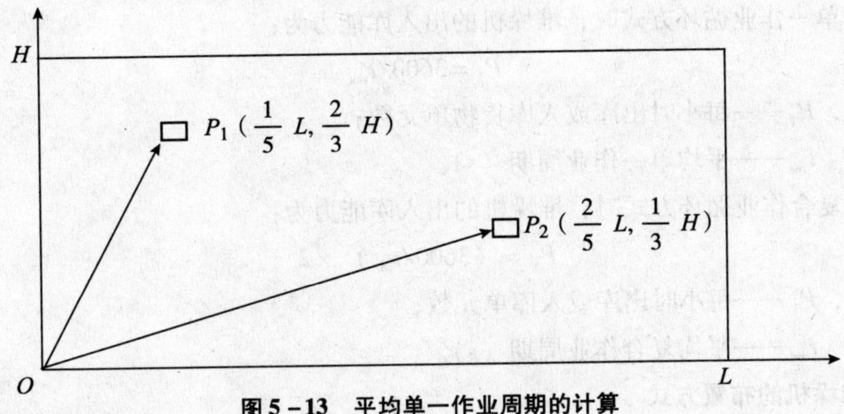

图 5－13　平均单一作业周期的计算

（3）平均复合作业周期的计算。

复合作业是从出入库台到指定货位存货后，随机到另一个货位取货，再返回到出入库台的全过程。如图 5－14 所示，其复合作业周期是按 $P_0 \rightarrow P_1 \rightarrow P_2 \rightarrow P_0$ 的总时间计算的。

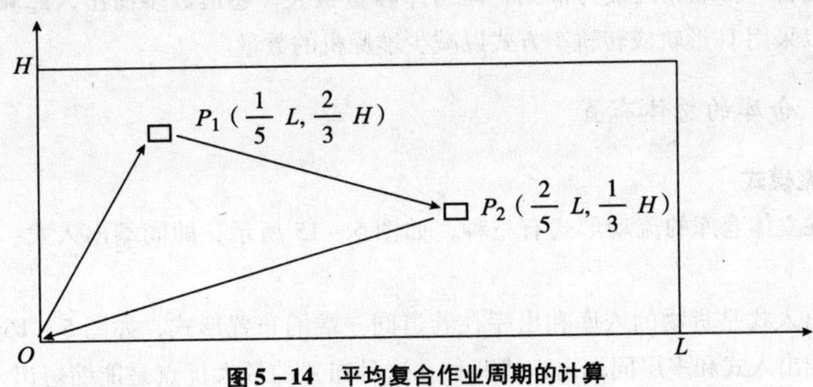

图 5－14　平均复合作业周期的计算

如果 P_1 和 P_2 点的定义与平均单作业周期的计算公式（5－2）中一样，则平均复合作业周期的经验计算公式为：

$$t_{md}=t_{P_1}+t_{P_2}+t_{P_1P_2}+4t_f+2t_a \tag{5-3}$$

式中，$t_{P_1P_2}$——堆垛机从 P_1 点到 P_2 点的运行时间（s）；

t_{md}——平均复合作业时间（s）。

值得说明的是，平均作业周期的计算公式（5－2）和式（5－3）均为经验计算式，前提条件为各货位的存取概率相同。当库内各货位不均匀使用或者某些货位具有优先使用权时，用此公式计算可能误差较大，这时可采用计算机模拟方法计算其平均作业周期。使用模拟计算得到的平均作业周期更为准确，符合实际。

4. 立体库出入库能力的计算

立体库的出入库能力是用仓库每小时平均入库或出库的货物单元数来表示。堆垛机的出入库能力也就是指每台堆垛机每小时平均入库或出库的货物单元数。

采用单一作业循环方式时，堆垛机的出入库能力为：

$$P_1 = 3600/t_{ms}$$

式中，P_1——每小时出库或入库货物单元数；

t_{ms}——平均单一作业周期（s）。

采用复合作业循环方式时，堆垛机的出入库能力为：

$$P_1 = (3600/t_{md}) \times 2$$

式中，P_1——每小时出库或入库单元数；

t_{md}——平均复合作业周期（s）。

5. 堆垛机的布置方式

在单元货格式立体仓库中，其主要作业设备是有轨巷道式堆垛机，简称堆垛机。立体库中堆垛机的配备有两种方式：每一个巷道配备一台堆垛机；或者两个以上巷道配备一台堆垛机，后者一般通过U形轨道或转轨车实现堆垛机的换巷道作业。通常，以每巷道配备一台堆垛机最为常见。但当库容量很大，巷道数多而出入库频率要求较低时，可以采用U形轨或转轨车方式以减少堆垛机的数量。

（四）仓库的总体布置

1. 物流模式

货物在立体仓库的流动形式有三种，如图5－15所示，即同端出入式、贯通式和旁流式。

同端出入式是货物的入库和出库在巷道同一端的布置形式，如图5－16所示，包括同层同端出入式和多层同端出入式两种。这种布置的最大优点是能缩短出入库周期。特别在仓库存货不满，而且采用自由货位储存时，优点更为明显。此时，可以挑选距离出入库口较近的货位存放货物，缩短搬运路程，提高出入库效率。此外，入库作业区和出库作业区还可以合在一起，便于集中管理。

贯通式即货物从巷道的一端入，从另一端出库。这种方式总体布置比较简单，便于管理操作和维护保养。但是，对于每一个货物单元来说，要完成它的入库和出库全过程，堆垛机需要穿过整个巷道。

旁流式立体仓库其货物是从仓库的一端（或侧面）入库，从侧面（或一端）出库。这种方式是在货架中间分类，设立通道，同侧门想通。这样就减少了货格即减少了库存量。但是，由于可组织两条路线进行搬运，提高了运效率，方便了不同方向的出入库。

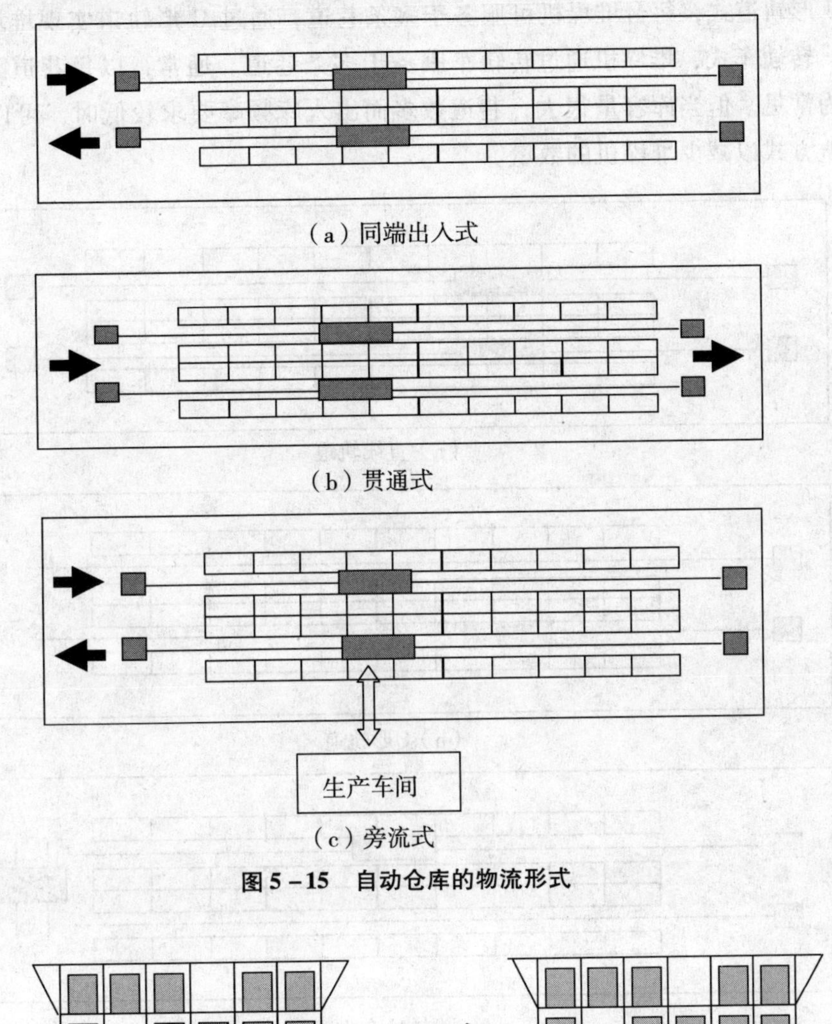

（a）同端出入式

（b）贯通式

（c）旁流式

图 5－15 自动仓库的物流形式

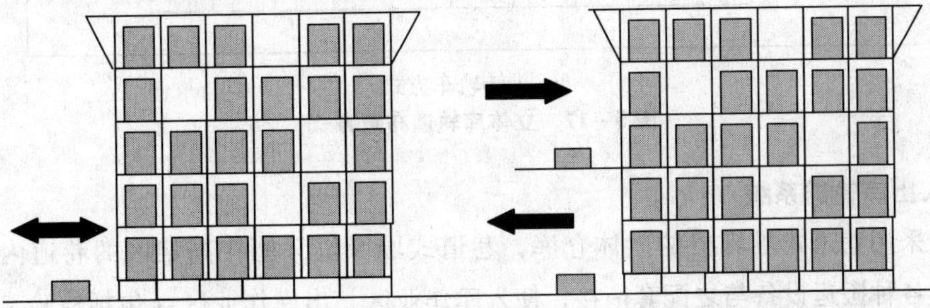

（a）同一层出入库方式　　（b）多层出入库方式

图 5－16 同端出入式

在立体仓库实际设计中，究竟采用哪一种布置方式，应视仓库在整个企业物流中的位置而定。

2. 高架区的布置

在单元货格式立体仓库中，其主要作业设备为有轨巷道式堆垛机，简称堆垛机。立体库中堆垛机的布置有三种方式，如图 5－17 所示。直线式，每个巷道配备一台堆垛机；U 形轨道式，每台堆垛机可服务于多条巷道，通过 U 形轨道实现堆垛机的换巷道作业；转轨车式，堆垛机通过转轨车服务于多条巷道。通常，以每巷道配备一台堆垛机最为常见。但当库容量很大，巷道数多而出入库频率要求较低时，可以采用 U 形轨或转轨方式以减少堆垛机的数量。

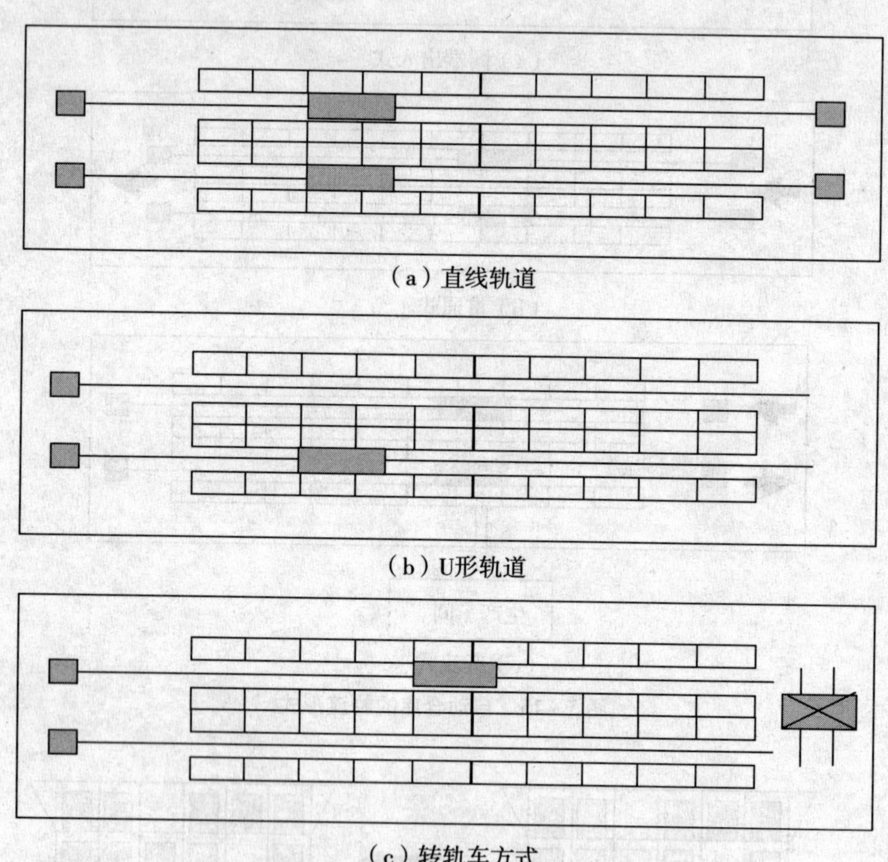

（a）直线轨道

（b）U形轨道

（c）转轨车方式

图 5－17　立体库轨道布置方式

3. 入出库输送系统

对于采用巷道式堆垛机的立体仓库，巷道式堆垛机只能在高架区的巷道内运行，故还需要各种搬运设备与之配套衔接，使入库作业区、出库作业区（包括检验、理货、包装、发运等作业）与高层货架区联结起来，构成一个完整的物流系统。究竟采用什么搬运设备与之配套，是总体设计中要解决的问题。一般来说，高层货架区与作业区之间常见有以下两种衔接方式。

（1）叉车—出入库台方式（见图 5－18）。

这是最简单的一种配置方式，在货架的端部设立入库台和出库台。入库时，用搬运车辆（叉车、有轨小车、无人搬运车等）将托盘从入库作业区运到入库台，由高架区内的堆垛机取走送入货格。出库时，由堆垛机从货格内取出货物单元，放在出库台上，由搬运车辆取走，送到出库作业区。

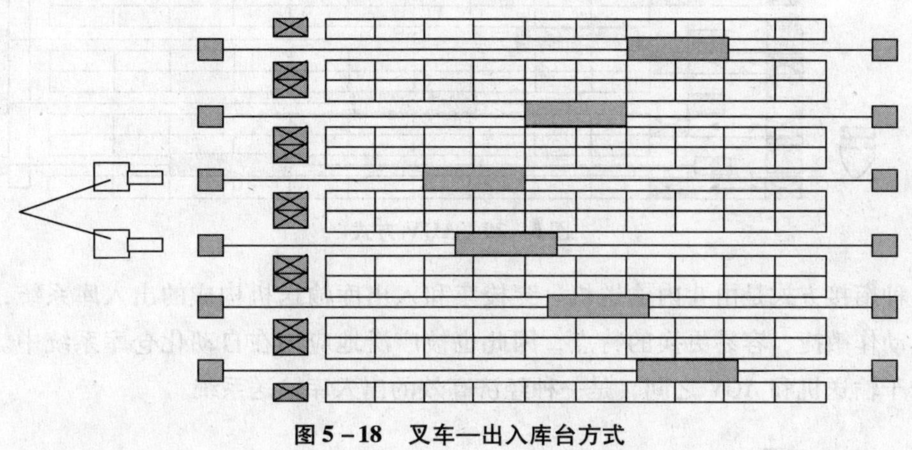

图5-18　叉车—出入库台方式

（2）连续输送机方式（见图5-19）。

这种衔接方式是一些大型自动化立体仓库和流水线中立体库最常采用的方式，整个出入库系统可根据需要设计成各种形式。其出、入库运输系统可以分开设置（如设在仓库的两端或同端不同的平面内），也可以合为一体，即可出库又可入库。通常还可配置一些升降台、称重、检测和分拣装置，以满足系统的需求。

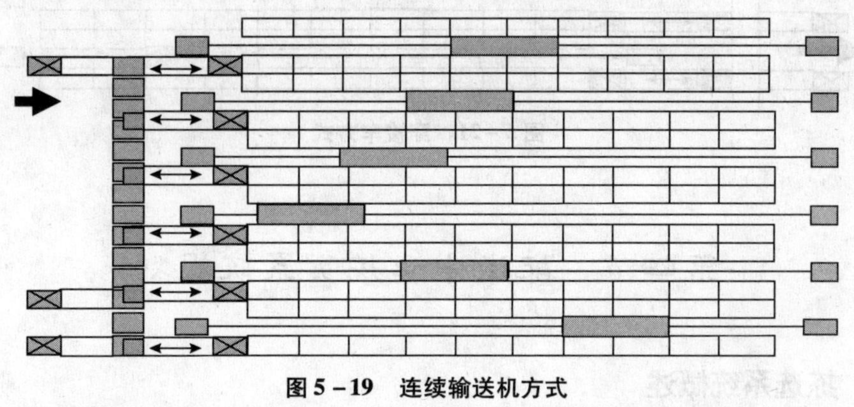

图5-19　连续输送机方式

（3）AGV方式（见图5-20）。

这种衔接方式是由AGV和巷内输送机组成的出入库系统，在一些和自动化生产线相连接的自动化仓库中，如卷烟厂的原材料等经常采用这种方式。这种出入库系统的最大优点是系统柔性好，可根据需要增加AGV的数量，也是一种全自动的输送系统。

（4）穿梭车方式（见图5-21）。

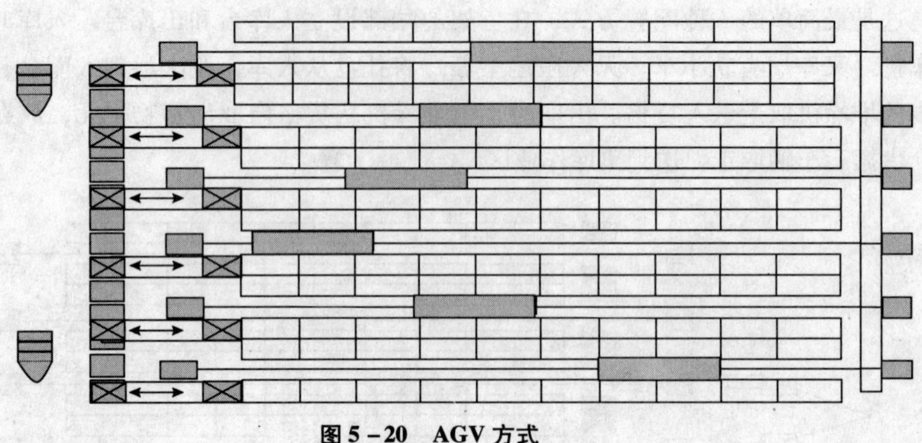

图 5－20　AGV 方式

这种衔接方式是由巷内输送机、穿梭车和入出库输送机构成的出入库系统，由于穿梭车动作敏捷、容易更换的特点，因此也被广泛地应用在自动化仓库系统中。它的柔性介于输送机和 AGV 之间，是一种经济高效的出入库输送系统。

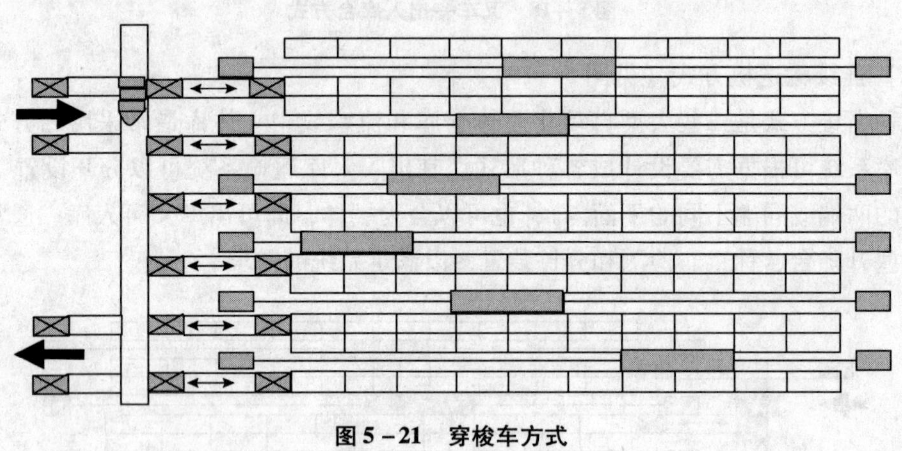

图 5－21　穿梭车方式

第四节　配送中心拣货系统规划

一、拣选系统概述

配送的主要功能要素是配货和送货。送货的决策及指挥虽然是配送中心完成的，但是其实施却在配送中心之外，是在物流网路的“线”上实现的。因此，配送的主要功能要素，集中在配送中心内实现，就是为实现配送所必需的分拣、配货等理货工作。这也成了配送中心的核心工序。

拣选作业是很复杂、工作量很大的活动，尤其是在用户多，所需品种规格多，而需求量又较小时。假如需求频率又很高，就必须在很短时间内，完成分拣配货工作。所以，如何选择分拣配货工艺、如何高效率完成分拣配货，在某种程度上决定着配送中心的服务质量和经济效益。

配送中心的各项作业中，拣选作业是其中十分重要的一个环节，其作用相当于人体的心脏或空调系统的压缩机。而其动力的产生来自客户的订单，拣选作业的目的也就在于正确且迅速地集合客户所订购的货品。要达到这一目标，必须根据订单分析采用适当的拣选设备，按拣选作业过程的实际情况运用一定的方法策略组合，采取切实可行且高效的拣选方式提高拣选效率，将各项作业时间缩短，提升作业速度与能力。同时，必须在拣选时防止错误，避免送错货，尽量减少内部库存的料账不符现象及作业成本增加。可以说，拣选作业完成的结果，就是配送中心企业形象的象征。因此，如何在无拣选错误率的情况下，将正确的货品、正确数量在正确时间内及时配送给顾客，是拣选作业最终的目的及功能。

从成本分析的角度看，物流成本约占货品最终售价的30%，其中包括运输、搬运、仓储等成本项目。因此，许多企业开始注意到物流系统的重要性，认为降低物流成本是继提高劳动生产率和改善工艺设备之后的第三利润源泉。下面分别从某配送中心拣选作业在物流总成本中所占的比例和在搬运成本中所占的比例两个方面来说明拣选作业的重要性。

由图5－22可以看出，拣货与配送两大项目几乎占整个物流成本的80%，而配送费用的发生大多在厂区外部，影响因素大都难以控制。由图5－22还可以看出拣货成本约是其他堆叠、装卸、运输等成本总和的9倍，占物流搬运成本的绝大部分。因此若要降低物流成本及其中的搬运成本，由拣选作业上着手改进，可以获得事半功倍的效果。

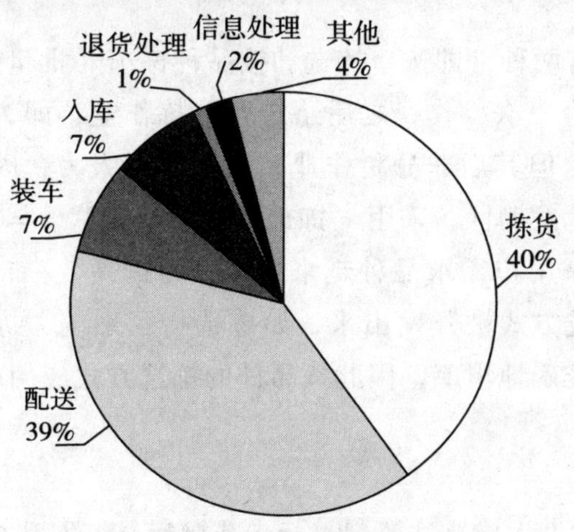

图5－22　物流成本比例分析

从人力需求的角度来看，目前绝大多数的配送中心仍属于劳力密集型产业，其中与拣选作业直接相关的人力，更是占配送中心人力的50%以上，且拣选作业时间占整个配送中心作业时间的30%～40%，在成本上，拣选作业成本占配送中心总成本的15%～20%。由此可见，合理的拣选作业方法，对提高配送中心运作效率具有决定性的影响。

二、拣选系统的基本流程

随着经济的发展，拣选作业的内容也趋于复杂化和多样化，为了提高多品种、小批量货物的分拣效率和效益，应把拣货作业视为一个系统。订货时拣货的基础，根据用户的订单要求从仓库中拣选货物并出库，这是配送中心作业的重要环节。根据订货处理系统产生的出库单、拣货单、发货单等进行货物的拣选、收集和分类的过程就构成了配送中心的分拣系统。

（一）分拣系统的一般流程

在配送中心内，分拣系统的流程如图5－23所示。它包括了两种分拣方式，其中下部流程为按单拣选分拣作业流程，上部为批量拣选分拣流程。不管采用哪种分拣方式，都包括在仓库或保管货架内进行拣选的环节。

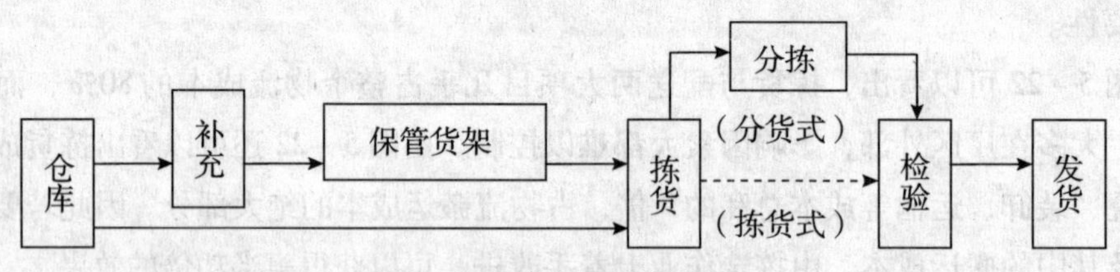

图5－23　拣货系统的流程

拣选的方式通常有两种，即按单拣选和按品种拣选（批量拣选）。一般按品种拣选，从货架分拣完毕为一次操作，之后还进行分拣作业，即为二次作业。这种方式拣选的人力虽可减少，但其后非分货作业，又增加了人力，因此，人力节省效果不大。过去为了提高出库准确性，采用“拣选总量－分拣总量＝0”来进行复查，这种方法使用较多。近年来用户需求品种越来越多，为提高效率，解决劳动力不足，各种效率更高的按单拣选方式被开发出来，如拣选指示系统、拣选小车等，对小批量的用户也可以高效、准确地出库，因此按品种的拣选方式应用就逐渐减少了。

（二）拣选作业流程

拣选作业过程大致由生成拣选资料、行走或搬运、拣取和分类与集中几个环节组成，具体如图5－24所示。

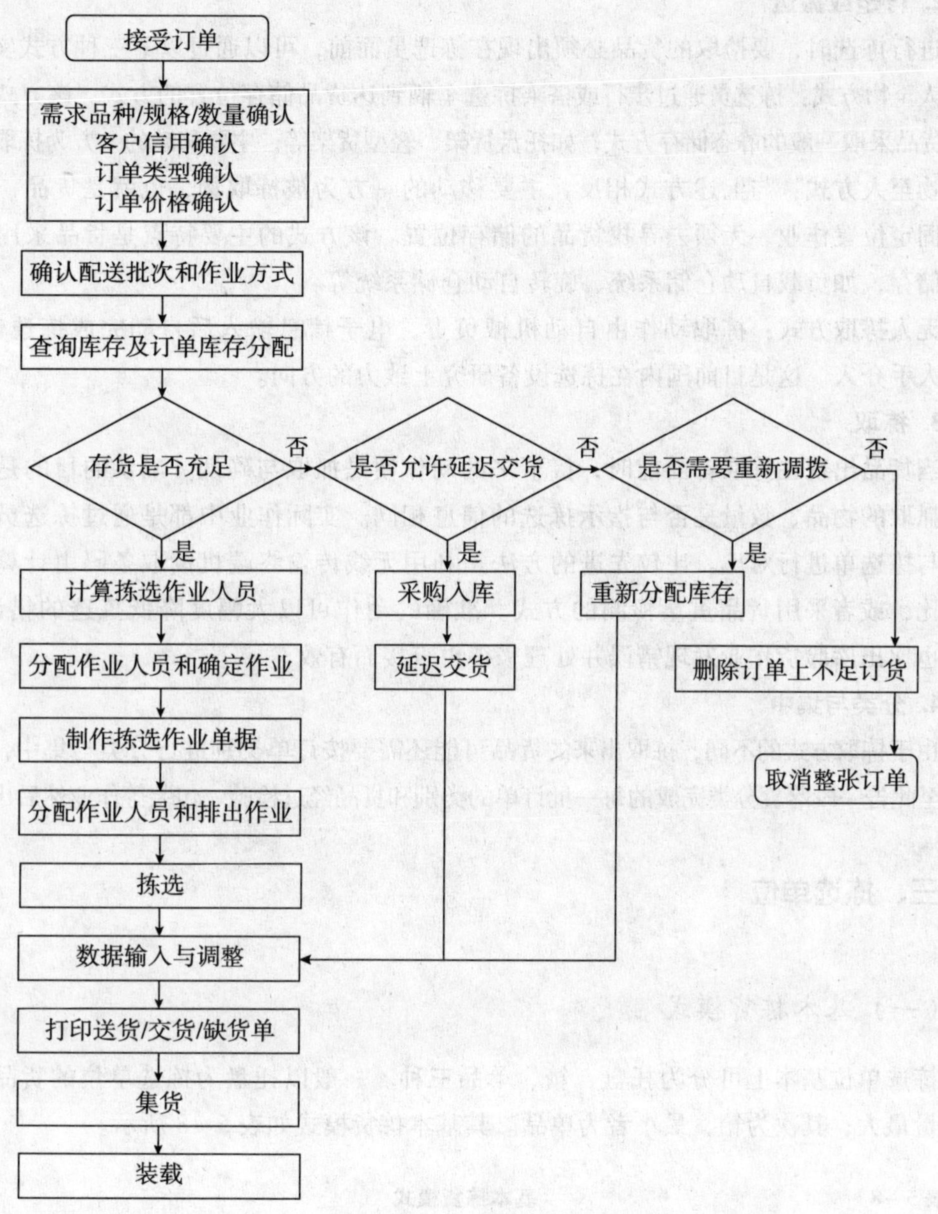

图 5－24　拣选作业流程

1. 生成拣选资料

拣选作业开始之前，指示拣选作业的单据或信息必须先行处理完成。虽然有些配送中心直接利用顾客的订单或公司的交货单作为人工拣选指示，但此类传票容易在拣选作业中受到污损导致错误发生，同时无法标识产品的货位，引导拣选员缩短拣选路径，所以必须将原始传票转换成拣选单或电子信号，以使拣选员或自动捡取设备进行更有效率的拣选作业。

2. 行走或搬运

进行拣选时，要捡取的货品必须出现在拣选员面前，可以通过以下三种方式实现。

人至物方式：拣选员通过步行或搭乘拣选车辆到达货品储存位置的方式。该方式的特点是货品采取一般的静态储存方式，如托盘货架、轻型货架等，主要移动的一方为拣取者。

物至人方式：与上述方式相反，主要移动的一方为被拣取物，也就是货品，拣取者在固定位置作业，无须去寻找货品的储存位置。该方式的主要特点是货品采用动态方式储存，如负载自动仓储系统、旋转自动仓储系统等。

无人拣取方式：拣取动作由自动机械负责，电子信息输入后自动完成拣选作业，无须人手介入。这是目前国内在拣选设备研究上致力的方向。

3. 拣取

当货品出现在拣取者面前时，接下来的动作便是抓取与确认。确认的目的是为了确定抓取的物品、数量是否与指示拣选的信息相同。实际作业中都是通过拣选员读取品名与拣选单进行对比。比较先进的方法是利用无线传输终端机读取条码由计算机进行对比，或者采用货品重量检测的方式。准确的动作可以大幅度降低拣选的错误率，同时也比出库验货作业发现错误并处理来得更直接而有效。

4. 分类与集中

由于拣取方式的不同，拣取出来的货品可能还需要按订单类别进行分类与集中，拣选作业至此告一段落。分类完成的每一批订单的类别和货品经过检验、包装等作业然后出库。

三、拣选单位

（一）基本拣货模式

拣选单位基本上可分为托盘、箱、单品三种。一般以托盘为拣选单位的货品体积和重量最大；其次为箱，最小者为单品。其基本拣货模式如表 5－8 所示。

表 5－8　基本拣货模式

拣货模式编号	储存单位	拣选单位
1	托盘	托盘
2	托盘	托盘＋箱
3	托盘	箱
4	箱	箱
5	箱	单品
6	箱	箱＋单品
7	单品	单品

拣选单位是根据订单分析的结果来决定的，如果订货的最小单位是箱，则不需要单品拣选单位，库存的每一种货品都需要通过以上分析判断出拣选单位。一种货品有时可能需要有两种以上的拣选单位，所以一个配送中心的拣选单位通常在两种以上。

配送中心规划时必须先决定拣选单位、储存单位，同时协调外部供应商确定货品的入库单位，所有单位的决定都来自客户的订单。也就是说客户的订单决定拣选单位，拣选单位决定储存单位，再由储存单位要求供应商的入库单位。

（二）拣货单位的决定

拣选单位的决定步骤如下。

1. 货品特性分组

将必须分别储存处理的货品进行分组，如将体积、重量、外形差异较大者，或有互斥特性的货品分别存放。

2. 历史订单统计

利用 EIQ 分析方法将过去一年或一月的资料进行统计，求出各分组货品的 IQ - PCB 分析表。此分析可以掌握各拣选分区的物流量，作为物流作业系统设计的基础，而且通过物流过程分析，可以使各拣选分区作业均衡化。

3. 订货单位合理化

将订货中货品的单位合理化，避免过小的单位出现在订单中，如将大包改成中包，去掉小包装，原则上控制在三种单位以内。

4. 拣选单位的决定

将 IQ - PCB 分析表中的货品单位数量，化为合理化的单位数量，分类后的货品再按合理化的单位归类。

通过以上分析，可得出各种货品应有的拣选单位，同时可以作为货品特性分析和拣选单位分区的参考。

（三）存储单位的决定

拣选单位决定之后，接下来要决定的是储存单位，一般储存单位必须大于或等于拣选单位，其一般步骤如下。

（1）定出各项货品的一次采购最大、最小批量及前置时间；

（2）设定配送中心的服务水平时间，订单到达后几日内送达；

（3）若服务水平时间 > 采购前置时间 + 送达时间，且货品每日被订购量在采购最小批量和采购最大批量之间，则该项货品可不设存货位置；

（4）通过 IQ - PCB 分析，如果货品平均每日采购量 × 采购前置时间 < 上一级包装单位数量，则储存单位 = 拣选单位。反之，则储存单位 > 拣选单位。

（四）入库单位的决定

储存单位决定后，货品入库的单位最好能配合储存单位，可以凭借采购量的优势要求供应商配合。入库单位通常设定等于货品最大的储存单位。

四、拣选方式的确定

（一）拣选作业方式分类

配送中心拣选作业，随着科学技术的发展也在不断地演变，拣选作业的种类也越来越多。拣选方式可以从不同的角度进行分类：按订单的组合，可以分为按单拣选方式（一人一件式）和接力拣选式（分区按单拣选）；按运动方式，可以分为人至货前拣选和货至人前拣选等；按拣选信息的不同又可以分为拣选单拣选、标签拣选、电子标签拣选、RF 拣选等。拣选作业的分类如图 5－25 所示。

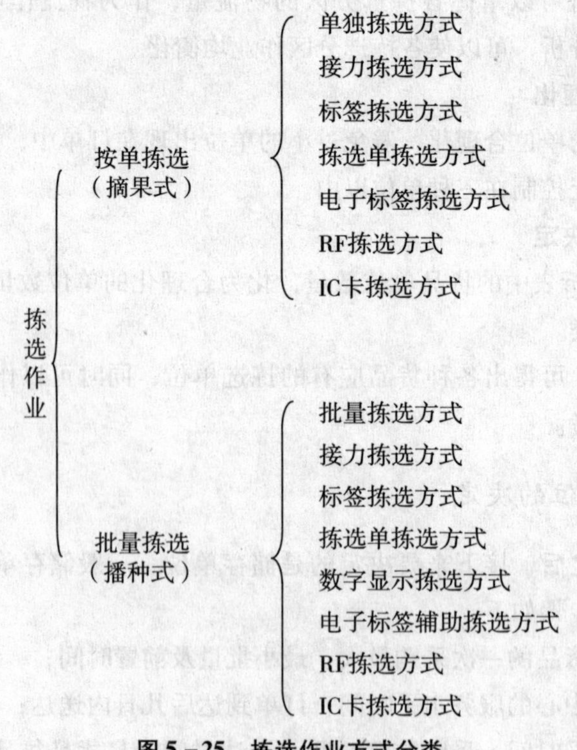

图 5－25　拣选作业方式分类

按单拣选即按订单进行拣选，拣选完一个订单后，再拣选下一个订单；批量拣选方式是将数张订单加以合并，一次进行拣选，最后根据各个订单的要求再进行分拣。

单独拣选方式即一人持一张取货单进入拣选区拣选货物，直至将取货单中内容完成为止；分区拣选方式是将拣选区分为若干区，由若干名作业者分别操作，每个作业者只负责本区货物的拣选，携带一张订单的拣选小车依次在各区巡回，各区作业者按订单的要求拣选本区段存放的货物，一个区段拣选完移至下一区段，直至将订单中所列货物全部拣选完。

人至货前拣选即人（或人乘拣选车）到储存区寻找并取出所需要的货物；货至人前拣选是将货物移到人或拣选机旁，由人或拣选机拣选出所需的货物。

（二）拣选作业方法

1. 按单拣选作业

（1）按单拣选作业原理。拣选人员或拣选工具巡回于各个储存点，按订单所要求的物品，完成货物的配货。如图 5 – 26 所示。这种方式类似于人们进入果园，在一棵树上摘下已成熟的果子后，再转到另一棵树前去摘果子，所以又形象地称之为摘果式。

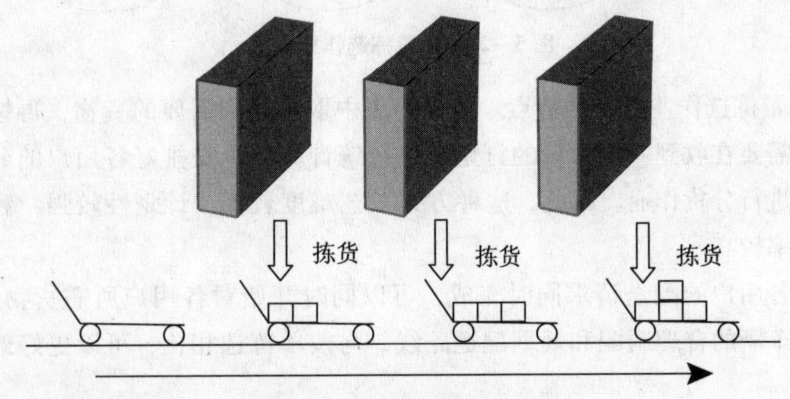

图 5 – 26　按单拣货作业原理

（2）按单拣选作业方式的特点。按订单拣选，易于实施，而且配载的准确度较高，不易出错。

对各用户的拣选相互没有约束，可以根据用户需求的紧接程度，调整配货先后次序。

拣选完一个货单，货物便配齐，因此，货物可不再落地暂存，而直接装上配送车辆，这样有利于简化工序，提高作业效率。

用户数量不受限制，可在很大范围内波动。拣选作业人员数量也可以随时调节，在作业高峰时，可以临时增加作业人员，有利于开展及时配送，提高服务水平。

对机械化、自动化没有严格要求，不受设备水平限制。

2. 批量拣选作业

(1) 批量拣选作业原理。批量拣选作业时由分货人员或分货工具从储存点集中取出各个用户共同需求的某种货物，然后巡回于各用户的货位之间，按每个用户的需要量分放后，再集中取出共同需要的第二种货物，如此反复进行，直至用户需要的所有货物都分配完毕，即完成各个用户的配货工作，如图 5－27 所示。这种作业方式，类似于农民在土地上播种，一次取出几亩地所需的种子，在地上巡回播撒，所以又形象地称之为播种式或播撒式。

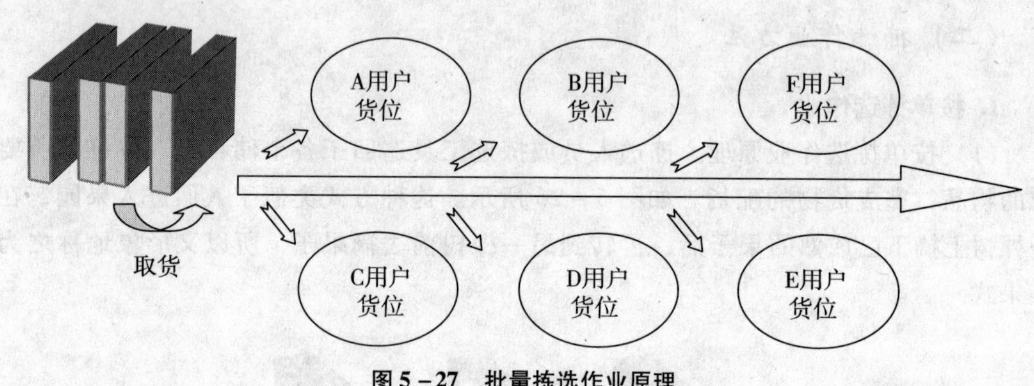

图 5－27　批量拣选作业原理

(2) 批量拣选作业方式的特点。由于是集中取出共同需要的货物，再按货物货位分放，这就需要在收到一定数量的订单后进行统计分析，安排好各用户的分货货位之后才能反复进行分货作业。因此，这种方式工艺难度较高，计划性较强，和按单拣选相比，错误率较高。

由于是各用户的配送请求同时完成，可以同时开始对各用户所需货物进行配送，因此有利于车辆的合理调配和规划配送路线，与按单拣选相比，可以更好地发挥规模效益。

对到来的订单无法做出及时的反应，必须等订单达到一定数量时才做一次处理，因此会有停滞的时间产生。只有根据订单到达的状况做等候分析，决定出适当的批量大小，才能将停滞时间减至最低。

除了以上两种常用的拣选方式外，还可以采用以下两种拣选方式。

整合按单拣选：主要应用在一天中每一订单只有一种品项的场合，为了提高运输配送的效率，将某一地区的订单整合成一张拣选单，做一次分拣后，集中捆包出库。这属于按单拣选的一种变通形式。

复合分拣：复合分拣是按单拣选与批量拣选的组合运用，按订单品项、数量和出库频率决定哪些订单适合按单拣选，哪些适合批量拣选。

几种拣选方式的比较如表 5－9 所示。

表 5－9　　　拣选方式比较

拣选方式	优点	缺点	适用场合
按单拣选	作业方法简单 订货前置时间短 作业弹性大 作业员责任明确，作业容易组织 拣选后不必再进行分类作业	货品品种多时，拣选行走路径加长，分拣效率降低 拣选单必须配合货架货位号码	适合多品种、小批量订单的场合
批量拣选	合计后拣货，效率较高盘亏较少	所有种类实施困难 增加出货的分货作业 必须全部作业完成后，才能发货	适合少品种批量出货且订单重复订购率较高的场合
整合按单拣选			一天中每一订单只有一种品项的场合
复合分拣			订单密集且订单量大的场合

（三）拣选作业方法选择

1. 定量方法

（1）按出货品项数的多少及货品周转频率高低，确定合适的分拣作业方式。

配合 EIQ 的分析结果（见表 5－10），按当日 EN 值（订单品项数）及 IK 值（品项受订次数）的分布判断出货品项数的多少和货品周转率的高低，确定不同作业方式的区间。

原理：EN 值越大表示一张订单所订购的货品品项数越多，货品的种类越多越杂，则批量分拣时分类作业越复杂，采取按单拣选方式较好。相对地，IK 值越多，表示某品项的重复订购频率越高，货品的周转率越高，此时，采用批量分拣方式可以大幅度提高拣选效率。

表 5－10　　　分拣方式选定对照表

		货品重复订购频率（IK 值）		
		高	中	低
出货品项数（EN）值	多	S + B	S	S
	中	B	B	S
	少	B	B	B + S

注：S 表示按单拣选，B 表示批量分拣。

（2）按表5－11所列项目进行考核，决定采用何种拣选作业方式。

表中第一项为每日订单数，主要考虑的因素为行走往复所花费时间。第二项为一天订单的品项数，考虑的是寻找货品货位的时间。第三项是一张订单中每一品项的重量，考虑的是抓取货品所用的时间。第四项为每一品项一天的订单数，考虑的是同一品项重复被分拣所花的时间。所以采用何种方式分拆，主要看该拣选方式效率的高低。也就是何种拣选方式所耗费的总时间最短，且避免不必要的重复行走时间。

表5－11　　　　批量分拣与按单拣选考核要素

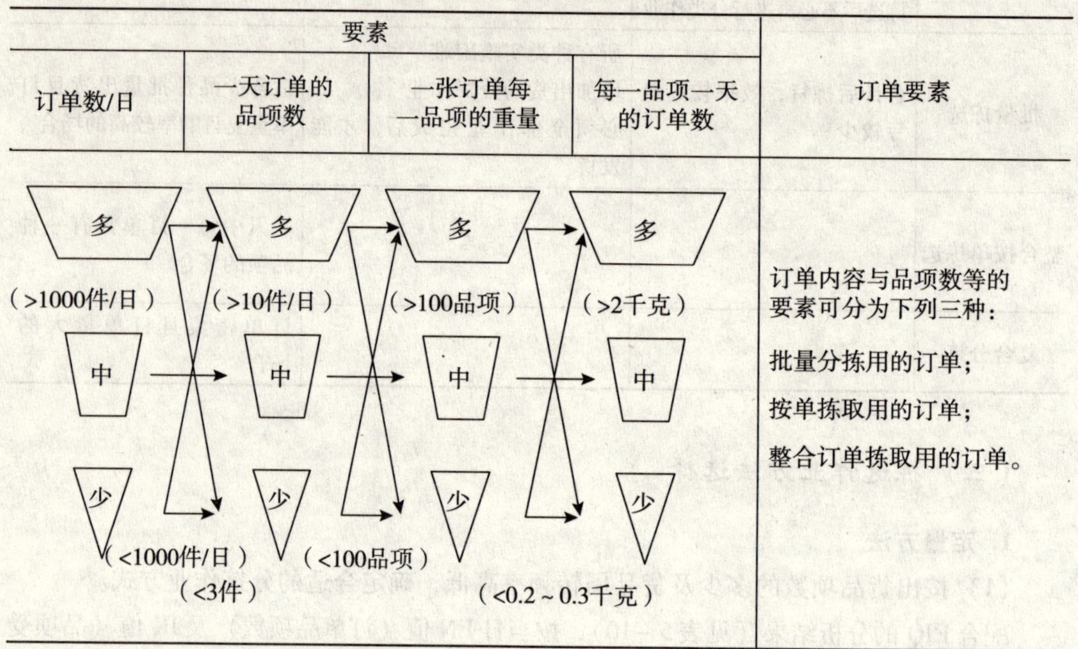

要素				订单要素
订单数/日	一天订单的品项数	一张订单每一品项的重量	每一品项一天的订单数	
多（>1000件/日） 中 少（<1000件/日）	多（>10件/日） 中 少（<3件）	多（>100品项） 中 少（<100品项）	多（>2千克） 中 少（<0.2～0.3千克）	订单内容与品项数等的要素可分为下列三种： 批量分拣用的订单； 按单拣取用的订单； 整合订单拣取用的订单。

表5－11中从左至右可以有多种组合方式。例如，A－C－C－A，表示的是每日订单数很多，而订单的品项数确很少，且一张订单的每一品项数量也很少，但不断地被重复订购。所以，可将每一品项数加总合计，采取批量分拣，以减少重复行走分拣同一品项所耗费的时间。但也要考虑分拣完后的分类集中作业的效率问题。在C－A－A－C形式中，每天的订单数很少，但一天订单的品项数很多又不重复，且一张订单的品项数也很少，此时适合采用单个订单方式分拣。

2. 定性方法

（1）按单拣选的适用情况及特点。

适用情况：货品外形体积变化较大，货品特性差异较小，分类作业难以进行。如化妆品、家具、电器、百货、高级服饰等。

特点：①因拣选行走距离无法缩短，分拣效率可能降低；②作业前置时间较短，订单处理可以保持连续性；③容易采用机械化的方式，协助人工分拣，但较难采用全自动的方式进行。

（2）批量分拣的使用情况及特点。

适用情况：①货品外形较规则、固定。如箱装、扁袋装；②需要流通加工的物品，如需要包装或标价作业的货品。

特点：①订单处理需要设截止时间，允许插单能力较差；②作业前置时间一般较长；③常以系统化和自动化来提高效率。

必须注意生产线的平衡和作业持续平稳，尤其要避免同一时间大量出货。

总的来说，按单拣选弹性较大，临时性的产能调整较容易，适合订单大小差异较大、订单数量变化频繁、有季节性差异的货品配送中心。批量分拣作业方式通常采用系统化、自动化设备，从而较难调整拣选能力，适合订单变化小、订单数量稳定的配送中心。

五、拣选策略的运用

拣选作业系统规划中最重要的环节就是拣选策略的运用，由于拣选策略的 4 个主要因素（分区、订单分割、订单分批、分类）之间存在互动关系，在进行整体规划时，必须按一定的决定顺序，才能使其复杂程度降到最低。

如图 5－28 所示是拣选策略运用组合图，从左到右是拣选系统规划时所考虑的一般次序，可以相互配合的策略方式用箭头连接，所以任何一条由左至右可通的组合链就表示一种可行的拣选策略。

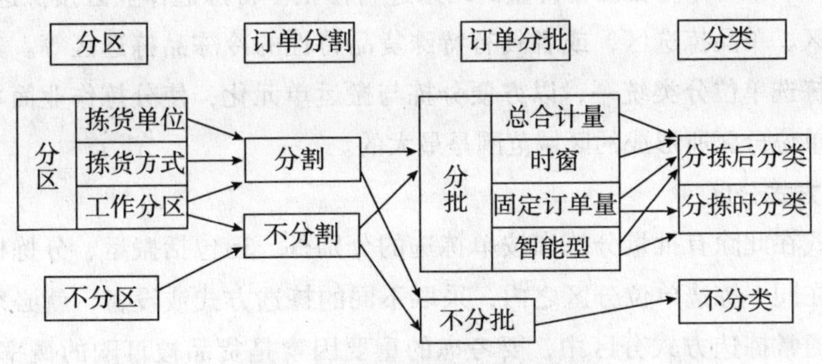

图 5－28　拣货策略运用组合图

（一）分区的考虑

拣选作业系统中的分区设计，除前面介绍的拣选分区外，还必须考虑到储存分区的部分。因此在设计拣选分区之前，必须先对储存分区进行了解、规划，才能使系统整体的配合更加完善。如图 5－29 所示是进行分区设计的程序，每一分区考虑的因素和重点都不尽相同，但其基本概念是由大到小，由广入深的。

图5－29　分区设计程序

1. 货品特性分区

货品特性分区就是根据货品原有的性质，将需要特别储存搬运或分离储存的货品进行区隔，以保证货品的品质在储存期间保持一定。在拣选单位的决定过程中，货品特性分组已将货品按其特性分类完成，接下来要做的就是根据不同的分组特性设计储存区域，该过程的原则是尽量使用共同设备码，以使设置操作成本降低。

2. 储存单位分区

同一货品在特性分区内可能因储存单位不同而分别储存在两个以上的区域，这种按储存单位划分的区域称为储存单位分区。货品储存单位已在拣选单位的决定中得出，因此只需要将货品特性分区中具有相同储存单位的货品集中，便可形成储存单位分区。

3. 拣选单位分区

在同一储存单位分区内，有时又可按拣选单位差异再做分区设计，如AS/RS自动仓储系统及托盘货架都是以托盘为储存单位的，AS/RS自动仓储系统又以托盘为取出单位，而托盘货架则以箱作为拣选单位。因此，在分区设计时还必须参考拣选方式的决定。如果按单拣选，则拣选分区可完全按拣选单位决定的结果。若是批量分拣方式，则拣选单位必须依订单分批后合计量的结果进行修正。将拣选作业区按拣选单位划分，如箱装拣选区、单品拣选区，或者具有特殊货品特性的冷冻品拣选区等。其目的是使储存单位与拣选单位分类统一，以方便分拣与搬运单元化，使分拣作业简单化。一般来说，拣选单位分区所形成的区域范围是最大的。

4. 拣选方式分区

拣选方式在此除有批量分拣和按单拣选的分别外，还包括搬运、分拣机器设备等差异，如想在同一拣选单位分区之内，采取不同的拣选方式或设备，就必须考虑拣选方式分区。通常拣选方式分区中，要考虑的重要因素是货品被订购的概率及订购量。概率和订购量越高，应采取越具时效的拣选方式和设备。

不同的拣选单位分区中，按拣选方法和设备的不同，又可以分为若干区域，通常以货品销售的ABC分类为原则。按出货量的大小和分拣次数的多少做ABC分类，然后选用合适的拣选设备和分拣方式。其目的是使拣选作业单纯一致，减少不必要的重复行走时间。在同一单品拣选区中，按拣选方式的不同，又可分为台车拣选区和输送机拣选区。

5. 工作分区

在相同的拣选方式下，将拣选作业场地再做划分，由一个或一组固定的拣选人员负责分拣某区域内的货品。该策略的主要优点是拣选人员需要记忆的存货位置和移动距离减少，拣选时间缩短，还可以配合订单分割策略，运用多组拣选人员在短时间内共同完成订单的分拣，但要注意工作平衡问题。

接力式分拣是工作分区的一种形式，只是其订单不做分割或不分割到各工作分区，拣选人员以接力方式来完成所有的分拣动作。这种方式比由一位拣选员把一张订单所需要的物品分拣出来要有效率，但相对投入的人力较多。

先定出工作分区的组合并预计其拣货能力，再计算出所需的工作分区数。

工作分区数 = 总拣选能力需求或单 - 工作分区预估拣货能力

（二）订单分割策略

当订单上订购的货品项目较多，或者拣选系统要求及时快速处理时，为了能在短时间内完成拣选处理，可将订单分成若干子订单交由不同拣选区域同时进行拣选作业。将订单按拣选区域进行分解的过程叫订单分割。

订单分割一般是与拣选分区相对应的，对于采用拣选分区的配送中心，其订单处理过程的第一步就要按区域进行订单的分割，各个拣选区根据分割后的子订单进行分拣作业，各拣选区子订单拣选完成后，再进行订单的汇总。

订单分割的原则按分区策略而定，一般订单分割策略主要在于配合拣选分区的结果，因此在拣选单位分区、拣选方法分区及工作分区完成之后，再决定订单分割的范围。订单分割可以在原始订单上做分离设计，也可在接受订单之后做分离的信息处理。下面介绍几种订单分割方法。

拣选单位分区与订单分割策略如图 5－30 所示。

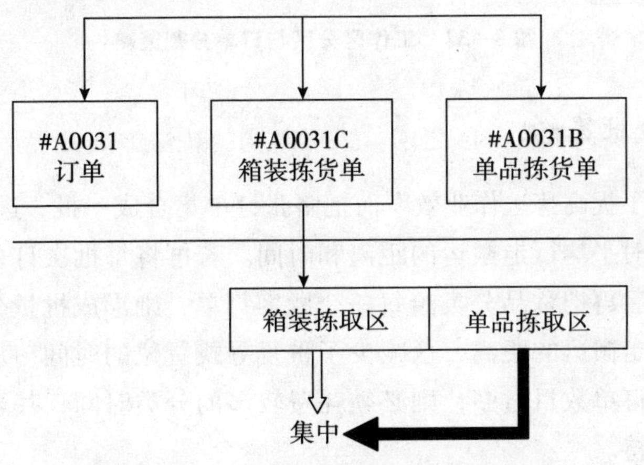

图 5－30　拣选单位分区与订单分割策略

拣选方式分区与订单分割策略如图 5－31 所示。

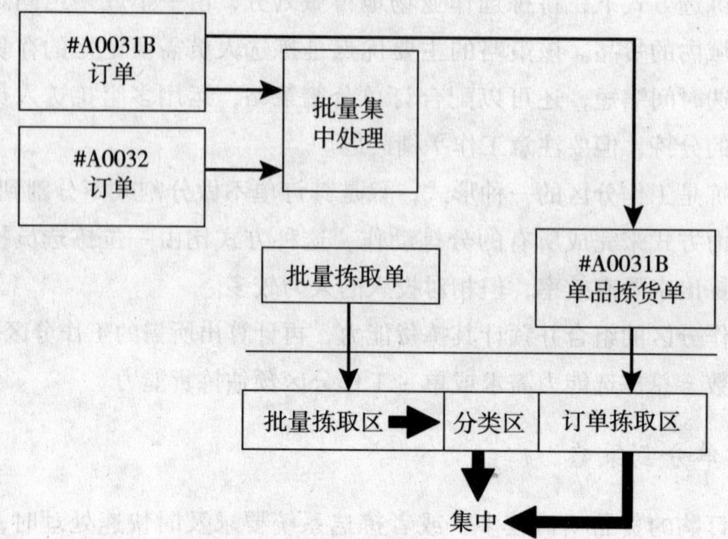

图 5－31 拣选方式分区与订单分割策略

工作区分区与订单分割策略如图 5－32 所示。

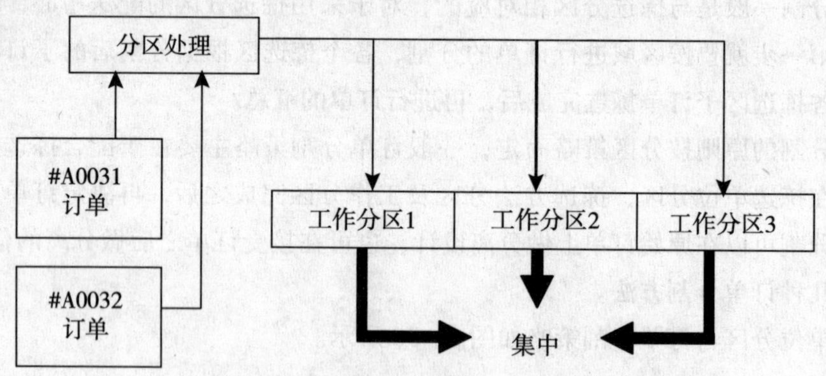

图 5－32 工作区分区与订单分割策略

（三）订单分批策略

订单分批是为了提高拣选作业效率而把多张订单集合成一批，进行批次分拣作业，其目的是缩短分拣时平均行走搬运的距离和时间。若再将每批次订单中的同一货品品项加总后分拣，然后再把货品分类给每一个顾客订单，则形成批量分拣，这样不仅缩短了分拣时平均行走搬运的距离，也减少了重复寻找货位的时间，从而使拣选效率提高。但如果每批次订单数目过多，则必须耗费较多的分类时间，甚至需要有强大的自动化分类系统的支持。

批量分拣作业方式，如何决定订单分批原则和批量的大小，是影响分拣效率的主要因素。下面将详细介绍订单分批策略的应用。

一般可以根据表5－12，按配送客户数、订货类型及需求频率三项条件，选择合适的订单分批方式。

表5－12　　订单分批方式与适用情况

使用情况 分批方式	配送客户数	订货类型	需求频率
总合计量分批	数量较多且稳定	差异小而数量大	周期性
固定订单量分批	数量较多且稳定	差异小而数量不大	周期性或非周期性
时窗分批	数量多且稳定	差异小且数量小	周期性
智能型分批	数量较多且稳定	差异较大	非即时性

1. 总合计量分批

合计拣选作业前所有累计订单中每一品项的数量，再根据这一总量进行分拣以将分拣路径缩至最短，同时储存区域的储存单位也可以单纯化，但需要有功能强大的分类系统来支持。这种方式适用于固定点之间的周期性配送，可以将所有的订单在中午前搜集，下午进行合集量分批、分拣单据的打印等信息处理，第二天一早进行分拣分类等工作。

这种分批方式较为简单，只需要将所有客户需求的货品数量统计汇总，由仓库中取出各项货品需求总量，再进行分类作业即可。

2. 固定订单量分批

订单总数/固定量＝分批次数

订单分批按先到先处理的基本原则，当累计订单量到达设定的固定量时，再开始进行拣选作业。适合的订单形态与时窗分批类似，但这种订单分批的方式更注重维持较稳定的作业效率，而处理速度较时窗分批慢。如图5－33所示是分区固定订单量分批拣取的示意图，固定订单量为3，当进入系统的订单累计数到达3时，集合成一批进行分区批量分拣。

通常固定订单量分批方式是采取先到先处理的原则，按订单到达的先后顺序进行批次安排。较先进的方式是利用智能分批的原则，将订货项目接近的订单同批处理，以缩短分拣移动的距离。

3. 时窗分批

当从订单到达至拣选完成出货所需的时间非常紧迫时，可利用此策略开启短暂而固定的时窗，如5分钟或10分钟，再将此时窗总所到达的订单做成一批，进行批量分拣。这一方式常与分区及订单分割联合运用，特别适合于到达时间短而平均的订单形态，同时订购量和品项数不宜太大。如图5－34所示为分区时窗分批拣取，所开时窗长度为1小时。

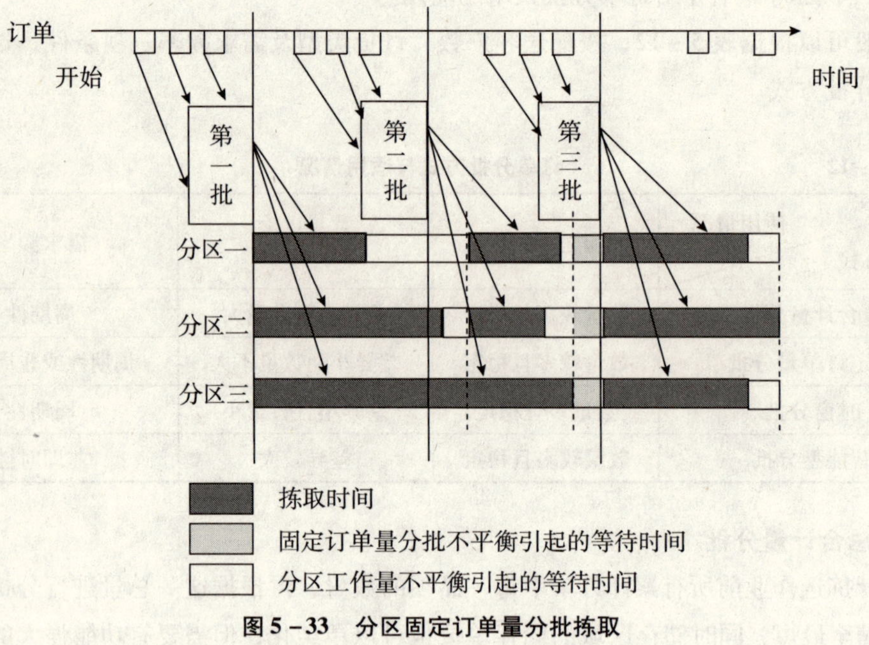

图 5－33　分区固定订单量分批拣取

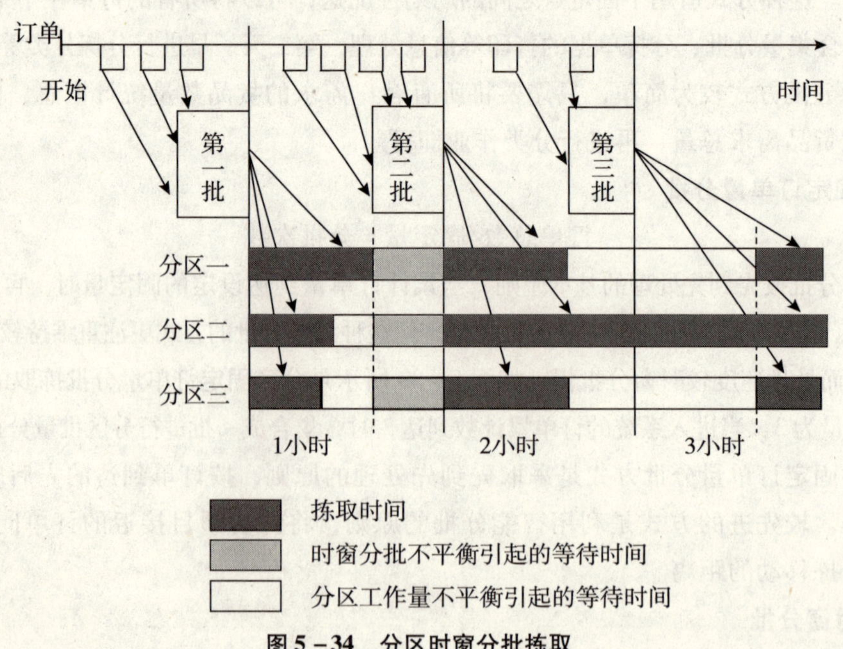

图 5－34　分区时窗分批拣取

该分批方式的重点在于时窗大小的决定，决定的主要因素是客户的预期等候时间及单批订单的预期处理时间。这种拣选方式是为了适应客户的紧急需求，因此时窗不应过长，且每批订单处理的时间在拣选系统的设计中也应尽可能地缩短。

4. 智能型分批

智能型分批是将订单汇总后经过较复杂的计算机计算，将分拣路径相似的订单分成一批同时处理，这种方法可大量缩短拣选行走搬运的距离。采用这种分批方式的配送中心通常将前一天的订单汇总后，经计算机处理在当天下班前产生次日的拣选单据，因此对紧急插单作业处理较为困难。

智能型分批方式是技巧性较高的一种分批方式，适合仓储面积较大、储存货品项目多的拣选区域。订单通常在前一天汇集之后，经过计算机处理，将订货项目相近或拣选路径一致的货品分为同批，以缩短拣选寻找的时间及移动的距离。

要做到智能型分批，最重要的就是货品储存位置和货位编码的相互配合，使订单输入货品编号后就可凭借货品货位编号了解货品储存位置的情况，再根据拣选作业路径的特性，找出订单分批的法则。

（四）分类方式的确定

采取批量分拣作业方式时，其后必须有分类作业与之配合，而且不同的订单分批方式，其分类作业的方式也有所不同，也就是说决定分类方式的主要因素是订单分批的方式，不采取批量分拣的作业方式就不需要进行分类作业。分类方式可分为分拣后分类（Sort After Picking，SAP）和分拣时分类（Sort While Picking，SWP）两种。

分拣后分类是指按合计量分拣后再集中分类。一般有两种分发方式：一种是以人工作业为主，将货品总量搬运到空地上进行分发，而每批次的订单量及货品数量不宜过大，以免超出人员负荷；另一种是利用分类输送机系统进行集中分类，是较自动化的作业方式。当订单分割越细，分批批量品项越多时，常使用后一种方式。

分拣时分类是指在分拣的同时将货品按订单分类，这种分类方式常与固定量分批或智能型分批方式联用，因此需要使用计算机辅助台车作为拣选设备，才能加快分拣速度，同时避免发生错误。较适合用于少量多样的场合，且由于拣选台车不可能太大，所以每批次的客户订单量不宜过大。

分类方式的决定除了受订单分批方式的影响外，表 5－13 也可以作为判断分类方式的参考依据。

表 5－13　　各种分类方式的特性

分类方式＼特性		处理订单数量	订购货品品项数	货品重复订购频率
分拣后分类	分类输送机	多	多	变化较大
	人工分类	少	少	较高
分拣时分类		多	少	较低

六、拣选信息的处理

（一）拣选作业方式与拣选信息

一般来说，拣选信息与拣选系统的规模及自动化程度有着密切的关系。通常货品种类少、自动化程度较低的拣选系统以传票作为拣选信息，其拣选方式偏向于简单的按单拣选。拣选单是目前最常采用的一种拣选信息，与拣选方式配合的弹性也较大。拣选标签的主要目的就是与计算机辅助拣选系统或自动拣选系统相配合，以追求、拣选的时效性，达到及时管控、完全掌握的目的。表 5 – 14 是拣选信息适合的拣选作业方式，可作为拣选作业方式决定后选择拣选信息的参考依据。

表 5 – 14　　拣选信息适合的拣选作业方式

拣选信息	适合的拣选作业方式
传票	按单拣选，订单不分割
拣选单	适合各种传统的拣选作业方式
拣选标签	批量分拣，按单拣选
电子信息	分拣时分类，工作分区，自动拣选系统

1. 拣选信息的处理

（1）传票。

拣选传票产生的方式基本上有两种。一种方式是复印订单的方法，在接到订单之后将其复制成拣选传票。这种方式费用较高，但其弹性较大，可适应不同大小的订单形式；另一种方式是直接由多联式订单中撕下拣选专用的一联。这种方式有时会因订单联数过多而产生复写不清的现象，导致错误发生。

以传票作为拣选信息的先决条件是货品品项数不多，通常在 100 种以下，无论是填写式或勾选式的订单表格，应以不超过一页为标准。适合传票的拣选方式为按单拣选。

（2）拣选单。

按单拣选的拣选单处理程序是：接到订单之后利用键盘输入方式或光扫描方式，输入计算机系统中，然后与计算机资料库中的货品存量核对并查出货品的储存位置，最后按工作排程的顺序打印出拣选单，以及产生补货指示和出库指示等。

分批拣选的拣选信息处理程序与按单拣选的最大差异就在于订单输入时的汇总，订单汇总必须按订单分批方式的原则，将同属一批的订单按货品品项统计订购数量。之后的核对存量与寻找货位，大致与按单拣选相同，最后打印出分批拣选单，以及产生补货、出库与分类等指示的信息。其中分类指示在自动分类中由计算机程序直接提供信号给控制系统，若用人工分类，则分类指示通常直接可由分批拣选单中得到。

（3）拣选标签。

拣选标签大致可以分为价格标签和识别标签两种。价格标签的目的在于标示价格。常见的标志标签为条码，此条码并非货品条码（货品条码一般印在货品包装上），通常为流通条码或店内条码，也有在一张拣选标签内同时显示出价格和条码的。

在订单到达之前就事先印制好标签，贴标签的动作发生在进货之初（统一标价）或出货之前（店内条码或个别标价）的，可将其归类于流通加工作业，并不属于拣选信息所讨论的范围。提供拣选信息的标签通常在输入订单后，经过拣选作业信息处理才打印出来，这类标签的功能除标示价格以外，对拣选作业的贡献主要有两个：一是分拣时贴标签代替了清点货品数量的过程；二是附有流通条码的标签可提供自动分类系统识别的信息。

（4）电子信息。

电子信息处理中由计算机拣选信息处理程序将指令传给控制器，接着由控制器传出控制信号给机器使其动作，所以在电子信息的处理中偏重于软硬件的结合。一般常见的电子标签系统（ELS）或计算机辅助拣选系统（CAPS），以及无线通信（RF）拣选系统即属于这种类型的应用。

电子信息与前三种拣选信息最大的差别就是无纸化，因此拣选信息的传送可以更迅速而正确，且可以做到及时控制与管理。

七、拣选设备的选用

表 5－15 列出了各种拣货模式及其设备组合，可以作为拣选系统设备配置的参考。

表 5－15　各种拣货模式及其设备组合

编号	记号	模型说明	可用的设备组合
1－1－1	P→P SOP/MP	托盘储存/托盘取出 订单拣取/人至物拣选设备	地板直接放置/拖板车 地板直接放置 托盘货架 托盘流动架 驶入式货架 驶出式货架 后推式货架 托盘移动货架

续 表

编号	记号	模型说明	可用的设备组合
1－1－2	P→P SOP/PM	托盘储存/托盘取出 订单拣取/物至人拣选设备	立体自动仓库
2－1－1	P→P＋C SOP/MP	托盘存储/托盘、箱取出 订单拣取/人至物拣选设备	地板直接放置/拖板车 地板直接放置/堆垛机 托盘货架/堆垛机 托盘流动架/堆垛机 托盘货架/拣选堆垛机 立体高层货架/搭乘式存取机
2－1－2	P→P＋C SOP/PM	托盘存储/托盘、箱取出 订单拣取/物至人拣选设备	立体自动仓储系统
3－1－1	P→C SOP/MP	托盘储存/箱取出 订单拣取/人至物拣选设备	地板直接放置/台车 托盘货架/台车 托盘货架/堆垛机 立体高层货架/拣选堆垛机
3－1－2	P→C SOP/PM	托盘储存/箱取出 订单拣取/物至人拣选设备	立体自动仓储系统
3－1－3	P→C SOP/AP	托盘储存/箱取出 订单拣取/自动拣选设备	立体自动仓储系统/层别拣取机 单箱拣取机器人
3－2－1	P→C SWP/MP	托盘储存/箱取出 批量拣取时分类/人至物拣选设备	地板直接放置/笼车、牵引车 托盘货架/笼车、牵引车 托盘货架/计算机拣选台车、牵引车
3－2－2	P→C SWP/PM	托盘储存/箱取出 批量拣取时分类/物至人拣选设备	立体自动仓储系统
3－3－1	P→C SAP/MP ＋C－sort	托盘储存/箱取出 批量拣取后分类/人至物拣选设备/箱分类	托盘货架/堆垛机/箱装分类系统 托盘货架/输送机/箱装分类系统
3－3－2	P→C SAP/PM ＋C－sort	托盘储存/箱取出 批量拣取后分类/物至人拣选设备	立体自动仓储系统/箱装分类系统
4－1－1	C→C SOP/MP	箱存储/箱取出 订单拣取/人至物拣选设备	轻型货架 箱装流动货架

续　表

编号	记号	模型说明	可用的设备组合
4－1－2	C→C SOP/PM	箱存储/箱取出 订单拣取/物至人拣选设备	水平旋转仓储 垂直旋转仓储 小件自动仓储系统
4－1－3	C→C SOP/AP	箱存储/箱取出 订单拣取/自动拣选设备	箱装自动拣选系统
5－1－1	C→C＋B SOP/MP	箱存储/箱、单品取出 订单拣取/人至物拣选设备	轻型货架/台车 箱装流动货架/台车、输送机 数字显示流动货架/输送机
5－1－2	C→C＋B SOP/PM	箱存储/箱、单品取出 订单拣取/物至人拣选设备	水平旋转仓储 垂直旋转仓储 小件自动仓储系统
6－1－1	C→B SOP/MP	箱存储/单品取出 订单拣取/人至物拣选设备	轻型货架/台车 箱装流动货架/台车、输送机 数字显示流动货架/输送机
6－1－2	C→B SOP/PM	箱存储/单品取出 订单拣取/物至人拣选设备	水平旋转仓储 垂直旋转仓储 小件自动仓储系统
6－2－1	C→B SWP/MP	箱存储/单品取出 批量拣取时分类/人至物拣选设备	轻型货架/计算机辅助拣选台车
6－2－2	C→B SWP/PM	箱存储/单品取出 批量拣取时分类/物至人拣选设备	水平旋转仓储 垂直旋转仓储 小件自动仓储系统
6－3－1	C→B SAP/MP＋B－sort	箱存储/单品取出 批量拣取后分类/人至物拣选设备	轻型货架/台车/单品分类系统
6－3－2	C→B SAP/PM＋B－sort	箱存储/单品取出 批量拣取后分类/物至人拣选设备	小件自动仓储系统/单品分类系统 水平旋转仓储 垂直旋转仓储
7－1－1	B→B SOP/MP	单品存储/单品取出 订单拣取/人至物拣选设备	储柜/台车 储柜/拣选篮（手提）

续 表

编号	记号	模型说明	可用的设备组合
7-1-2	B→B SOP/PM	单品存储/单品取出 订单拣取/物至人拣选设备	水平旋转仓储 垂直旋转仓储
7-1-3	B→B SOP/AP	单品存储/单品取出 订单拣取/自动拣选设备	单品自动拣选系统 A 型自动拣选机

第五节　配送中心出货系统规划

一、配送系统规划

（一）配送系统规划问题

由于在整个物流成本中运输成本占 1/3～2/3，因而最大化地利用运输设备和人员，提高运作效率是人们关注的首要问题。货物运输在途时间的长短可以通过运输工具在一定时间内运送货物的次数和所有货物的总运输成本来反映。其中，最常见的决策问题就是，找到运输工具在公路网、铁路线、水运航道和航空线运行的最佳路线，以尽可能地缩短运输时间或运输距离，从而在运输成本降低的同时，使客户服务也得到改善。

尽管路线选择问题种类繁多，但我们可以将其归为几个基本类型：一是起讫点不同的单一路径规划；二是多起讫点的路径规划；三是巡回（起点和终点相同）路径的规划。

1. 起讫点不同的单一路径规划

这类运输路径规划问题可以通过特别设计的方法很好地加以解决。最简单、最直接的方法就是最短路径法。

最短路径法是运筹学中动态规划旅行者最短路线问题的典型方法。要找到城市 A 与城市 E 之间行车时间最短的路线。节点之间的每条链上都标有相应的行车时间，节点代表公路的连接处城市 A～J。

上述问题为旅行者最短路线问题，是一个多阶段优化问题。

为求出最短路线，一种简单的方法是可以求出所有从 A 至 E 的可能走法的路长，并加以比较，这种方法就是穷举法。可以看出，随着问题的段数增多，各段状态也很多时，这种方法的计算量会大大增加，甚至使得求优称为不可能。

同时，动态规划中的最短路径法是从过程的最后一段开始，用逆序递推方法求解，逐步求出各段各点到终点 E 的最短路线，最后求得 A 点到 E 点的最短路线。详细内容请参考动态规划理论。上述问题的求解步骤如表 5 - 16 所示。

表 5 - 16　　最短路径法的求解步骤表

步骤	直接连接到未解节点的已解节点	与其直接连接的未解节点	相关总成本	第 n 个最近节点	最小成本	最新连接
1	A	B	90	B	90	AB*
2	A	C	138	C	138	AC
	B	C	90 + 66 = 156			
3	A	D	348			
	B	P	90 + 84 = 174	E	174	BE
	C	F	138 + 90 = 228			
4	A	D	348			
	C	F	138 + 90 = 228	F	228	CF
	E	I	174 + 84 = 258			
5	A	D	348			
	C	D	138 + 156 = 294			
	E	I	174 + 84 = 258	I	258	EI*
	F	H	228 + 60 = 288			
6	A	D	348			
	C	D	138 + 156 = 294			
	F	H	228 + 60 = 288	H	288	FH
	I	J	258 + 126 = 384			
7	A	D	348			
	C	D	138 + 156 = 294	D	294	CD
	F	C	288 + 132 = 420			
	H	G	288 + 48 = 336			
	I	J	258 + 126 = 384			
8	IJ	J	288 + 126 = 414			
	I	J	258 + 126 = 384	J	384	IJ*

注：* 为成本最小路径。

第一个已解的节点就是起点或点 A，与 A 点直接连接的未解节点有 B、C 和 D 点。第 1 步可以看到 B 点是距 A 点最近的节点，记为 AB。由于 B 点是唯一选择，所以它成为已解的节点。

随后，找出距 A 点和 B 点最近的未解的节点。只要列出距各个已解的节点最近的连接点，有 A→C 和 B→C，记为第 2 步。注意从起点通过已解的节点到某一节点所需的时间，应该等于到达这个已解节点的最短时间加上已解节点与未解节点之间的时间。也就是说，从 A 点经 B 点到达 C 点所需的总时间是 AB + BC，即（90 + 66）min = 156min。比较到达未解节点的总时间，最短时间是从 A 点到 C 点的 138min，这样 C 点就称为已解节点。

第三次迭代要找到与各已解节点直接连接的最近的未解节点。如表 5 – 16 所示，有三个候选点，从起点到这三个候选点的总时间分别是 348min，174min，228min。最短时间产生在连接 B→E 上，因此 E 点就是第三次迭代的结果。

上述过程直到到达终点 J，即第 8 步。最短路径的时间是 384min，连接各段路径，得到的最佳路径为 A→B→E→I→J。

最短路径法非常适合利用计算机进行求解。把网络中链和节点的资料都存入数据库中，选好某个起点和终点后，计算机很快就能算出最短路径。绝对的最短距离路径并不说明穿越网络的最短时间，因为该方法没有考虑各条路线的运行质量。因此，对运行时间和距离都设定权数就可以得出比较具有实际意义的路线。

2. 多起讫点的路径规划

如果有多个货源地可以服务多个目的地，那么面临的问题是，要指定各目的地的供货地，同时要找到供货地、目的地之间的最佳路径，该问题经常发生在多个供应商、工厂或仓库服务于多个客户的情况下。如果各供货地能够满足的需求数量有限，则问题会更复杂。解决这类问题常常可以运用一类特殊的线性规划算法，就是所谓的运输问题。

例如，某玻璃制造商与 3 个位于不同地点的纯碱供应商签订合同，由他们供货给 3 个工厂，条件是不超过合同所在的数量，但必须满足生产需求。这些费率是每个供应商到每个工厂之间最短路径的运输费率。供求都以 t 为单位进行计算。利用直达运输问题解法解决这个问题，最优货运计划如下：

从供应商 A 运输 400t 到工厂 1；

从供应商 B 运输 200t 到工厂 1；

从供应商 B 运输 200t 到工厂 2；

从供应商 B 运输 300t 到工厂 3；

从供应商 C 运输 300t 到工厂 2；

该运行线路计划的成本最低，为 6600 美元。

3. 巡回路径的规划

物流管理人员经常会遇到起讫点相同的路径规划问题。在企业直接拥有运输工具时，该问题是相当普遍的。人们熟悉的例子有，从某仓库送货到零售店然后返回的路线（从中央配送中心送货到饰品店或药店）；从零售店到客户配送的路线设计（商店送货上门）；校车、送报车、垃圾收集车和送餐车等的路线设计。这类路径问题是起讫点不同问题的扩展形式，但是由于要求车辆必须返回起点形成才结束，问题的难度提高了。这里的目标是找出途经点的顺序，使其满足必须经过所有点且总出行时间或总距离最短的要求。

起讫点相同的路径问题一般被称为“流动推销员”问题，人们已提出不少方法来解决这类问题。如果某个问题中包含很多个点，要找到最优路径是不切实际的，因为许多现实问题的规模太大，即使用最快的计算机进行计算，求最优解的时间也非常长。感知式和启发式求解方法是求解这类问题的好办法。

（1）各点空间相连。

实际生活中，可以利用人类的模式认知能力很好地解决“流动推销员”问题。合理的经停线路中各条线路之间是不交叉的，并且只要有可能路径就会呈凸形或水滴状。根据这两条原则，分析员可以很快画出路线规划图，而计算机可能要花许多个小时才能得出。

另外，也可以使用计算机模型来寻找进货途中经停的顺序。如果各停车点之间的空间关系并不代表实际的运行时间或距离，那么利用计算机模型方法比采用感知法好。当途中有关卡、单行线或交通拥堵时，尤其如此。但是，尽可能明确各点的地理位置能够减少需要采集的数据量，从而简化问题。然后，一个简单的问题可能就需要上千个距离或时间的数据。计算机的任务就是估计这些距离或时间。目前，人们已开发出的计算机程序可以迅速解决空间位置描述的问题，并得到接近于最优解的结果。

（2）空间上不相连的点的问题。

如果无论是将行程中的各经停点绘制在地图上还是确定其坐标位置，都难以确立各点之间的空间关系，或者，如果各点之间的空间关系由于前文所提到的实际原因而被扭曲，则应该具体说明每对点之间的确切距离或时间，这里，感知法基本上不适用，必须借助多年来人们提出的各种数学方法来解决这类问题。虽然可以得到想要的各点间的准确距离或运行时间，但计算程序一般给的是近似结果。

（二）配送规划与决策

1. 配送规划内容

配送作业在配送中心的物流成本中占有重要地位，因而配送规划合理与否将直接影响运输成本与效率。

在实际配送过程中，包括许多动态与静态的影响因素，静态因素指配送客户的分布区域、道路交通网络、车辆通行限制、送达时间要求等；而动态因素指车流量变化、道路施工、配送客户的变动、可供调度车辆的变动等因素，使配送规划的决定困难。实务上配送规划所能运用的前置时间仅有 1～2 小时而已，必须依赖计算机系统的辅助完成规划。最好的方式是能引入一套以人判断为主，计算机辅助配合的配送规划决策支援系统，目的在于取得即时可用的可行性配送手段及路线。

配送规划决策支援系统主要的决策项目应包括：配送区域划分、车辆安排、每辆车负责客户、配送路径选择、配送顺序决定、车辆装载方式。

2. 配送规划要素

配送系统决策项目的影响因素很多，而且是在配送规划进行中最需要去做分析与整合的部分。虽然这些因素与各决策项目的关系可能因物流中心本身性质及客户、货品性质而有所不同，但大致可归纳为如图 5－35 所示的基本关系。

3. 配送决策方法

（1）划分基本配送区域。为让整个配送有一个可循的基础，配送中心通常会先按客户所在地点的远近、关联状况进行区域上的基本划分，如上海市的徐汇区、长宁区、南市区等。当然，如果遇突发情况，这些分区也应能弹性调整。

（2）决定配送批次。当配送中心的货品性质差异很大，有必要分批配送时，就要根据每订单的货品特性进行优先的划分。例如，生鲜食品与一般食品的运送工具不同，须分批配送；还有化学物品与日常用品的配送条件有差异，也要分开配送。

（3）确定配送先后次序。信用是创造后续客源的要素，因而在客户要求的时间准时送货非常必要，在考虑其他因素做出确定的配送顺序前，应先按各客户的交货时间初步掌握配送的先后次序。

（4）车辆安排。究竟要安排什么形式、种类的配送车，是使用自用车或外雇车，要从客户面、车辆面及成本面来共同考虑。在客户面，必须根据各客户的订货量、订货体积、重量，以及客户点的下货特性限制；在车辆方面，要知道到底有哪些车辆可供调派，以及这些车辆的积载量与重量限制；在成本方面，就必须根据自用车的成本结构及外雇车的计价方式来考虑选择何者较划算。只有三方面的信息配合，才能做出最合适的车辆安排。

（5）确定每辆车负责客户。既然已做好配送车辆的安排，对于每辆车所负责的客户点数自然也已有了决定。

（6）路径选择。知道了每辆车负责的客户点后，如何以最快的速度完成这些客户点的配送，要根据各客户点的位置关联性及交通状况来做路径的选择。除此之外，对于有些客户或所在环境有其送达时间的限制也要参与考虑，如有些客户不愿意中午收货，或者有些巷道在高峰时间不准卡车进入等，都必须尽量在选择路径时避开。

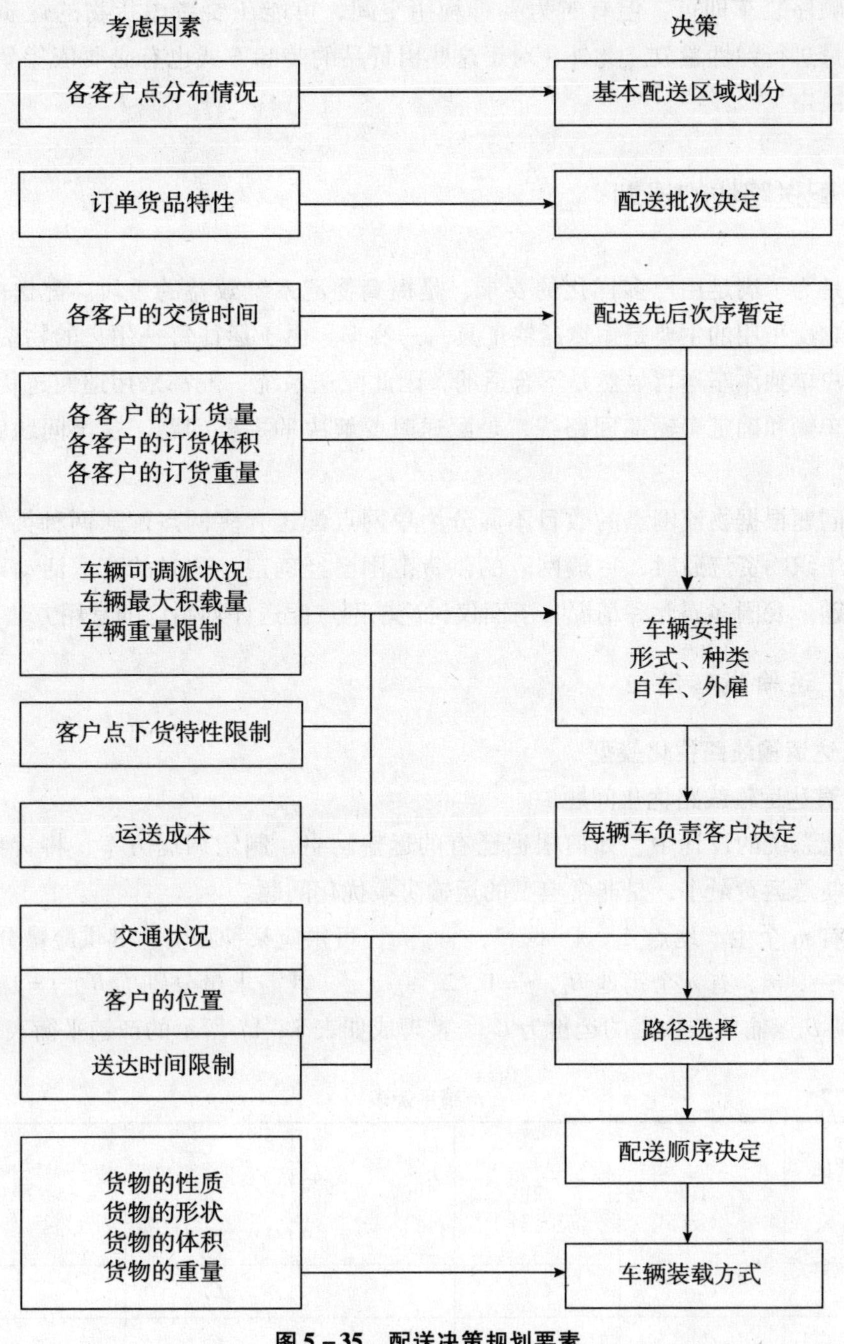

图 5-35 配送决策规划要素

（7）确定配送顺序。做好车辆的调配安排及配送路径的选择后，根据各车辆的配送路径先后即可将客户的配送顺序确定。

（8）确定车辆装载方式。决定了客户的配送顺序，接下来就是如何将货品装车，以什么次序上车的问题。原则上，知道了客户的配送顺序先后，只要将货品依次送达先上车的顺序装车即可，但有时为妥善利用空间，可能还要考虑货物的性质、形状、容积及重量进行弹性置放。此外，对于这些出货品的装卸方式也有必要依货品的性质、形状等来决定。

二、配送路线的规划

配送是为了满足用户多样化的要求，是提高物流系统效益的手段。配送由于运输距离近，它所采用的主要是短途运输工具——汽车。由于运往每一用户的物资数量小，对每一用户单独派车送货显然是不合适的，因此配送系统一般都采用巡回送货的方式。如何调度车辆和确定车辆巡回路线，是配送时要解决的主要问题。这类问题就叫做配送计划。

配送问题根据物流网点的数目不同分为单网点配送和多网点配送两种类型。在按经济区划组织物资流通时，一般网点的供货范围已经确定，这时的配送活动即为单网点配送问题。我国多属此种情况。下面仅讨论单网点配送计划制订的常用方法。

（一）运输线路优化

1. 直达运输线路优化模型

（1）直达运输线路优化问题。

在物流系统的设计中，如何根据已有的运输网络，制定调运方案，将货物运到需求地，而使总运费最小，是非常典型的运输决策优化问题。

已知有 m 个生产地点 A_i，$i=1$，2，…，m，可供应某种物资，其供应量分别为 a_i，$i=1$，2，…，m。有 n 个销地 B_j，$j=1$，2，…，n，其需求量分别为 b_j，$j=1$，2，…，n，从 A_i到 B_j运输单位物资的运价为 C_{ij}。整理成如表 5－17 所示的产销平衡表。

表 5－17　　产销平衡表

销地／运价／产地	1	2	…	n	产量
1	C_{11}	C_{12}	…	C_{1n}	a_1
2	C_{21}	C_{22}	…	C_{2n}	a_2
⋮	⋮	⋮		⋮	⋮
m	C_{m1}	C_{m2}	…	C_{mn}	a_m
销量	b_1	b_2	…	b_n	

在产销平衡的条件下，要求使总运费最小的调运方案。

（2）直达运输优化模型。

直达运输线路优化是一个产销平衡的运输模型，即 m 个供应点的总供应量等于 n 个需求点的总需求量，运输问题满足供需平衡。这时，由各供应点 A_i 调出的物资总量应等于它的供应量 a_i（$i=1，2，\cdots，m$），而每一个需求点 B_j 调入的物资总量应等于它的需求量 b_j，$j=1，2，\cdots，n$。

若用 x_{ij} 表示从 A_i 到 B_j 的运量，其数学模型如下：

$$\min z=\sum_{i=1}^{m}\sum_{j=1}^{n}C_{ij}x_{ij}$$

$$\text{s. t.}\begin{cases}\sum\limits_{i=1}^{m}x_{ij} & j=1,\ 2,\ \cdots,\ n\\ \sum\limits_{j=1}^{n}x_{ij} & i=1,\ 2,\ \cdots,\ n\\ x_{ij}\geqslant 0\end{cases}$$

直达运输问题模型求解方法有很多，表上作业法是常用的手工求解方法。

利用表上作业法，寻求运费最小的运输方案，有三个基本步骤：

①依据问题列出运输物资的供需平衡表及运价表；

②确定一个初始的调运方案；

③根据一个判定法则，判定初始方案是否为最优方案。

当判定初始方案不是最优方案时，再对这个方案进行调整。一般来说，每调整一次得到一个新的方案，而这个新方案的运费比前一个方案要少一些，如此经过几次调整，就会得到最优方案。

2. 中转运输线路优化模型

（1）问题的提出。

前面讨论的运输问题，都是假定任意产地和销地之间都有直达路线，可直接运输物资，并且产地只输出货物，销地只输入货物，但实际情况可能更复杂一些。例如，可考虑下列更一般的情况：

①产地与销地之间没有直达路线，货物由产地到销地必须通过某中间站转运。

②某些产地既输出货物，也吸收一部分货物；某销地既吸收货物，又输出部分货物，即产地或销地也可以起中转站的作用，或者既是产地又是销地。

③产地与销地之间虽然有直达路线，但直达运输的费用或运输距离分别比经过某些中转站还要高或远。

存在以上情况的运输问题，统称为转运问题。

（2）约束分析与数学模型。

解决中转运输问题的思路是先把它化为无转运的平衡运输问题。为此，进行如下假设：

首先根据具体问题求出最大可能中转量 Q。

纯中转站可视为输出量和输入量均为 Q 的一个产地和销地。

兼中转站的产地 A_i 可视为一个输入量为 Q 的销地及一个产量为 a_i+Q 的产地。

兼中转站的 B_j 可视为一个输出量为 Q 的产地及一个销量为 b_j+Q 的销地。

在此假设的基础上，列出各产地的输出量、各销地的输入量及各产销地之间的运价，最后用表上作业法求解。

下面设有 m 个生产地点 A_i，$i=1, 2, \cdots, m$，其供应量分别为 a_i，$i=1, 2, \cdots, m$，有 n 个销地 B_j，其需求量为 b_j，$j=1, 2, \cdots, n$，且 $\sum a_i=\sum b_j$，有 p 个纯中转站 T_i，$i=1, 2, \cdots, p$，单位物资的运价为 C_{xy}（$x=1, 2, \cdots, m+p+n$；$y=1, 2, \cdots, m+p+n$）。

产地 A_i 可视为产地，输出量为 $\sum a_i+a_i$。B_j 可视为销地，输入量为 $\sum a_i$。

兼中转站的销地 B_j 可视为一个输出量为 $\sum b_j$ 的产地，一个销量为 $\sum b_j+b_j$ 销地。

纯中转站 T_i 可视为输入、输出量均为 $\sum a_i$ 的一个产地和一个销地。于是，可建立下列数学模型：

$$\min Z=\sum_{x=1}^{m+n+p}\sum_{y=1}^{m+n+p}C_{xy}X_{xy}$$

$$\text{s.t.}\begin{cases}\sum\limits_{y=1}^{m+n+p}X_{xy}=\sum a_i+a_i & (x=1, 2, \cdots, m)\\ \sum\limits_{y=1}^{m+n+p}X_{xy}=\sum a_i & (x=m+1+p, \cdots, m+n+p)\\ \sum\limits_{x=1}^{m+n+p}X_{xy}=\sum b_j+b_j & (y=m+1+p, \cdots, m+n+p)\\ \sum\limits_{x=1}^{m+n+p}X_{xy}=\sum b_j & (y=1, \cdots, m+p)\\ X_{xy}\geqslant 0\end{cases}$$

（二）制订配送计划的 0－1 规划法

单网点配送问题中，物流网点向所属用户送货，各用户的需求量为 b_j（$j=1, 2, \cdots, n$）。假定以汽车作为发达工具，每辆汽车的载重量为 Q，若满足：

$$\sum_{j=1}^{n}b_j\leqslant Q \tag{5-4}$$

则该网点只需派一台汽车巡回送货即可。显然，在这种情况下制订配送计划只要进行巡回路线的选择，这时配送问题变成所谓的“旅行推销员”问题。解这类配送问题，实际上就是安排汽车对用户的送货次序，保证送到每个用户，并使总行程最短。

设 B_0 为物流网点，B_j（$j=1, 2, \cdots, n$）为需求用户。显然，一个可行的循回路

线应由 $n+1$ 段路线构成。以 X_{ijr}（$i=0, 1, 2, \cdots, n$; $j=0, 1, 2, \cdots, n$; $r=1, 2, \cdots, n+1, i\neq j$）表示 $i-j$ 段路线作为某巡回路线中第 r 段行程的决策变量，当 $X_{ijr}=1$ 时表示该段行程在巡回路线上，当 $X_{ijr}=0$ 时表示该段行程不在巡回路线上。

对一个可行方案，为保证巡回路线不间断，即各段路线一次衔接，应有以下等式成立：

$$\sum_{i=0}^{n} x_{ijr} = \sum_{k=0}^{n} x_{jkr} + 1 \quad r=1, 2, \cdots, n; \ j=1, 2, \cdots, n; \ i\neq j, \ j\neq k \tag{5-5}$$

同时，用以下方程保证发货车离开一个点只能到另外一个点，并且各点在巡回路线上只出现一次：

$$\sum_{j=0}^{n} \sum_{r=0}^{n+1} x_{ijr} = 1 \quad i=0, 1, 2, \cdots, n, \ i\neq j \tag{5-6}$$

式（5－6）表明以 i 为起点的路段在巡回路线中必须而且只出现一次，这就保证了发货车离开点 i 只能到另外一个点 j。由式（5－6）知式（5－5）的右边等于1，所以左边也应为1。这时，由式（5－6）可以看出，以 j 为起点的路段如果作为巡回路线中的 $r+1$ 段行程而存在，那么必有以 j 为终点的路段作为 r 段行程存在于巡回路线中。这就保证了各段路线一次衔接而不间断。

设 C_{ij} 为各点之间的最短距离（假定各点之间均有直达路线），以总行程最短为目标。考虑上述两组约束，可写出如下求配送路线的数学模型。

$$\min F = \sum_{r=1}^{n+1} \sum_{i=0}^{n} \sum_{j=0}^{n} C_{ij} X_{ijr}$$

$$\sum_{i=0}^{n} X_{ijr} = \sum_{k=0}^{n} X_{jkr} + 1 \quad r=1, 2, \cdots, n; \ i\neq j, \ j\neq k$$

$$\sum_{j=0}^{n} \sum_{r=0}^{n+1} X_{ijr} = 1 \quad i=1, 2, \cdots, n$$

$$X_{ijr} = \begin{cases} 0, & i-j \text{ 作为巡回路线中的第 } r \text{ 段行程存在} \\ 1, & i-j \text{ 作为巡回路线中的第 } r \text{ 段行程不存在} \end{cases}$$

这是一个0－1规划模型。解0－1规划模型可用穷举法和隐枚举法，前者需要检查变量取值为0或1的每一种组合，并比较目标函数值。采用隐枚举法只需要检查变量取值组合的一部分，如果这一取值组合的部分结合选择得当，将使计算工作量大幅度减少。因此，如何构造变量取值组合的部分集合，使检查的次数尽可能少，则是解这类配送问题的关键。

由 X_{ijr} 的设定容易知道，在有 n 个需求用户的系统中，包括物流网点就有 $n+1$ 个点，共有0－1型变量 $(n+1)^3$ 个，对于一个可行的配送方案则有 $n+1$ 个变量等于1，其他均为0。若 $n=3$，就有64个 $n+1$ 变量，可行解中4个变量取值为1，其余60个为0。如果对所有变量进行全部枚举，将要检查 C_{64}^{4} 个取值为1的组合，这是一个相当大的数，即使用增加滤波条件的办法也是很麻烦的。下面根据配送问题的特点，突出构造变量取值组合部分集合的办法，并举例说明。

设由配送点 B_0 向用户 B_1，B_2，B_3 发送货物，满足：

$$\sum_{j=1}^{3} b_j \leqslant Q$$

式中，b_j（$j=1，2，3$）——用户的需求量；

Q——发送车的载重量。

不难知道，发货车从 B_0 出发，经过用户各一次，然后回到 B_0 只可能有 6 条巡回路线，它们是：

① $B_0—B_1—B_2—B_3—B_0$；

② $B_0—B_1—B_3—B_2—B_0$；

③ $B_0—B_2—B_1—B_3—B_0$；

④ $B_0—B_2—B_3—B_1—B_0$；

⑤ $B_0—B_3—B_1—B_2—B_0$；

⑥ $B_0—B_3—B_2—B_1—B_0$。

6 条巡回路线实际是对需求点的不同排列，即

$$P_3 = 3 \times 2 \times 1 = 6$$

表 5－18　　运输距离表

	B_0	B_1	B_2	B_3
B_0	0	12	25	23
B_1	12	0	17	14
B_2	25	17	0	30
B_3	23	14	30	0

观察 6 条巡回路线，其中有一半是相同的，只是行车方向不同罢了。例如，$B_0—B_1—B_2—B_3—B_0$ 与 $B_0—B_3—B_2—B_1—B_0$ 这两条路线只是一条路线的正反两种走法。当然，两点间的距离与行程方向有关时，则不能这样认为。

为了使可能存在的巡回路线既不遗漏也不重复，可借助画树状图的方法将所有巡回路线描述出来。

6 条巡回路线，每条由 4 段行程构成，即在数学模型中表示这段行程的决策变量取值为 1，其余决策变量为 0。实际上，它们就是变量取值为 0 或 1 的组合的部分集合，根据树状图的画法，显然最短巡回路线一定在这个集合之中。

第三天巡回路线 $B_0—B_2—B_1—B_3—B_0$ 的行程最短，为最佳配送路线。第五条是与第三条行车方向相反的巡回路线，行程相等，也可作为最佳配送路线。

（三）制订配送计划的节约法

前面讨论制定单网点配送计划的0-1规划是在满足式（5-4）的条件下进行的。如果式（5-4）的条件不满足，显然就不能用0-1规划法来解决问题了。因为这时制订配送计划，不仅要进行巡回路线的选择，而且还要进行车辆的综合调度。下面介绍解决这类配送问题的一种方法——节约法。

1. 节约法的基本原理

如图5-36所示，由物流网点B_0向两个用户B_1，B_2送货，至各用户的最短运输距离分别为C_{01}和C_{02}；用户需求量各为b_1，b_2；两用户之间的最短运输距离为C_{12}。当用两台汽车分别对两个用户各自往返送货时，运输总距离为：

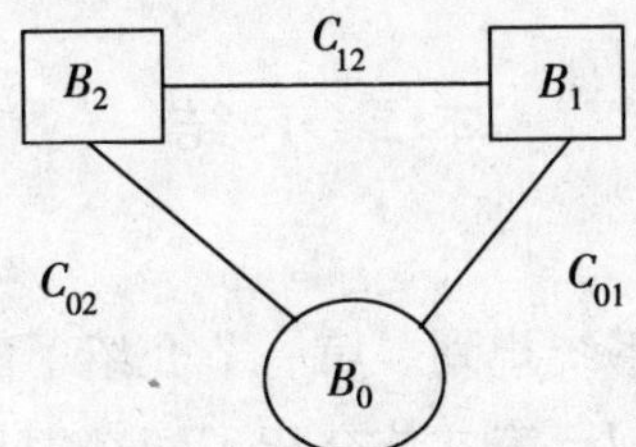

图5-36　节约法的基本原理

$$C_1 = 2（C_{01} + C_{02}）$$

如果改用一台车巡回送货（假定汽车能够负荷b_1，b_2）则总的运输距离为：

$$C_2 = C_{01} + C_{02} + C_{12}$$

$$VC_{12} = C_{01} + C_{02} - C_{12} \tag{5-7}$$

式（5-7）称为节约量公式。VC_{12}为B_1和B_2之间的节约量。显然，将节约量大的两个用户连接起来采用巡回方式送货，则可获得较大的节约量。如果在B_0的供货范围内还存在着第3个，第4个，…，第n个用户，在汽车负荷允许的条件下，可将他们与已在巡回路线中的用户按节约量的大小依次连接入巡回路线，直至汽车满载时为止。余下的用户另外派车，用同样的办法寻求巡回路线。通常情况下，可供派出的车的数量和车的种类是有限制的，当然总运输能力是能满足要求的。

2. 用节约法制订配送计划的求解过程

设物流网点B_0向用户B_j（$j=1, 2, \cdots, n$）送货，各用户需求量为b_j；网点与用户间的最短距离为C_{0j}，用户之间的距离为C_{ij}（$i=1, 2, \cdots, n$; $j=1, 2, \cdots, n$），发送车按其载重量的大小不同有p种，载重量为Q_k（$k=1, 2, \cdots, p$）的发送车有X_k台，且$Q_{k-1} < Q_k$。

假定$\sum_{j=1}^{n} b_j \geqslant Q_p$，则

$$b_j < Q_1 \tag{5-8}$$

就是说，所有用户的需求总量远大于任一种汽车的装载量，但每个用户的需求量则小于载重量最小的汽车的装载量。如果某些用户的需求大于一台汽车的载重量，可先安排一台或几台汽车满载给这些用户直接往返送货，对剩下不够一车的部分再纳入节约法进行处理。这样处理后，式（5－8）的条件总是成立的。其迭代步骤如下：

首先，假定载重量最小的汽车台数是无限多的，即 $X_1=\infty$。对每一用户各派一台车往返送货，得到以初始可行方案。显然这一配送方案的运输效率是很低的，而且 $X_1=\infty$ 的假设实际也是不存在的。

然后，按节约法原理对方案进行修正。修正时，以节约量的大小为顺序，从大到小依次将某些用户连接到巡回路线中，并考虑汽车载重量和各种车辆台数的约束。反复进行这样的修正，直至再没有可连接的用户为止。

本章小结

本章介绍了配送中心作业系统规划。第一节介绍了配送中心基本作业流程；第二节介绍了配送中心进货系统规划；第三节介绍了配送中心存储系统规划；第四节介绍了配送中心拣货系统规划；第五节介绍了配送中心出货系统规划。

第六章　配送中心设备选型与集成

物流配送中心的机械设备是指配送中心生产作业过程中所使用的设备，是实现物流活动的一种手段，正确合理地配置和运用物流机械设备是实现物流配送中心良好效益的关键环节。对物流配送中心的机械设备进行分类，可以有不同的角度，分类方式很多。同一机械设备在不同的环境或需求中，也会有不同的应用，这使得分类更加复杂。根据设备在物流配送中心实现作业活动的不同，可以把物流配送中心的机械设备分为储存设备、装卸搬运设备、输送设备、分拣设备、包装设备、流通加工设备以及集装单元器具等。而要选用何种搬运设备，才能使物品进出库快捷顺畅；要选用何种储存设备，才能使物品存取方便，并且能达到预期的储存效能；要选用何种输送设备，才能使物品从一个作业点高效、安全地移动到下一个作业点，这些都是物流配送中心规划时必须考虑的要点。

第一节　装卸搬运设备

装卸搬运设施和设备是进行装卸搬运作业的劳动工具或物质基础，其技术水平是装卸搬运作业现代化的重要标志之一。装卸搬运作业是物流配送中心的主要作业之一。随着物流业的发展，根据物流配送中心的实际需要，设计和生产的装卸搬运设备品种繁多，规格多样。物流配送中心的装卸搬运设备主要分为：起重机械和搬运车辆。

在物流配送中心中的装卸搬运设备主要完成货场、站台上的货物装卸，短距离搬运，以及在库房中从货架上存取货物。在货场、站台中采用的主要机械设备包括桥式起重机、龙门起重机、汽车起重机、门座起重机、叉车等；在库房中采用的主要机械设备包括起重设备中的堆垛起重机，搬运车辆中的叉车、手推车、自动导引车等。下面几节分别介绍库房中常用的装卸搬运设备。

一、起重机械

起重机械是一种最常见的装卸搬运机械，在建筑工地、工厂、仓库、港口等场合和多种行业中具有广泛的应用，在物流领域中起重机械是物流作业机械化、自动化的重要物质基础。起重机械是周期性间歇动作的机械。例如吊车装卸货物的过程是：空钩下降至装货点，货物挂钩，然后把货物提升和运送到卸货点卸货，卸货完毕后空钩返回装货点进行下一次吊货。可以看出，在每个装卸货工作循环中都包括载货和空返的行程，即在一个工作循环中取料、运移、卸载等动作的相应机构是交替工作的，各机构经常处于启动、制动和正反方向运转的工作状态。起重机主要实现装卸功能，其搬运功能较差，搬运距离很短。就作业方式而言，起重机的作业是从货物上部起吊，需要较大的作业空间高度。起重机的种类很多：有轻小的起重设备，如千斤顶、起重葫芦、卷扬机等；有臂架式起重机，如轮胎起重机、门座起重机、汽车起重机、履带起重机等；有桥架式起重机，如桥式起重机（也称作天车、行车）、龙门起重机、装卸桥等；有升降机，如电梯、升降平台、缆车等；还有在立体仓库中使用的堆垛起重机。以下主要介绍堆垛起重机的相关特点。

作为目前自动化立体仓库中最重要的起重运输设备，堆垛起重机的主要用途是在立体仓库的通道内来回穿梭运行，将位于巷道内的货物存入货格，或者相反，取出货格内的货物运送到巷道口，并移交给其他输送设备。

（一）堆垛起重机的类型

堆垛起重机的分类方式有很多种，按支承方式可分为地面支承型堆垛机、悬挂型堆垛机和上部支承型堆垛机；按用途可分为单元型堆垛机、机室同步型堆垛机和拣选—单元混合型堆垛机；按控制方式可分为手动式堆垛机、半自动式堆垛机和全自动式堆垛机；按结构可分为单立柱型堆垛机、双立柱型堆垛机和梯形立柱堆垛机；按运行轨迹可分为直线运行型堆垛机和曲线运行型堆垛机；按人员搭乘可分为带司机室型堆垛机和无司机室型堆垛机；按使用环境可分为常温型堆垛机、低温型堆垛机、高温型堆垛机、防爆型堆垛机和其他特殊环境条件用堆垛起重机。

（二）堆垛起重机的工作特点

堆垛起重机按照结构不同可以分为桥式堆垛起重机和巷道式堆垛起重机，以下将以这两种起重机为例分析其工作特点。

1. 桥式堆垛起重机

桥式堆垛起重机具有起重机和叉车的双重结构特点，具有桥架和回转小车。桥架在仓库上方运行，回转小车在桥架上运行。同时，桥式堆垛起重机具有叉车的结构特点，即具有固定式或可伸缩式立柱，立柱上装有货叉或者其他取物装置。

货架和仓库顶棚之间需要有一定的空间，保证桥架的正常运行。立柱可以回转，保证工作的灵活性。回转小车根据需要可以来回运行，因此桥式堆垛起重机可以服务于多条巷道。桥式堆垛起重机的堆垛和取货是通过取物装置在立柱上运行实现的，由于立柱高度的限制，桥式堆垛起重机的作业高度一般不会太高。

桥式堆垛起重机主要适用于12m以下中等跨度配送中心内的作业，巷道宽度要求较大。桥式堆垛机由于货架笨重造成了运行速度受到很大限制，它仅适用于出入库频率不高或存放长形原材料和笨重货物的配送中心。

2. 巷道式堆垛起重机

巷道堆垛机是由机架、运行机械、起升机械、装有存取货机械的载货台机架（车身）、电气设备以及安全保护装置等部分组成。

巷道堆垛起重机一般采用半自动和自动控制装置，运行速度和生产效率都较高；因其只能在货架巷道内作业，因此要配备出入库装置；巷道堆垛起重机适用于各种高度的高层货架仓库，可以实现半自动、自动和远距离集中控制。

根据使用要求，拣选入库、出库方式的起重量分别为0.1t或0.25t；单元化入库、出库方式的起重量一般常用为0.25～5t。巷道堆垛起重机的起升速度为6.3～40m/min，运行速度为25～180m/min，货叉伸缩速度为5～30m/min。

二、搬运车辆

搬运车辆是实现货物短距离运输与装卸的设备。随着对装卸搬运的作业要求日益提高，越来越多的场所使用搬运车辆，以保证装卸搬运工作的高效与安全。常用的搬运车辆可以分为：载重量大，较长距离搬运的叉车系列；载重量轻，短距离搬运的手推车系列；柔性强，自动化的无人设备，如自动导引搬运车，简称AGV（Auto－mated Guided Vehicle）。

（一）叉车

叉车又称铲车，具有自行的轮胎底盘并由能升降、前后倾斜的货叉、门架等部件组成，主要用于举高和搬运货物。叉车主要以货叉作为拣取货物的装置，一般依靠液压起升机构升降货物，靠轮胎实现货物的水平搬运。叉车主要用于成件货物的装卸搬运，在配备了其他装卸装置后，还能用于散货、集装箱和多规格品种货物的装卸搬运作业。国际标准化组织ISO/TC 110称为工业车辆，属于物料搬运机械，广泛应用于车站、港口、机场、工厂、仓库等各国民经济部门，是机械化装卸、堆垛和短距离运输的高效设备。

叉车在企业的物流系统中扮演着非常重要的角色，是物料搬运设备中的主力军。广泛应用于车站、港口、机场、工厂、仓库等国民经济中的各个部门，是机械化装卸、堆垛和短距离运输的高效设备。特别是随着中国经济的快速发展，大部分企业的物料搬运已经脱离了原始的人工搬运，取而代之的是以叉车为主的机械化搬运。因此，在过去的几年中，中国叉车市场的需求量每年都以两位数的速度增长。

1. 叉车的相关概念

(1) 叉车的构造

叉车种类繁多，但不论哪种类型的叉车，基本上都由动力部分、底盘、工作部分和电气设备四大部分构成。由于这四大部分的结构和安装位置的差异，形成了不同种类的叉车。平衡重式叉车是叉车的一种最普通形式。

①动力部分。

叉车动力装置的作用是供给叉车工作装置装卸货物和轮胎底盘运行所需的动力，一般装于叉车的后部兼起平衡配重作用。

电动叉车的动力装置是蓄电池和直流串激电动机，它的驱动特性最接近恒功率软特性的要求，其牵引性能优于内燃机。此外，运转平稳无噪声，不排废气，检修容易，操纵简单；营运费用较低，整车的使用年限较长。缺点是：需要充电设备，基本投资高，充电时间较长，一次充电后的连续工作时间短，蓄电池怕冲击振动，对路面要求高。由于蓄电池容量的限制，电动机功率小，车速和爬坡能力较低。

内燃机的机械特性不符合对叉车原动机恒功率软特性的要求，它的输出功率随着转速的增加而增大。因此，内燃机必须配装增大输出转矩的机械变速器、液力变矩器或液压传动装置等以后才能使用。内燃叉车和蓄电池叉车相反，它的主要优点是：不需要充电设备，作业持续时间长，功率大，爬坡能力强，对路面要求低，基本投资少。如果采用合适的传动方式，能获得理想的牵动性能。缺点是：运转时有噪声和振动，排废气，检修次数多，营运费用较高，整车的使用年限较短。因此，内燃叉车比较优越。一般起重量在中等吨位以上时，宜优先采用内燃叉车。

在内燃叉车中，最普遍采用的是柴油机，起重量3t以上的叉车基本上全都采用柴油机。这是由于柴油机耗油少。但柴油机比较笨重，噪声、振动大。起重量较小的叉车可选用汽油机，它体积小、重量较轻，但耗油多；汽油价格贵，废气中有害成分较多，易着火。在国外还有采用液化石油气发动机的叉车，其燃料价格低，排出的废气也较少。

近年来，国内外内燃叉车使用液态石油气机作动力装置的日益增多，多为双燃料叉车，它的动力装置可采用汽油或柴油作燃料，也可采用液化石油气作燃料。德国使用液态石油气的叉车年增长率达到160%，美国、日本液态石油气叉车也日益增加。当前，反对车辆尾气污染的呼声越来越高。因此，在包括叉车在内的由内燃机驱动的工业车辆中，液态石油气机的使用更趋广泛。这是因为使用液态石油气机，不但可避免空气污染，减少公害，而且还可减轻发动机磨损，延长发动机寿命，同时还可降低燃料费用。

②底盘。

底盘接受动力装置的动力，使叉车产生动力，并保证其正常行走。它由传动系、行驶系、转向系、制动系组成。传动系是接受动力并把动力传递给行驶系的装置。

机械式传动系由摩擦式离合器、齿轮变速器、万向传动装置及装在驱动桥内的主传动装置和差速组成；液力机械式传动系以液力变矩器取代摩擦式离合器，其余部分与前者相同。

行驶系是保证叉车滚动运行并支撑整个叉车的装置。它由支架、车桥、车轮以及悬架装置等组成；叉车的前桥为驱动桥，这是为了增大有载搬运时的前桥轴荷，以提高驱动轮上的附着质量，使地面附着力增加，以确保发动机的驱动力得以充分发挥。其后桥为转向桥。转向装置位于驾驶员前方，变速杆等操纵杆件置于驾驶员座位的右侧。

转向系是用来使叉车按着驾驶员意愿所决定的方向行走的系统，按叉车转向系统转向所需能源的不同，可分为机械转向系和动力转向系两种。前者以驾驶员的体能为转向能源，由转向器、转向传动机构和操纵机构 3 部分组成；后者是兼用驾驶员的体能和发动机动力为转向能源的转向装置。在正常情况下，叉车转向所需能量，只有很小一部分由驾驶员提供，大部分是由发动机通过转向加力装置提供。但在转向加力装置失效时，一般还应当能由驾驶员独立承担转向任务。叉车作业时，转向行走多变，为减轻驾驶员操纵负担，内燃叉车多采用动力转向装置。

叉车底盘的组成及其他各部分的组成、功用和工作原理，与汽车很相似，所以该部分凡是与汽车相同的内容，因限于篇幅，恕不加以阐述，而与汽车不同的内容，将作一介绍。

在平衡重式叉车上，叉车后部设有平衡重，以平衡叉车前部货物的质量，叉车的动力装置（内燃机）或蓄电池，一般装在叉车后部，以起到部分平衡作用。

③工作部分。

叉车工作部分是直接承受全部货重，完成货物的叉取、升降、堆垛等工序的直接工作机构，由直接进行装卸作业的工作装置及操纵工作装置动作的液压传动系统组成。从设计制造和不同工作条件两方面要求，它有多种结构形式。

货叉是直接承载货物的叉形构件，它通过挂钩装在叉架上，两货叉间的距离可以根据作业需要进行调整，由定位装置锁定。

叉架是由钢板焊接而成的结构件，具有滚轮组，内门架内侧具有上下方向的槽形轨道，叉架与内门架的联结方式一样，同样也只能沿外门架的轨道作上下运动。

内门架是由两个槽形型作为立柱和栋梁组焊的框架结构。它的下部铰接在叉车的驱动桥上，借助于倾斜液压缸的作用，门架可以在前后方向倾斜一定角度。门架前倾是为了装卸货物方便，后倾的目的是当叉车行驶时，使货叉上的货物不至于滑落。

起升液压缸下端在外门架横梁上，上端与内门架横梁和链轮联结。起升链条的一端与外门架下部联结，另一端绕过链轮与叉架相连，向液压缸通入压力油时，活塞杆以速度 v 向上运动并带动链轮、内门架以同样的速度 v 起升，由于动滑轮原理，链条牵动叉架以 $2v$ 速度起升。当液压缸全行程终了时，内门架处于外门架上方极端位置，叉架处于内门架上方极端位置。当泄掉油压时，货物或货叉等构件靠自身重力下降。

（2）叉车的主要技术参数

叉车的技术参数是用来表明叉车的结构特征和工作性能的。主要技术参数有：额定起重量、载荷中心距离、最大起升高度、门架倾角、最大起升速度、最大行走速度、满载最大爬坡度、最小转弯半径、最小离地间隙以及直角通道最小宽度、堆垛通道最小宽度、回转通道最小宽度、最大高度和宽度等。

额定起升重量：指用货叉起升货物时，货物重心至货叉垂直段前壁的距离不大于载荷中心距时，允许起升货物的最大质量。额定起升重量系列：0.5～40t。

载荷中心距离：指在货叉上放置标准质量的货物、确保叉车纵向稳定时，其中心至货叉垂直段前壁间的水平距离。

最大起升高度：指叉车在平坦坚实的地面上，满载、轮胎气压正常、门架直立，货物升至最高时，货叉水平段的上表面至地面的垂直距离。

门架倾角：是指无载叉车在平坦、坚实的地面上，门架相对其垂直位置向前和向后倾斜的最大角度。门架前倾角，作用是便于叉取和卸放货物；门架后倾角，作用是当叉车带货行驶时防止货物从货叉上滑落。

最大起升速度：通常指叉车在坚实的地面上满载时，货物举升的最大速度。

最大运行速度：一般指叉车满载时，在干燥、平坦、坚实的地面上行驶时所能达到的最大速度。

满载最大爬坡度：指叉车满载时，在干燥、坚实的路面上，以低速挡等速行驶所能爬越的最大坡度。

最小转弯半径：指叉车在空载低速行驶、转向轮处于最大偏转角时，瞬时转向中心距叉车纵向中心线的距离。

最小离地间隙：指车体最低点与地面的间隙。

直角通道最小宽度：可供叉车往返行驶的、成直角相交的通道的最小理论宽度。

堆垛通道最小宽度：叉车在正常作业时，通道的最小理论宽度。

回转通道最小宽度：可供叉车调头行驶的直线通道的最小理论宽度。

最大高度和宽度：决定叉车能否进入仓库、集装箱、船车内进行作业的参数。

（3）叉车专用术语

①额定起重量。指货叉上的货物重心位于规定的载荷中心距上时，叉车应能举升

的最大重量（单位 kg）。

②载荷中心距。指货物重心到货叉垂直段前端面的规定距离。

国家规定：

Q（代表载重量）< 1t 时为 400mm；

1t≤ Q < 5t 时为 500mm；

5t≤ Q ≤ 10t 时为 600mm；

12t≤ Q ≤18t 时为 900mm；

20t≤ Q ≤42t 时为 1250mm。

③最大起升高度。指叉车位于水平坚实地面，门架垂直放置且承受有额定起重量货物时，货叉所能起升的最大高度——货叉上平面至地面的垂直距离。

④自由起升高度。指在门架高度不变的情况下，货叉能离地的最大高度。

⑤最小转弯半径。指将叉车的转向轮转至极限位置，并以最低稳定速度做转弯运动时，其瞬时中心距车体最外侧的距离。

⑥门架倾角。指无载叉车门架能从其垂直位向前或向后倾斜摆动的最大角度。

⑦轴距。前桥中心到后桥中心的垂直距离。

2. 叉车的种类

叉车按举高能力可分为低提升和高提升两类。低提升车辆即一般的托盘叉车，其举高范围为 100 ~ 200mm；高提升车辆举高最高可达 13m。

叉车按人员操作姿势可分为步行式和坐立式。步行式搬运车辆的操作速度通常在 5km/h 以下。单向搬运距离在 100m 以内。如果搬运距离太长，次数频繁。作业人员容易疲劳，降低作业效率。在储存密度高和堆垛高度较低的情况下，步行式车辆能发挥较好的作业性能。步行式叉车堆垛高度一般是在 5m 以下。坐立式叉车的搬运距离长，负载较重，提升高度较高。

叉车按采用的动力方式可分为手动叉车、内燃机叉车和电瓶叉车。其中内燃机叉车又可以分为汽油机叉车、柴油机叉车和液化石油气叉车等。内燃机叉车的机动性能好，功率大。电瓶叉车以蓄电池为动力，用直流电机驱动，操作简单、无废弃污染，适用于室内作业。

叉车按结构特点可分为低提升托盘叉车，平衡重式叉车、插腿式叉车、前移式叉车、侧面式叉车、拣选式叉车和高架叉车等。

现将物流配送中心中常用的叉车基本情况分别介绍如下：

（1）低提升托盘叉车

一般的低提升托盘叉车，分为手动与电动两种方式。手动托盘搬运车是以人力操作水平及垂直方向的移动。电动托盘搬运车是以电瓶提供动力做举升及搬运操作。低提升托盘叉车的操作人员进行的所有作业都可站立于地板上完成，因此该类叉车一般为步行式搬运车辆。

手动托盘搬运车，在使用时将其承载的货叉插入托盘孔内，由人力驱动液压系统来实现托盘货物的起升和下降，并由人力拉动完成搬运作业。它是托盘运输中最简便、最有效、最常见的装卸、搬运工具。但由于以手动的拖动进行作业操作，除了费力外且易造成作业人员受伤，因此电动托盘搬运车使用得越来越普遍，尽管电动托盘搬运车的成本较高。

（2）平衡重式叉车

平衡重式叉车在车体前方具有货叉和门架，货叉伸出到叉车的前轮前方，货物的重心落在车轮轮廓之外。为了平衡叉车前部的载荷，在车体尾部设有平衡重，以保证叉车的纵向稳定性。平衡重式叉车的叉卸货物作业要依靠叉车的前后移动才能完成。

该类叉车适应性较强，是叉车中应用最广的一种。平衡重式叉车也有坐式和立式两种。坐式叉车适用于长距离搬运，坐式叉车的轴距较立式的大，为此负载能力也大。立式的轴距小，在窄道中作业比较方便。

（3）插腿式叉车

插腿式叉车有两条支腿位于叉车前端跨于底部，支腿下有很小的轮子。支腿能与货叉一起伸到货物底部，然后货叉提升货物，利用支腿支撑平衡，承载负载。这种设计方式可减少配重的重量，以较轻的车重，得到较高的稳度。插腿式叉车与平衡重式叉车相比，结构简单，自重和外形尺寸小，适合在狭窄的通道和室内作业，但其速度较低，行走轮直径小，对地面要求较高。

（4）前移式叉车

前移式叉车是门架或货叉可以前后移动的叉车，分为门架前移式和货叉前移式。门架前移式的货叉与门架一起移动；货叉前移式的货叉移动而门架不动，货叉借助于伸缩机构单独前伸。前移式叉车的特点是在存取货物时，货叉伸出的长度超过底部支腿长度，动力系统和操作者起配重作用，行走平稳，当货叉缩回时，与插腿式叉车相同，稳定性好，负载能力大。另外，货叉前移式叉车在地面具有一定的空间允许插腿插入的情况下，叉车能超越前排货架，对后一排货物进行作业。

（5）侧面式叉车

侧面式叉车是货叉和门架位于车体侧面的装卸作业车辆。该类叉车主要设计用来搬运特殊形状的物品，最普遍的侧面叉车是装卸和搬运长形的货物，如金属管、木材等。通常是在有导引的通道内作业，存取高度可至9～11m。

按动力不同可分为内燃型和电瓶型；按作业环境可分为室外工作（充气轮胎）型和室内工作（实心轮胎）型。

（6）拣选式叉车

拣选式叉车是操作台上的操作者可与装卸装置一起上下运动，并拣选储存在两侧货架内物品的叉车。按升举高度可分为低位拣选式叉车和高位拣选式叉车。

低位拣选式叉车适于车间内各个工序间加工部件的搬运，操作者可乘立在上下车便利的平台上，驾驶搬运车并完成上下车拣选物料，以减轻操作者搬运、拣选作业的强度。低位拣选式叉车一般乘立平台离地高度仅为200mm左右，支撑脚轮直径较小，仅适用于车间平坦路面上行驶。按承载平台（货叉）的起升高度分为微起升和低起升两种，可根据拣选物料的需要进行选择。

高位拣选式叉车适用于多品种少量人出库的特选式高层货架仓库。起升高度一般为4～6m，最高可达13m，可以大大提高仓库空间利用率。为保证安全，操作台起升时，只能微动运行。

（7）高架叉车

高架叉车又称作无轨巷道堆垛机或者三向堆垛叉车。

高架叉车的货叉在水平面内可以做旋转和侧移的动作，即叉车向运行方向两侧进行堆垛作业时，车体无须作直角转向，而使前部的门架或货叉作直角转向及侧移，这样叉车作业时可以更加节约空间，作业通道就可大大减少，提高了面积利用率。高架叉车的门架宽度相对较大，刚性好，同时为了提高起升高度，高架叉车一般采用3节或者4节门架，高架叉车的起升高度比普通叉车要高，一般在6m左右，最高可达13m，提高了空间利用率。其作业的基本动作是：提升（把负载提升到所需要的高度）、旋转（货叉向左或向右旋转，并对准所需的货位）、侧移（在货位中取出或存入货品）。根据作业形式分为司机室地面固定型和司机室随作业货叉升降型。司机室地面固定型高架叉车起升高度较低，因而视线较差；司机室随作业货叉升降型的高架叉车，起升高度较高、视线好。

（二）手推车

由于手推车轻便灵活，广泛应用于仓库、物流配送中心、生产工厂、百货公司、机场以及医院。由于一般手推车没有提升能力，所以一般承载能力在5000kg以下。物流台车也是手推车之一，台车主要用于配送发货之前的集货用。它存放物品多，一般高度为1.7m以上，并可折叠，便于空笼回送。手推车主要根据其用途及负荷能力来分类，一般分为两轮手推车、手推台车和物流台车三类。

1. 两轮手推车

两轮杠杆式手推车是最古老的、最实用的人力搬运车，它轻巧、灵活、转向方便，但因靠体力装卸、保持平衡和移动，所以仅适合装载较轻、搬运距离较短的场合。

为适合现代社会的需要，目前还采用自重轻型钢和铝型材作为车体，阻力小的、耐磨的车轮，还有可折叠、便携的车体。

2. 手推台车

根据其应用和形式的不同，手推台车可分为立体多层式、折叠式、升降式、登高式等。

（1）立体多层式手推台车。立体多层式手推台车是为了增加置物的空间及存取方便性，而把传统单板台改成多层式台面设计，此种手推车常常用于拣货场合。

（2）折叠式手推台车。为了方便携带，手推车之推杆常设计成可折叠方式，此种手推车因使用方便，收藏容易，故普及率高，市面上均有标准规格销售。

（3）升降式手推台车。在某些体积较小、重量较重之金属制品或人工搬运移动吃力的搬运场合中，由于场地的限制而无法使用堆垛机时便可采用可升降式手推台车。

此种手推车除了装有升降台面来供承载物升降外，其轮子一般采用耐负荷且附有刹车定位之车轮以供准确定位和上下货。

（4）登高式手推台车。在物流配送中心中，手推车的应用场合大多以拣货作业中使用最广而拣货作业常因货架高度的限制而得爬高取物，故有些手推车旁设计附有梯子以方便取物，称为登高式手推台车。

3. 物流台车

物流台车是在平托盘、柱式托盘、或网箱托盘的底部装上脚轮而成，既便于机械化搬运，又宜于短距离的人力移动。物流台车适用于企业工序间的物流搬运，也可在工厂或物流配送中心装上货物运到商店，直接作为商品货架的一部分。

（三）无人搬运车

无人搬运车就是无人驾驶自动搬运车，它可以自动导向、自动认址、自动程序动作。具有灵活性强、自动化程度高、可节省大量劳动力等优点。目前无人搬运车有自动制导车（Automated Guided Vehicles，AGV）、激光制导车（Laser Guided Vehicles，LGV）和智能搬运车（Autonomous Handling Vehicle，AHV）3 种。

无人搬运车具有如下的技术应用特点：

（1）可以实现对物流的一体化控制；

（2）使生产线的设备具有很大的灵活性，便于重新布置和调整；

（3）可方便地跨越故障工位，保证生产线的连续运行；

（4）相对于固定的物料输送线，在占地最少的情况下，具有最大的交叉能力；

（5）灵活及时的物料运输提高了设备利用率；

（6）便于构造高精度的动态跟踪系统；

（7）低噪声、无污染，极大地改善了作业环境。

1. AGV 和 LGV 系统的组成

AGV 和 LGV 系统具有 4 个子系统，即自动导向系统、动力系统、控制和通信系统、安全系统。

(1) 自动导向系统。AGV 和 LGV 系统的自动导向方法，目前有 9 种可以选用，如表 6 – 1 所示。

表 6 – 1　　AGV 和 LGV 系统的自动导向类别表

导向方法	注　释
电磁感应导向	沿预定的运行路线埋设地下电缆。电缆在地下深 30 ~ 40mm，上面覆盖环氧树脂层，导线通以低频正弦波信号，使导线产生交变电磁场，在小车上的一对探头可以感应出与小车运行偏差成比例的误差信号，经放大处理后可驱动导向电机，由此带动小车的转向机构使 AGV 沿预定的路线行驶
惯性导向	使用车载计算机驾驶小车按程序预定的路径行驶，利用声呐探测障碍物，使用陀螺仪检查方向
红外线导向	小车发射红外线光源，然后从配送中心屋顶的放射器中反射回来，再由像雷达那样的探测器把信号中转给计算机，经计算机和测量仪确定行走的位置
激光导向	激光扫描墙壁上安装的反光器，通过已知距离和小车前轮行走距离的测量，可以精确运行和定位
光学导向	光敏器（摄像机）读出并跟踪墙壁或地面上涂刷或粘贴的无色荧光粒子，然后驱动小车行走
示教型导向	当程控小车沿着要求的路径行走一次后，即记住新的行走路线，并通知主控计算机，主控计算机再把关于这条新路径的信息传递给其他的
磁性导向	在地面上铺设一条金属磁带，小车上则装备磁性传感器来检测磁带的磁场，通过磁场偏差测定器驱动转向电机来调整小车行走方向
直流感应电机	这是一种特殊形式的、有固定路线的自动搬运车
反射式导向	在地面上连续铺设一条发光材料制作的带子，或者用发光材料涂抹在规定的运行路线上。小车底部装备反射光传感器，通过偏差测定器驱动转向电机不断调整小车运行方向

(2) 动力系统。小车由电机驱动，以工业上常用的铅酸蓄电池为动力源。小车通常都有自动电源报告装置，通过与主控计算机的通信连接，在电源用完之前，由主控计算机下令到维修区充电或更换电池。

(3) 控制和通信系统。AGV 和 LGV 控制由控制台完成，控制台主要包括通信管理设备和自动搬运车运行状态数据采集系统。控制台计算机在实时调度在线自动搬运车的同时，将显示系统工作状态，包括在线自动搬运车的数量、位置和状态。

控制台和自动搬运车间采用定点光导通信和无线局域网通信两种方式。

当自动搬运车需要和系统中其他装置接口时，还需配置货物自动装卸与定位机构，定位精度通常要求在 ±3mm，定位精度也由主控计算机控制。

（4）安全系统。为确保自动搬运车在运行过程中自身的安全，以及现场作业人员和各类设备的安全，在自动搬运车的前面设有红外光非接触式防碰传感器和接触式防碰传感器——保险杠。非接触式防碰传感器在预定范围内检测障碍物，并控制自动搬运车减速直至停车。在最大工作速度 10m/min 的情况下，直线段检测设定在 4m 以外，搬运车刹车距离不大于 2.5m。如果红外传感器没有检测到障碍物，则由保险杠检测，保险杠受到一定压力后报警并控制搬运车停止。在自动搬运车的四角设有急停开关，任何时间按下开关，自动搬运车立即停止。自动搬运车安装醒目的信号灯和声音报警装置，以提醒周围的操作人员，一旦发生故障，自动搬运车自动用声光报警。

2. AHV 的工作原理

智能搬运车采用自律分散控制原理。其外形类似于 AGV 及 LGV，不同的是装有两只通用机械手，在工作时依靠起视觉作用的工业摄像机对物体的位置和大小进行判断，如同人一样用机械手自由地搬运重达 200～300kg 的物体。

AHV 的导向采用光纤陀螺仪，有陀螺仪判定行走方向以及行走距离的数据和由 IG 卡记录的搬运路线指示图。在行走中，两者不断地相互比较，使 AHV 按既定路线运行。当路线变更时，只要更换 IC 卡中记入的路线指示图即可。由于在地面不铺设任何磁性导线或光反射带，因此路线变更非常方便。

在导向系统中具有人工智能的特点，可以自动回避障碍物，并根据当时情况选择适当的迂回路线。

AHV 采用无线通信，在中央控制室可以通过显示屏幕观察工作情况，并可以用声音直接下达指令，比敲键盘输入命令方式方便很多。

AHV 之间也采用无线通信，可以进行“会话”，自行决定作业方式。例如系统内 A 处要将某物搬运至 B 处，则 A 处发出信号：“A 处需要将某物在何时运至 B 处，请执行”。系统内各台 AHV 收到信号后立即对自身去执行此项任务的“优越性”进行评分。评分的依据是 A 处和自身位置的距离远近、现在是否正在作业、作业后去 A 处的可能性、去 A 处路线的通畅性等。最早评出分数的 AHV 立即发出信号，其他 AHV 接收后与自身的分数比较，如果分数较低则退出竞争，分数较高则报出自己的分数，最后由分数最高的 AHV 去执行此项任务。如果有两台以上 AHV 的分数相同时，可以采用随机方式如人们猜拳那样决定执行者。

AHV 还可以具有协同作业的功能，搬运物过长、过重时，可以有两台以上的 AHV 协同作业进行搬运。这样可以大大减少 AHV 的规格型号，数台同一规格的 AHV 合作，其作业能力可提高很多。

第二节　存储设备

物流配送中心中最主要的储存设备就是货架。为提高物流配送中心的效率，储存设施与设备需要根据不同的物品属性、保管要求、用户要求等采用适当的货架，使得物品存取方便、快捷，减少面积占用。

一、货架分类与功能

通常货架泛指存放货物的架子，在物流配送中心中，货架是专门用于存放成物品的保管设备，是用支架、隔板或托架组成的立体储存货物的设施。货架在物配送中心是必不可少的，几乎无处不在。随着现代工业的迅猛发展，我国企业对物流的重视程度不断提高，从而对仓库管理也提出了更高要求，因此货架的应用越来越普遍，而且货架的机械化、自动化程度也越来越高。货架在现代物流活动中，起着相当重要的作用，仓库管理实现现代化，与货架的种类、功能有直接关系。货架作用与功能主要有：充分利用仓库空间提高库容利用率；易于货物存放，提高货物保管质量，减少货物损失；货位明确，便于清点计量；存取方便，利于实现机械化、自动化作业。

货架的分类方式有很多，根据不同应用，从不同角度有不同的划分方式，本章重点从物流配送中心设计角度对货架进行分类与介绍。从设计角度可将货架分为：通道式货架、密集型货架、旋转式货架。其中通道式货架一般采用人工作业或机械作业方式，根据所使用的不同机械类型预留一定宽度的通道。常见的通道式货架有：托盘式货架、贯通式货架、货柜式货架和悬臂式货架等。密集型货架不以通道来分割，大大节省通道面积。常见的密集型货架有：移动式货架和重力式货架。旋转式货架存储的货物可随货架的回转移动到操作人员面前，可以方便操作人员对货物的拣选作业。常见的旋转式货架有水平旋转式货架和垂直旋转式货架。如图 6－1 所示。

货架在现代物流活动中，起着相当重要的作用，仓库管理实现现代化，与货架的种类、功能有直接的关系。其作用及功能可概括为以下几方面：

（1）货架是一种架式结构物，可充分利用仓库空间，提高库容利用率，扩大仓库储存能力；

（2）存入货架中的货物，互不挤压，物资损耗小，可完整保证物资本身的功能，减少货物的损失；

（3）货架中的货物，存取方便，便于清点及计量，可做到先进先出；

（4）保证存储货物的质量，可以采取防潮、防尘、防盗、防破坏等措施，以提高

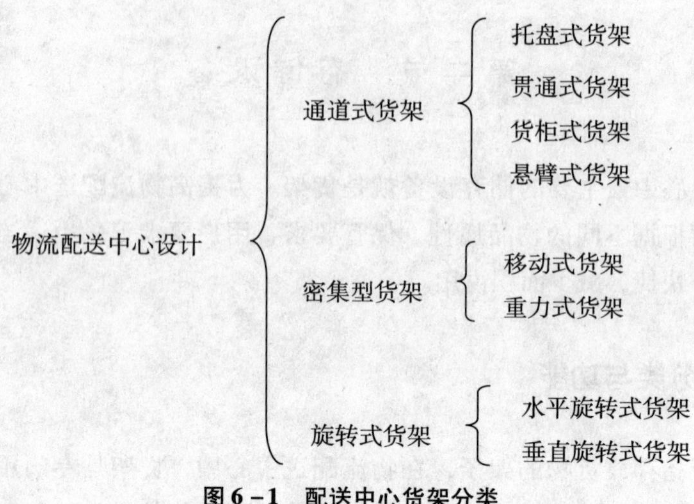

图 6-1　配送中心货架分类

物资存储质量；

(5) 很多新型货架的结构及功能有利于实现仓库的机械化及自动化管理。

二、几种常用储存设备

(一) 托盘式货架

1. 普通托盘货架

托盘式货架在存取货物时，每一块托盘均能单独存入或者取出，不需要移动其他托盘，货物装卸迅速，主要是用于整托盘进出库或者手工拣选的仓库。较高的托盘货架使用堆垛起重机存取货物，较低的托盘货架可用叉车存取货物。货架的配送成本相对较低，能快速安装与拆卸。因此，托盘货架的应用范围也最为广泛。

2. 窄通道式货架

窄通道式货架的通道仅比托盘稍宽，继承了托盘式货架对托盘存储布局无严格要求的特点，充分利用仓库面积和高度，具有中等存储密度。但是窄通道式货架需用特殊的叉车或起重机进行存取作业，还需要其他搬运机械配套，同时设计与安装需要更高的要求。

3. 双重深货架

双重深货架与普通托盘货架具有相同的基本架构，只是把两个托盘货架综合，减少了中间的通道位置，储存密度可大大增加。另外，也由此带来了存取性及出入库能力的降低，而且作业时必须配合使用专用叉车以存取存放在第二列的托盘货物。

（二）贯通式货架

贯通式货架是一种不以通道分割的、连续的整栋式货架，在支撑导轨上，托盘按深度方向存放，一个紧接着一个，叉车可以驶入、存取单元托盘货物的货架，即叉车作业通道与货物保管场所合一，因此货物存放密度很高，仓库面积利用率大大提高。贯通式货架按其存取托盘货物的作业方式不同可分为驶入式货架和驶入驶出式货架。驶入式货架在货物存取时，叉车从货架的同一方向直接进出货架，叉车与架子的正面成垂直方向驶入，在货架中间进行货物存取作业。装货时，从内向外逐个卸放托盘货物直至装满，取货时，再从外向内顺序取货。驶入式货架投资成本相对较低，可以提高仓库的库容率以及空间利用率。另外，获得高空间利用率的代价是在货物管理上很难实现“先进先出”。因此，驶入式货架适用于保管品种少、批量大且不受保管时间限制的货物。

（三）货柜式货架

货柜式货架一般用于储存非标准托盘、小件、零星货物，根据不同的货物需要可以有不同的形式。这种货架一般每格都有底板，货物可以直接搁置在底板上，这种货架的作业方式多为人工作业。货柜式货架又分为：重型层板货架、轻型层板货架、抽屉式货架等。

（四）悬臂式货架

悬臂式货架在立柱上装有外悬的杆臂，是一种半开式的货架。悬臂式货架适合存放长条状或长卷状、大件和不规则货物，例如钢材、木材、塑料等。若要放置圆形物品，应在其臂端装设阻挡块以防止滑落。货架前伸的悬臂具有结构轻巧、载重能力好的特点，但货架高度受限，一般在6m以下。悬臂式货架特别适合空间小、高度低的库房。此类货架不太便于机械化作业，存取货物作业强度大，同时空间利用率较低，尤其适用于杆料生产工厂，或长形家具制造商。

（五）移动式货架

移动式货架的底部装有轮子，可以在轨道上沿直线水平方向移动。与固定式货架相比，移动式货架节省了固定式货架在每两排货架之间都要有的通道空间，可以在较多排货架中只保留一条通道。移动式货架通过货架移动，选择所需要的通道位置，让出通道，由叉车进行货物的装卸作业。移动式货架一般是电动的，每列货架的底部有马达驱动装置，一般通过控制装置与操作开关盘，进行操作并移动货架。对于轻型移动式货架也可以采用手动方式。移动式货架一般附加有变频控制功能，用来控制驱动、停止时的速度，以防止放置在货架上的物品因惯性造成颤动、倾斜或崩倒等危险，同时也配备定位用的光电传感器以及齿轮马达，提升停止定位精度。

移动式货架的储存量比一般固定式货架大很多，节省空间，适合少样、多量、低频度的货物保管。但是货架机电装置多、维护困难，建造成本高、施工速度慢。

（六）重力式货架

重力式货架可以分为自滑动式货架和后推式货架，存放的货物分为两类：一类是存放整批纸箱包装物品；另一类是存储托盘物品。存放纸箱包装物品的重力式货架比较简单，有多层并列的辊道传送带组成，物品上架及取出使用人力。存放托盘物品的重力式货架相对复杂，每个货架内设重力滚道两条，滚道由左右两组辊轮、导轨和缓冲装置组成。

重力式货架空间利用率较高，与普通通道托盘货架相比，大大节省了通道面积，同时减少货位的空缺现象，货物存取时叉车的行程最短。但是，重力式货架的投资成本高，对托盘及货架的制造加工要求高，日常维护与保养的要求高。

1. 自滑动式货架

这种货架的一侧通道作为存放用，另一侧通道作为取货用，货物是放在滚轮上。货架向取货方向倾斜一个角度。利用货物重力使货物向出口方向自动下滑，以待取出。

这种货架特点主要包括：适用于大量储存短时发货的货物；适合于先进先出；空间利用率可达85%；适用于一般叉车存取；易搬动，人工拣取方便；高度受限、一般在6m以下；费用大，施工慢。自滑动式货架适用于少量多品种的拣取作业。

2. 后推式货架

后推式货架与自滑动式货架的主要区别是货物的存、取在一侧进行，存储密度比自滑式货架高。所谓后推式货架是叉车把后到的货物由前方存入货架时，此货物便把原先的货物推到后方。当从前方取货时，由于货架滑轨向前方倾斜，所以后方的货物自动滑向前方，以待拣取。这种货架的特点是：储存密度高，但存取性差。一般深度方向达3个货位，最多达5个货位；比一般托盘货架节省1/3空间，增加了货位；适用于一般叉车存取；适用于少品种大批量物品的储存；不适合太重物品的储存；货物自动滑向最前的货位；不能进行先进先出的存取。

（七）旋转式货架

旋转式货架结合自动仓储系统与货架功能，在拣选货物时，取货者不动，货架自动旋转至拣货点。旋转式货架设有电力驱动装置，货架沿着环形轨道运行。存取货物时，把货物所在的货格编号输入控制系统，该货格则以最近的距离自动旋转到拣货点停止。货架的货格可以根据所存放货物的种类、形态、大小、规格等不同条件选择。

旋转式货架其货架移动快速，可达 30m/min 的速度，存取物品的效率很高，又能依需求自动存取物品，并可利用计算机快速检索、寻找指定的储位，适合拣货，进而达到存货自动管理。旋转式货架由标准化的组件及模块设计而成，能适合各种空间配置，同时由于其自动化程度较高可以减少操作人员。此外，由于其物品存取出入口固定，易于保证物品安全不易失窃，而且在存取口设计时可以更多地考虑并利用人机工程学的技术方法，以适合操作人员长时间工作，降低人员工作强度。但是，该类货架的建设和维护成本较高。旋转式货架适用于电子零件、精密机件等少量、多品种、小物品的储存及管理。

旋转式货架系统由多台物品货架环列连接组成，依据储存物品的要求，可采用不同方向移动的货架连接组成，一般分为两种形式：

1. 水平旋转式货架

水平旋转式货架按货架移动方式可分为整体移动式和分层移动式。整体移动式仅用一台马达带动，水平方向旋转时上下连在一起的各货架层整体水平式连动旋转；分层移动式货架每层各有一台马达，各单层能独立地水平运动旋转。

2. 垂直旋转式货架

垂直旋转式货架，其原理与水平旋转式货架大致相同，只是旋转的方向是与地面垂直，充分活用仓库的上部空间，是一种空间节省型的仓储设备，其可比传统式平置轻型货架节省 1/2 以上的货架摆设面积，但其移动速度较水平旋转式货架慢，速度为 5～10m/min。

垂直旋转式货架也有模块化设计，其以列为单位的独立构造，在需求增加时，可以再行购置模块，添加组合。该类货架具有强大扩充能力，在配置需要改变时，能够灵活地拆卸组合、调配位置。

（八）驶入/驶出式货架

一般的自动化配送中心，有轨或无轨堆垛机的作业通道是专用的，在作业通道上不能储存货物。但驶入/驶出式货架配送中心的特点是作为托盘单元货物的储存货位与叉车的作业通道是合一的、共同的，这样就大大提高了配送中心的面积利用率。这种类型的货架通常都是密集布置，高度最大可达 10m，库容利用率可达 90%，特别适用于在大批量少品种的配送中心使用。

（九）自动货柜

自动货柜是集声、光、电及计算机管理为一体的高度自动化的全封闭储存设备。它充分利用垂直空间，最大限度地优化存储管理，在一些场所中，自动货柜就是一个高效、便捷的小型立体配送中心。

自动货柜的外形就像一个大柜子，主要由货柜框架、升降装置、输送小车、信息控制系统四部分组成。整体布局为前后布置，以充分利用现有存储面积。货柜按空间划分，可以分为前、中、后三部分，前部分用于布置工作台和货架，中部为输送小车上下运动空间，后部为货架。

自动货柜通过计算机、条码识别器等智能工具进行管理，使用非常方便，只要按动按键，内存货物即到进出平台，可自动统计、自动查找，特别适用于体积小、价值高的物品储存及管理，也适合用于多品种、小批量的物品管理。

第三节 输送分拣设备

一、输送设备

本节的输送设备主要是指连续输送机。连续输送机是自动化物流配送中心不可少的重要搬运设备，是沿着一定的输送路线以连续的方式运输货物的机械，连续输送机根据所运货物的种类分为成件货物输送机和散装货物输送机；按结构特点分为有挠性牵引构件和无挠性牵引构件的连续输送机。有挠性牵引构件的连续输送机运送货物时，是在牵引构件的作用下，利用牵引构件的连续运动使货物沿一定方向运输，它包括带式输送机、链式输送机、斗式提升机等。无挠性牵引构件的连续输送机是利用工作构件的旋转或震动等方式，使货物沿一定方向运输，它包括气力输送机、螺旋输送机、振动输送机等。

（一）连续输送机特点

连续输送机与其他机械设备相比，它的特点是可以沿一定的线路不停地输送货物；其工件的装载和卸载都是在运动过程中进行的，无须停车，启动、制动次数少；被输送的散货以连续形式分布于承载构件上，输送的成件货物也同样按一定的次序以连续的方式移动。

1. 连续输送机的优点

（1）可采用较高的运动速度，且速度稳定；

（2）具有较高的生产率；

（3）在同样生产率条件下，自重轻，外形尺寸小，成本低，驱动功率小；

（4）传动机械的零部件负荷较低而冲击小；

（5）结构紧凑，制造和维修容易；输送货物线路固定，动作单一，便于实现自动控制；工作过程中负载均匀，所消耗的功率几乎不变。

2. 连续输送机的缺点

（1）只能按照一定的路线输送，每种机型只能用于一定类型的货物，一般不适于运输重量很大的单件物品，通用性差；

（2）连续输送机不能自行取货，需要采用一定的供料设备。

（二）输送机的参数

一般根据物料搬运系统的要求、物料装卸地点的各种条件、有关的生产工艺过程和物料特性等来确定各主要参数。

（1）输送能力：输送机的输送能力是指单位时间内输送的物料量。在输送散状物料时，以每小时输送物料的质量或体积计算；在输送成件物品时，以每小时输送的件数计算。

（2）输送速度：提高输送速度可以提高输送能力。在以输送带作牵引件且输送长度较大时，输送速度日趋增大。但高速运转的带式输送机需注意振动、噪声和启动、制动等问题。对于以链条作为牵引件的输送机，输送速度不宜过大，以防止增大动力载荷。同时进行工艺操作的输送机，输送速度应按生产工艺要求确定。

（3）构件尺寸：输送机的构件尺寸包括输送带宽度、板条宽度、料斗容积、管道直径和容器大小等。这些构件尺寸都直接影响输送机的输送能力。

（4）输送长度和倾角：输送线路长度和倾角大小直接影响输送机的总阻力和所需要的功率。

（三）连续输送机的分类

1. 成件货物连续输送机

成件货物连续输送机主要用于固定路径的输送。输送机输送的是托盘、纸箱货固定尺寸的物品。输送机按动力源可分为重力式和动力式两种。重力式输送机就是利用输送物品的本身重量为动力，在倾斜的输送机上由上往下滑动；动力式输送机就是以马达为动力。另外在规模较大的工厂中经常采用立体输送机，作为车间之间和车间内部的机械化、自动化连续输送设备。大型物流配送中心一般采用动力输送机，根据实际需要还可选择立体输送机等。成件货物连续输送机的主要工作参数是搬运货物的最大宽度和长度以及最大重量；此外，单位时间的搬运量为参数。在物流配送中心中，使用最普遍的输送机包括辊道式输送机、滚柱式输送机、带式输送机、链式输送机。

（1）辊道式输送机。辊道式输送机是由一系列以一定间距排列的辊子组成的用于输送成件货物或托盘货物的输送机械。包装件、托盘等成件物料在辊道上输送，辊道可以有动力，也可以无动力。用人工推送时设备可有一定的倾斜度，依靠重力输送（注意防止碰撞）。若输送距离较长则可分成几段。辊子可以在动力驱动下在原处不停地转动，以带动上置货物移动，也可以在无动力情况下，以人力或货物的重力在辊子上移动。辊式输送机分为固定式和移动式两种。

与其他输送机相比，辊式输送机除了结构简单、运转可靠、布置灵活、输送平稳、使用方便、经济、节能之外，最突出的优点是它与生产过程和装卸搬运系统能很好地衔接和配置，而且功能多样化，易于组成流水线作业，可并排组成大宽度的输送机，承载能力很强，常用于输送包装货物、托盘集装货物等大型成件物品。因此，辊式输送机在配送中心、港口、货场得到了广泛的应用。

按驱动方式的不同，辊道式输送机分为无动力辊道式输送机和动力辊道式输送机。按无动力辊道输送机的曲线段形式不同，分为柱形辊子式、锥形辊子式、差速辊子式、短转子差速式等；按转辙装置的形式不同，分为曲线段转辙、岔道分流、平面分流、小车转辙、直角转辙、回转台转辙、辊子输送机升降装置转辙等。

（2）滚柱式输送机。滚柱式输送机是采用滚柱来取代辊道的输送机。其特点是结构简单，一般用于无动力驱动，适用于成件包装货物或者整底面物料的短距离搬运。

（3）链式输送机。链式输送机是利用链条牵引、承载，或由链条上安装的板条、金属网、辊道等承载物料的输送机。根据链条上安装的承载面不同，可分为链条式、链板式、链网式、板条式、链斗式、托盘式和台车式等。此外，链式输送机也常与其他输送机、升降装置等组成各种功能的生产线。

链板输送机适用于运送单元物体，特别适用于矩形条板箱或纸板箱。在水平、倾斜或复合平面的装置中均有多种形式和广泛的应用范围。当装置较大时需设小型挡板，以防后滑。

（4）带式输送机。带式输送机是一种利用连续而具有挠性输送带连续地来输送物料的输送机。它可以输送各种散状物料；也可以输送单位重量不太大的成件物品。更详细的介绍见散装货物连续输送机部分。

2. 散装货物连续输送机

在现实生活中，某些货物如煤、化肥、粮食等的散装、散卸、散储、散运，是重要的物流活动。散装货物连续输送机在其中发挥了重要的作用。常见的散装货物连续输送机包括带式输送机、刮板输送机、斗式提升机、螺旋输送机、气力输送机、振动输送机等。

（1）带式输送机。带式输送机由挠性输送带作为货物承载件和连续牵引件。根据摩擦传动原理，由驱动鼓轮带动输送带，可以在水平方向和小倾角的倾斜方向上运输货物。

按安装方式不同可分为固定式和移动式两种，其结构基本相似，由输送带、驱动鼓轮、导向鼓轮、张紧鼓轮、张紧装置、支撑滚柱、减速装置、机架等部件所构成。

按输送带的不同，可分为织物芯胶带、织物芯 PVC 带、钢带、网带等。织物芯又可分为棉帆布、尼龙帆布（NN），聚酯尼龙交织帆布（EP）等。

带式输送机是应用最为广泛、最典型的连续输送机。在各种连续输送机中，它的生产率最高、输送距离最长、工作平稳、能耗小、自重轻、噪声小、操作管理容易，最合于水平或低倾斜角度的倾斜方向上连续输送散货或者小型成件货物。

（2）刮板输送机。刮板输送机可以水平、倾斜和垂直输送粉尘状、小颗粒及小块砖等散货。输送物料时，刮板链条全埋在物料之中，它主要由封闭断面的机槽（机壳）、刮板链条、驱动装置以及张紧装置等部件所组成，刮板链条既是牵引构件又是承载构件。工作时，物料可以由加料口进入机槽内，也可在机槽的开口处由运动着的刮板从料堆取料。

刮板输送机分为固定式、移动式和吊装式；固定式刮板输送机多用于仓库和厂中输送物料；移动式刮板输送机长度较小，多用于汽车、飞机等场合的物料装卸以及清理等过程中的加料；吊装式刮板输送机多用于港口卸船。

刮板输送机结构简单、造价低、密封性好，便于中间进料或卸料，但由于物料与刮板和机槽有摩擦，功率消耗大而且磨损严重，也易磨损物料。

（3）斗式提升机。斗式提升机可在垂直或接近垂直的方向上连续提升粉粒状物料。其牵引构件绕过上部和底部的滚筒或链轮，牵引构件上每隔一定距离有一个料斗，由上部转轮或链轮驱动，形成具有上升的载重分支和下降的空载分支的无端闭合环路。物料从载重分支的下部进料口进入，由料斗把物料提升至上部卸料口卸出。

按牵引构件的不同分为链式和带式两种。链式多用于油脂和矿石运输。带式多用于粮食运输。按卸料方式的不同分为离心卸载、重力卸载和混合卸载。

斗式提升机构造简单、横向尺寸小，提升高度高，生产能力大，并可以在全封闭下工作，减少灰尘对环境的污染。但它对过载较为敏感，必须均匀进料。

（4）螺旋输送机。螺旋输送机是没有挠性牵引构件的输送设备。它利用螺旋叶片的旋转推动物料运动，在输送物料的过程中能起到掺和、搅拌和松散物料的作用，可分为水平螺旋输送机和垂直螺旋输送机。螺旋输送机适用于输送粉状、颗粒状或小块物料。不宜输送大块的、磨损性强、易破碎、黏性大、易结块的物料。

螺旋输送机结构简单、紧凑，没有空返分支，可多点装卸物料，工作可靠，可实现封闭输送。由于物料对螺旋和料槽的摩擦以及物料的搅拌，使得螺旋输送机功率消耗大，螺旋和料槽易磨损、物料易破碎，螺旋输送机对超载较敏感，容易产生堵塞现象。

（5）气力输送机。气力输送机是运用风机使管道内形成气流来输送散粒状物料。气力输送机分为吸气式、压气式和混合式。与其他输送机相比，气力输送机操作简单，生产率较高，易于实现自动化；其结构简单，易于装卸，机械故障少，维修方便，有利于实现散装运输。但是，气力输送机功率消耗大，鼓风机噪声大，弯管等部件容易磨损，物料的块度、黏度、湿度受到一定限制，输送过程中物料易破碎。

（6）振动输送机。振动输送机可把块状、粉粒状物料均匀连续地输送到卸料口。振动输送机料槽磨损小，可以实现水平、倾斜或垂直输送，同时可对物料进行干燥、冷却作业。广泛用于冶金、矿山、煤炭、建材、化工、粮食、玻璃等行业，按工作原理的不同分为电磁振动输送机和机械振动输送机。

二、分拣设备

（一）设备组成与功能

物流配送中心的作业流程中包括入库、保管、拣货、分拣、暂存、出库等作业活动，其中分拣作业是一项非常繁重的工作。尤其是面对零售业多品种、少批量的订货，物流配送中心的劳动量大大增加，若无新技术的支撑将会导致作业效率下降。与此同时，对物流服务和质量的要求也越来越高，致使一些大型连锁商业公司把拣货和分拣视为两大难题。

随着科学技术日新月异的进步，特别是感测技术（激光扫描）、条码及计算机控制技术等的导入使用，自动分拣机已被广泛用于物流配送中心。我国的邮政等系统也已多年使用自动分拣设备。自动分拣机的分拣效率极高，通常每小时可分拣物品 6000 ~ 12000 箱。在日本和欧洲，自动分拣机的使用很普遍。特别是在日本的连锁商业（如西友、日生协、高岛屋等）和宅急便（大和、西浓、佐川等）中，自动分拣机的应用更是普遍。可以肯定，随着物流大环境的逐步改善，自动分拣系统在我国流通领域大有用武之地。

自动分拣机种类很多，而其主要组成部分相似，基本上由下列各部分组成：

（1）输入装置：被拣物品由输送机送入分拣系统。

（2）货架信号设定装置：被拣物品在进入分拣机前，先由信号设定装置（键盘输入、激光扫描条码等）把分拣信息（如配送目的地、客户户名等）输入计算机中央控制器。

（3）进货装置：或称喂料器，它使被拣物品依次均衡地进入分拣传送带，与此同时，还使物品逐步加速到分拣传送带的速度。

（4）分拣装置：是自动分拣机的主体，包括传送装置和分拣装置两部分。前者的作用是把被拣物品送到设定的分拣道口位置上；后者的作用是把被拣物品送入分拣道口。

（5）分拣道口：是从分拣传送带上接纳被拣物品的设施。可暂时存放未被取走的物品，当分拣道口满载时，由光电管控制阻止分拣物品不再进入分拣道口。

(6) 计算机控制器：是传递处理和控制整个分拣系统的指挥中心。自动分拣的实施主要靠它把分拣信号传送到相应的分拣道口，并指示启动分拣装置，把被拣商品送入道口。分拣机的控制方式主要是采用脉冲信号跟踪法。

随着经济和信息技术的不断发展，自动分拣设备的发展十分迅速，自动分拣系统的应用范围日益广泛。自动分拣系统特别适用于分拣量较大、一次性分拣单位较多、被分拣的货物适应自动分拣机的货物分拣工作场合。其优点是分拣准确、迅速、吞吐能力大。缺点是系统设施复杂，投资和运营成本较高，需要计算机信息系统、作业环境等一系列配套设施和外部条件与之相适应。

(二) 几种常见的分拣设备

在选用分拣设备时，为了取得最为有效的应用，一般需要考虑以下因素：物品包装的大小、包装形式、物品的重量、易碎性、物品分拣的预期能力、分拣数量、批数、操作环境等。分拣设备有许多不同的类型，常见的分拣设备按照其分拣机构的结构不同，可以分为挡板型、浮出型、倾翻型、滑块型。

1. 挡板型

挡板型分拣设备是利用一个挡板（或挡杆）挡住在输送机上向前移动的物品，将物品引导到一侧的滑道排出。挡板的另一种形式是挡板一端作为支点，可作旋转。挡板动作时，像一堵墙似地挡住物品向前移动，利用输送机对物品的摩擦推力使物品沿着挡板表面移动，从主输送机上排出至滑道。平时挡板处于主输送机一侧，可让物品继续前移，如挡板作横向移动或旋转时，则物品就排向滑道。

挡板一般安装在输送机的两侧，和输送机上平面不相接触，即使在操作时也只接触物品而不触及输送机的输送表面，因此它对大多数形式的输送机都能适用。

就挡板本身而言，也有不同形式，如有直线形、曲线形，也有在挡板工作面上装有辊管或光滑的塑料材料，以减少摩擦阻力。

2. 浮出型

浮出型分拣设备是把物品从主输送机上托起，而将物品引导出主输送机的一种结构形式。从引离主输送机的方向看，一种是引出方向与主输送机成直角；另一种是呈一定夹角（通常是30°～45°）。一般是前者比后者生产率低，且对物品容易大的冲击力。浮出型分拣机大致有以下几种形式：

(1) 胶带浮出式。这种分拣结构用于辊筒式主输送机上，将有动力驱动的两条或数条狭胶带或单个链条横向安装在主输送辊筒之间的下方。当分拣机构接受指令启动时或链条向上提升，接触物品底面把物品托起，并将其向主输送机一侧移出。

(2) 辊筒浮出式。这种分拣机构用于辊筒式或链条式的主输送机上，将一个或数个有动力的转向辊筒安装在主输送机表面下方。分拣机构启动时，斜向辊筒向上浮起，接触物品底部，将物品斜向移出主输送机。这种上浮式分拣机，有一种是采用一排能向左或右旋转的聚氨酯辊筒，以气动提升，可将物品向左或向右排出。

3. 倾翻型

倾翻型分拣设备大致有两种形式：倾斜式、翻盘式。

（1）倾斜式。这是一种特殊型的条板输送机，物品装载在输送机的条板上，当物品行走到需要分拣的位置时，条板的一端自动升起，使条板倾斜将物品移离主输送机。物品使用的条板数随不同物品的长度而定，经占用的条板数如同一个单元，同时倾斜。因此，这种分拣机对物品的长度在一定范围内不受限制。

（2）翻盘式。这种分拣机是由一系列的盘子组成，盘子为铰接式结构，可向左或向右倾斜。物品装载在盘子上行走到一定位置时，盘子倾斜，将物品翻倒于旁边的滑道中。为减轻物品倾倒时的冲击力，有的分拣机能控制物品以抛物线状来倾倒出物品。这种分拣机对分拣物品的形状和大小可以不限制，但以不超出盘子为限。对于长形物品可以跨越两只盘子放置，倾倒时两只盘子同时倾斜。

4. 滑块型

这也是一种特殊形式的条板输送机。输送机的表面用金属条板或管子构成，如竹席状，而在每个条板或管子上有一枚用硬质材料制成的滑块，能沿条板横向滑动，而平时滑块停止在输送机的侧边。滑块的下部有销子与条板下导向杆联结，通过计算机控制，滑块能有序地自动向输送机的对面一侧滑动，因而物品就被引出主输送机。这种方式是将物品侧向逐渐推出，并不冲击物品，故物品不易损伤；它对分拣物品的形状和大小适用范围较广，是目前国外一种最新型的高速分拣机。

第四节　包装加工设备及集装单元

一、包装加工设备

包装是产品进入流通领域的必要条件，是配送中心流通加工环节最为重要的内容。根据国际标准化组织制定的包装机械国际标准（草案）和我国制定的包装机械有关国家标准，包装机械是指完成全部或部分包装过程的机器。包装过程包括充填、裹包、封口、贴标等主要工序，以及与其相关的前后工序例如：清洗、干燥、杀菌、计量、成形、标记、紧固、多件集合、集装组装、拆卸及其他辅助工序。

包装设备种类繁多，分类方法也很多。例如，按包装设备的自动化程度分类，可分为全自动包装设备与半自动包装设备；按包装产品的专业化程度分类，可分为专用包装设备、多用包装设备和通用包装设备。一般常用的包装设备分类方法是按功能分类的，主要可分为以下几种：

（一）充填机械设备

包装机械中的充填装置，通常是指在包装过程中完成充填工序，即将经计量装置定量好的货物充填到包装容器内的工作机械。按充填方法分类，可将充填机械分为重力流送式充填机、强制推送式充填机和拾放式充填机；按计量方法可将其分为容积式充填机、称重式充填机和计数充填机。下面重点阐述按计量方法分类的充填机械。

1. 容积式充填机

将产品按预定容量充填到包装容器内的机器称为容积式充填机。其形式有量杯式、可调容量式、气流式、柱塞式、螺旋式、计量泵式、插管式、定时式等。这类机器构造简单，工作速度高，常用于密度相对不变的物料或体积要求比质量要求更严格的物料。

2. 称重式充填机

将产品按预定重量填充到包装容器内的机器称为称重式充填机。充填过程中，事先称出预定重量的产品，计量精度较高，适宜于充填易吸潮、易结块、黏度不均匀、流动性差、密度变化大的物料。

3. 计数充填机

将产品按预定数量填充到包装容器内的机器称为计数充填机。这类机器适用于充填块状、片状、条状、棒状、针状、颗粒状的产品，例如，香皂、药片、糖果、卷烟、铅笔、缝纫针、钢珠等商品。

计数定量的方式分为两类：一类是被包装物品呈规则排列，常见计数形式有长度式、容积式、堆积式等；另一类是从混乱的被包装物品的集合中直接取出一定个数，常见的有转盘、转鼓、推板等形式，主要用于颗粒状、块状物品的计数。

（二）灌装机械设备

灌装机械的主要作用是将定量的液体物料充填到包装容器内，用于在食品领域中对啤酒、饮料、乳品、酒类、植物油和调味品的包装，以及洗涤剂、矿物油等化工类液体产品的包装。包装所使用的容器主要有桶、瓶、听、软管等。

灌装机械的种类繁多，但其主要由包装容器的供送装置、灌装物料的供送装置、灌装阀三部分组成。

包装容器供送装置的作用主要是将容器间隔地送至灌装工位，待灌装后，再将容器（如瓶子）送出灌装机。

灌装物料供送装置的作用主要是将物料提供给灌装阀，再灌装入包装容器内。常压供料装置是在常压下利用物料的重力使其向处于低位的灌装阀流进，物料装在处于高位的储液箱中，这种供料装置主要用于黏度低、流动性好的物料。

对于中等黏度、流动性不好的物料，例如，果酱、牙膏、洗发膏等，它们在重力作用下流动，利用活塞或柱塞的往复运动来压送液料。真空供料装置需要先将包装容器（如瓶子）抽成真空，然后进行灌装。

灌装阀的作用主要是根据灌装工艺要求切断或沟通液室、气室盒、待灌装容器之间物料流通的通道，它是灌装机械控制灌装的关键部件。不同的灌装方式采用不同的灌装阀，相应地有常压灌装阀、负压灌装阀和等压灌装阀。

（三）缠绕机械设备

缠绕机又称缠绕包装机，缠绕机。广泛使用与外贸出口、食品饮料、塑胶化工、玻璃陶瓷、机电铸件等产品的集装成本，提高生产效率，又能防止货物在搬运过程的损坏，并起到防尘、防潮及保洁作用。缠绕机可以分为托盘缠绕机、无托盘缠绕机、水平缠绕机等。

1. 托盘缠绕机

通过转台旋转带动托盘货物转动，进而实现对货物缠绕裹包的设备。适用于使用托盘装运的货物包装（如用于大宗货物的集装箱运输及散件托盘的包装等），广泛应用于玻璃制品、五金工具、电子电器、造纸、陶瓷、化工、食品、饮料、建材等行业。能够提高物流效率、减少装运过程中的损耗。具有防尘、防潮、降低包装成本等优点。

2. 无托盘缠绕机

无托盘缠绕包装机是专为体积较小并且无栈板的单件包装物品设计的，是TP托盘缠绕机的补充产品。特别适合单件纸箱或不同形状规格的货物聚拢后包装。并且可通过人工反转90°实现六面裹包。目前已广泛应用在外贸、服装、纱线、食品等行业。

3. 水平缠绕机

水平式缠绕包装机是指通过回转臂系统围绕水平匀速前进的货物做旋转运动，同时通过拉伸机构调节包装材料的张力，把物体包装成紧固的整体，并在物体表面形成螺旋式规则包装的设备。广泛应用于塑料型材、铝材、板材、管材、染织品等行业。

（四）封口机械设备

包装机械中的封口装置，通常是指在包装过程中完成对装有内装物的容器进行封口和密封封口工序的工作机械。封口装置按封口材料分类，可分为热压封口（无封口材料）、带封口材料和带封口辅助材料三种，并与封口工艺、操作方法、容器种类等因素有关。

1. 热压封口机

热压封口机是用热封合的方法封闭包装容器的机器，封合时被封接面被热板压在一起，待封接材料在封接温度下充分豁着后，卸压冷却而完成封口操作。这种封口方法主要用于复合膜和塑料杯，不适宜于受热易收缩、易分解的塑料薄膜袋的封合。常见的热压封口机有手压式封口机、脚踏式封口机、超声波封口机等。

2. 带封口材料的封口机

带封口材料的封口机进行封口不是通过加热，而是通过加载使封口材料变形或变位来实现封口。常见的带封口材料的封口机有压纹封口机（如压塑性小纸袋的封口机）、牙膏管封口折叠式封口机、广口玻璃瓶滚压封口机、压力封口酒瓶压盖机、旋盖封口机等。

3. 带封口辅助材料的封口机

带封口辅助材料的封口机采用各种封口辅助材料完成包装容器的封口。常见的带封口辅助材料的封口机有使用缝线缝合纤维织物袋或纸袋的缝合式封口机。

使用金属钉或V形钉封闭纸箱、纸盒、纸袋的钉合机；使用胶带封闭纸箱等包装容器的胶带封口机；使用线、绳等结扎材料封闭包装容器的结扎封口机；使用胶豁剂封闭包装容器的黏结封口机等。

（五）贴标机械设备

贴标机械是将事先印刷好的标签粘贴到包装容器的特定部位的机械。其完成的工艺过程包括取标签、送标签、涂胶、贴标签、整平等。

贴标机的种类很多，这里我们主要是按贴标部件的特征可分为如下几种：

1. 龙门式贴标机

这种贴标机有一个类似门框的龙门架，容器由输送带输送，直线通过龙门架，标签仓位于龙门架上方，标签经涂胶后送入龙门架，由导轨自由下落，正好遇到送来的容器并粘贴其上，再经毛刷平。

2. 真空转鼓式贴标机

这种贴标机的机型很多，应用广泛，其共同点是均有一个真空转鼓，即圆柱形构件，其柱面上等分为几个贴标区段，上面钻有无数起着取标作用的真空孔眼，其真空的通断靠转鼓中的滑阀实现。当转鼓绕其轴线回转时，依次完成取标、涂胶、贴标等工艺操作。这种贴标机生产能力大，效率高，每小时贴标可达两万件以上。

3. 多标仓转鼓贴标机

这种贴标机的主要结构与真空转鼓式贴标机有许多相似之处，其主要部件为一个多标仓转鼓。这种转鼓亦为圆柱形，在径向等分设置了多个结构形式相同的标仓，内放裁切好的标签。当转鼓回转时，先通涂胶辊标签背面，在转至待贴容器时，把标签粘贴其上，再将其整平贴牢。

4. 滚压式贴标机

这种贴标机有一个直径较大的转盘，转盘周边等分有许多圆弧形缺口，以容纳截面为圆形的容器，转盘轴线垂直于地面。当容器由供料装置送入转盘并随其回转时，先由涂胶棍在其贴标面上滚涂胶液，此时吸标爪因真空作用由标仓中吸标，随之摆向容器，把标签压向容器涂胶面，接着转盘带动容器转到涂胶辊处，由涂胶辊将标签滚压贴牢在容器上。

5. 压标贴标机

这种贴标机采用的是压敏胶标签，即标签背面项涂有压敏黏胶，贴标时直接将其压贴到包装件贴标位置。在粘贴压敏胶标签时，需用剥离装置将标签从隔离纸上剥离下来。再由压贴滚轮压贴到待贴标包装件上。该类贴标机不但适用于瓶罐类曲面的贴标，而且适用于箱（盒）类平面的贴标。

（六）其他机械设备

根据包装的基本流程，还可以划分出以下的包装加工机械：

1. 清洗机械

清洗机械是指清洗包装材料、包装件等使其达到预期清洗程度的机器。按清洗方式不同可分为机械式、电解式、化学式、干式、湿式、超声波式、静电式；按使用的清洗剂不同可分为干式清洗机、湿式清洗机、机械式清洗机、电解式清洗机、电离式清洗机。

2. 干燥机械

干燥机械是减少包装材料、包装件的水分，使其达到预期干燥程度的机器。按干燥方式可分为机械式干燥机、加热式干燥机、化学式干燥机。

3. 杀菌机械

杀菌机械是用来清洗或杀死包装材料、产品或包装件上的微生物，使其降到卫生允许的范围内的机器。按杀菌方法可分为热杀菌法、冷杀菌法；按操作性质不同可分为间歇式杀菌机、连续式杀菌机；按操作原理特征不同可分为静止式、回转式、摇动式、水封式、静水压式、热流层式、喷琳式；按结构特征不同可分为隧道式、滚筒刮面式、螺旋泵式、板式和管式。

4. 捆扎机械

捆扎机械是通过捆扎或结扎封闭包装容器的机器。按自动化程度不同可分为全自动捆扎机、半自动捆扎机、手提式捆扎机；按捆扎带材料不同可分为绳捆机、钢带捆扎机、塑料带捆扎机。

5. 多功能包装机械

多功能包装机械是指具有两种或两种以上功能的包装机。主要种类有充填封口机、成型充填封口机、定型充填封口机、真空包装机、真空充气包装机。

除了上述这些设备外，还有数台包装机和其他辅助设备组成的能完成一系列包装作业的包装生产线。包装设备在物流作业中起着重要的作用，它可以改善劳动条件，降低劳动强度和产品成本，降低包装费用，提高包装质量，延长物料保质期和便于物料储运等。

二、集装单元

集装单元就是一个便于储运的单元。根据《包装单元货物尺寸》（GB/T 15233—1994），单元货物（Unit Load）是指通过一种或多种手段将一组货物或包装件固定在一起，使其形成一个整体单元，以利于装卸、运输、堆码和储存。

集装单元技术是现代物流发展的标志之一，是利用集装单元器具，把物品组成标准规格的单元货件，以加快装卸、搬运、储存、运输等物流活动。集装单元化技术已广泛应用于物流的各个环节。首先，集装单元化为装卸作业机械化、自动化创造了条件，加速了运输工具的周转，缩短了货物送达时间，从总体上提高了运输工具在重量和容积上的利用率；其次，集装单元化节约了包装材料，减少包装费用，同时减少物流过程的货损、货差，保证货物安全；最后，集装单元化便于堆码，提高了库房、货场单位面积的储存能力。通过集装单元化技术，促使物流实现标准化和批量化，促进物流向社会化、机械化和自动化方向发展，有利于降低物流成本。

将货物整合成集装单元，从发货地到收货地尽可能以集装单元进行输送的方式是一种有效的输送和运输手段。集装单元容器是实现物流单元技术的关键和基础，其中最主要的是集装箱和托盘，而仓库中最常用的是托盘。

（一）集装箱

集装箱是海、陆、空不同运输方式进行联运时用以装运货物的一种容器，是具有一定强度、刚度和规格专供周转使用的大型装货容器。使用集装箱转运货物，可直接在发货人的仓库装货，运到收货人的仓库卸货，中途更换车、船时，无须将货物从箱内取出换装。关于集装箱的定义，国际上不同国家、地区和组织的表述有所不同。

根据国际标准化组织（ISO）第104技术委员会的定义，凡具备下列条件的运输容器，可称为集装箱：

（1）具有足够的强度，能长期反复使用；

（2）中途转运时，不用搬动箱内的货物，可整体转载；

（3）备有便于装卸的装置，特别是便于从一种运输方式转移到另一种运输方式；

（4）便于货物的装入和卸出；

（5）具有 $1m^3$ 以上的内部容积。

集装箱这一术语不包括车辆和一般包装。在《中华人民共和国国家标准　集装箱名称术语》（GB/T 1992—1985）中，引用了上述定义。

集装箱可以从不同角度进行分类，按所装货物种类分，有杂货集装箱、散货集装箱、液体货集装箱、冷藏箱集装箱等；按制造材料分，有木集装箱、钢集装箱、铝合金集装箱、玻璃钢集装箱、不锈钢集装箱等；按结构分，有折叠式集装箱、固定式集装箱等，在固定式集装箱中还可分密闭集装箱、开顶集装箱、板架集装箱等；按总重量分，有30t集装箱、20t集装箱，10t集装箱、5t集装箱、2. 5t集装箱等。

为了有效地开展国际集装箱多式联运，在这方面国际上和我国国内都做了大量的工作。集装箱标准按使用范围分，有国际标准、国家标准、地区标准和公司标准四种。

1. 集装箱国际标准

国际标准集装箱是指根据国际标准化组织（ISO）第104技术委员会制定的国际标准来建造和使用的国际通用的标准集装箱。

2. 集装箱国家标准

各国政府参照国际标准并考虑本国的具体情况，制定了本国的集装箱标准。我国现行国家标准《系列1集装箱分类、尺寸和额定质量》（GB 1413—2008）中规定了集装箱各种型号的外部尺寸、公差及额定重量。

3. 集装箱地区标准

此类集装箱标准，是由地区组织根据该地区的特殊情况制定的，此类集装箱仅适用于该地区。例如，根据欧洲国际铁路联盟（VIC）所制定的集装箱标准而建造的集装箱。

4. 集装箱公司标准

某些大型集装箱船公司，根据本公司的具体情况和条件而制定的集装箱标准。这类集装箱主要在该公司运输范围内使用。

（二）托盘

托盘是物流作业中必不可少的装载工具。它具有装载面，可供集合一定数量的物品，便于物品的装卸、运输和仓储。由于物品的种类繁多、性质不同、规格尺寸多样、形态各异，为此与之相适应的托盘种类也多种多样，主要有平托盘、箱式托盘、箱柜托盘、储槽式托盘等。

（1）平托盘没有上层结构，用途较广，品种较多。按货叉插入口又分为二口型、四口型。按使用面可分为单面型、两面型。这种托盘主要积载箱式包装物；

（2）箱式托盘的面上具有上层结构，其四周至少有三个侧面固定，一个侧面是可拆叠的垂直面。各侧面可以是平板、条状板和网状板；

（3）箱柜托盘主要用于液体的搬运。它具有密闭侧面和盖子，底部和顶部附有装入口和流出口；

（4）储槽式托盘主要用于粉状物的搬运。它具有密闭状的侧面和盖，顶部和底部有开闭装置，即在箱式托盘中间增加一个容器。

为促进物流作业机械化和自动化，平托盘必须标准化。《中华人民共和国国家标准联运通用平托盘主要尺寸及公差》（GB/T 2934—2007）规定托盘平面尺寸优先推荐1200mm×1000mm，制造公差为－6mm～＋3mm。

托盘载重量有50kg、1000kg、1500kg和2000kg四个级别。

托盘材料有木材、金属和塑料三大类。木材含水率最高为30%。目前，木材托盘应用较广。在工业发达国家塑料托盘应用较广。

托盘出厂时应有合格证，并在托盘明显处标明公司名称、托盘规格、编号、制造日期、托盘重量及承载能力等。

（三）柔性集装袋

柔性集装袋又称柔性集装箱，是集装单元器具的一种，配以起重机或叉车就可以实现集装单元化运输。集装袋以各种高强度纺织材料做成，它的特点是结构简单、自重轻、可以折叠、密闭隔绝性强、回空所占空间小、价格低廉、形式多样等。集装袋主要用于装运粉、粒状物品。

第五节　配送设备的选型

一、配送设备选型基本原则

配送中心设备的配置、选择是配送中心设备管理的重要环节，是企业经营决策中的一项重要工作。配送中心设备一般投资大、使用期限长，在配置和选择时应遵循技术上先进、经济上合理、生产操作上安全适用、无污染等原则。

（一）系统化原则

系统化就是在配送中心进行设备配置和选择中使用系统的观点和方法，对配送中心设备运行所涉及的各环节进行系统分析，把各个配送中心设备与物流系统总目标、配送中心设备之间、配送中心设备与操作人员之间、配送中心设备与物流作业任务等有机、严密地结合起来，使之改善各个环节的机能，使配送中心设备能发挥最大的效能，并使物流系统整体效益最优。

（二）适用性原则

适用性是配送中心设备满足使用要求的能力，它基本包括适应性和实用性。在配置与选择配送中心设备时，应充分注意到要使物流作业的实际需要和发展规划相适应，应符合物料的特性，适应货运量的需要，适应不同的工作条件和多种作业性能的要求，操作使用灵活方便。因此，首先应明确配送中心设备的必要功能是什么，即物流作业都有相应的物流机械设备去完成，根据具体的作业任务来确定需要什么样的物流机械设备，做到物流机械设备与作业配套，发挥各物流机械设备的效能。其次要考察什么样的机械设备具有什么样的功能，能完成什么样的作业。在配置与选择物流机械设备时应根据物流作业特点，找到必要功能，选择相应的物流机械设备。这样的物流机械设备才有针对性，才能充分发挥其功能。有人认为，物流机械设备的适用性越强，其功能就越多。其实不然，功能越多，厂家投入的成本一定大，物流机械设备的价格也会提高，购置时一次支付的费用也会提高。况且，功能太多，不一定是实际作业所需要的，花了钱买了不需要的功能，物流机械设备得不到充分的利用，肯定会造成浪费，也不可能取得良好的经济效益。只有充分考虑了使用要求再去选择物流机械设备的功能，才能充分体现物流机械设备的适用性，获得较大的投资效益。

（三）技术先进性原则

技术先进性是指配置和选择的配送中心设备能够反映当前科学技术先进成果，在主要技术性能、自动化程度、结构优化、环境保护、操作条件、现代新技术的应用等方面具有技术上的先进性，并在时效性方面能满足技术发展要求。因而，先进是指在一定条件下，一定时期内的先进。物流机械设备的技术先进性是实现物流现代化所具备的技术基础。但先进要以物流作业适用为前提，以获得最大经济效益为目的，绝不是不顾现实条件和脱离物流作业的实际需要而片面追求技术上的先进。但是，也要防止购置技术上已属落后、已被淘汰的机型。

（四）低成本原则

低成本是指物流机械设备的寿命周期成本低。它不仅是一次购置费用低，更重要的是物流机械设备的使用费用低。任何先进物流机械设备的使用都受到经济条件的制约，低成本是衡量机械设备技术可行性的主要标志和依据之一。在多数情况下，物流机械设备技术先进性与低成本有可能会发生矛盾。但在满足使用的前提下应对技术先进与经济上的耗费进行全面考虑和权衡，作出合理的判断，这就需要进一步做好成本分析。

此外，为完成某种轻量级工作而购买价格昂贵的重量级物流机械设备，或选用使用寿命不长的物流机械设备，或非标准物流机械设备，都有可能导致经济上的不合理。

（五）可靠性和安全性原则

可靠性是指物流机械设备在规定的使用时间和条件下，完成规定功能的能力。它是物流机械设备的一项基本性能指标，是物流机械设备功能在时间上的稳定性和持续性。如果可靠性不高，无法保持稳定的物流作业能力，也就失去了物流机械设备的基本功能。物流机械设备的可靠性与物流机械设备的经济性是密切相关的。从经济上看，物流设备的可靠性高就可以减少或避免因发生故障而造成的停机损失与维修费用支出。但是可靠性并非越高越好，因为，提高物流机械设备的可靠性需要在物流机械设备开发制造中投入更多的资金，受其制约，价格较高。因此，不能片面追求可靠性，而应全面权衡提高可靠性所需的费用开支与物流机械设备不可靠造成的费用损失，从而确定最佳的可靠性。

安全性是指物流机械设备在使用过程中保障人身和物料安全以及环境免遭危害的能力。它主要包括设备的自动控制性能、自动保护性能，以及对错误操作的防护和警示装置等。随着物流作业现代化水平的提高，可靠性和安全性日益成为衡量设备好坏的重要因素。在配置和选择物流机械设备时，应充分考虑物流机械设备的可靠性和安全性，以提高物流机械设备的利用率，防止人身事故的发生，保证物流作业顺利进行。

（六）一机多用原则

一机多用是指物流机械设备具有多种功能，能适应多种作业的能力。配置用途单一的配送中心设备，使用起来既不方便，又不利于管理。因此，应发展一机多用的物流机械设备。配置和选择一机多用的物流机械设备，可以实现一机同时适宜多种作业环境连续作业。这样有利于减少作业环节，提高作业效率，并减少物流机械设备台数，便于物流机械设备的管理，从而充分发挥物流机械设备潜能，确保以最低投入获得最大的效益。

二、配送中心设备选型

（一）装卸搬运设备的选型

1. 选型关注依据

选择恰当的设备或设备系统是件复杂的工作，通常可以从以下方面入手：

（1）明确是否确实需要进行这个搬运步骤。

（2）考虑长远发展的需要。随意地布置一台运输机械或增添一排货架可能会解决目前问题，但也许会导致将来有更大的麻烦，因此制订设备选择计划时要考虑长远发展的需要。

（3）牢记系统化的观念。为装卸搬运所选用的设备不仅仅局限于配送中心作业的某一环节，它要在整个系统的总目标下发挥作用，即使是一辆单独的叉车或一台单独的输送机，也是整个装卸搬运系统中的一个组成部分。

（4）遵循简化原则，选用合适的规格型号。为完成某种轻量级工作而购买价格昂贵的重量级设备，或选用使用寿命不长的设备都是极不恰当的，在可能条件下应尽可能利用重力输送的长处。应尽可能采用标准设备，而不采用价格昂贵的非标准设备。同时在增加投资前一定要确信现有设备先得到了充分利用。

（5）进行多方案的比较。不要只依靠一家设备商去选择完成某项搬运工作的设备与搬运方法，要想到可能会有更好、更低廉的设备与搬运方法。

2. 选型关注因素

装卸搬运设备种类繁多，各种设备的使用环境、适用货物和作业要求各不相同，在设备选择时，应根据实际的用户需求进行综合评价与分析。在通常情况下，关注的因素主要包括货物属性、货流量、作业性质、作业场合、搬运距离、堆垛高度等。

（1）货物属性。货物所具有的不同形状、包装、物理化学属性，都对装卸搬运设备有不同的要求。在配置选择装卸搬运设备时，应尽可能地符合货物特性，以保证作业合理，货物安全。

（2）货流量。货流量的大小关系到设备应具有的作业能力。货流量大时，应配备作业能力较强的大型专用设备。作业量小时，可以采用构造简单、造价相对较低的中小型通用设备。

（3）作业性质。需要明确作业类型是单纯的装卸作业或搬运作业，还是同时兼顾装卸搬运作业，在此基础上选择合适的装卸搬运设备。

（4）作业场合。作业场合不同，所配备的装卸搬运设备也不同。对于作业场合，应主要考虑如下一些因素：室内、室外或者室内外作业，作业环境的温度、湿度等，路面情况、最大坡度、最长坡道、地面承载能力，货物的存放方式是货架还是堆叠码放，通道大小、通道最小宽度、最低净高等。

（5）搬运距离。搬运路线的长度、每次搬运装卸的货物量，也影响着设备的选择。为了提高装卸搬运设备的利用率，应结合设备种类的特点，使行车、货运、装卸、搬运等工作密切配合。

（6）堆垛高度。堆垛高度的大小，直接影响到装卸搬运设备最大起升高度的选择。

在选择装卸搬运设备时，应注意尽量选择同一类型的标准机械，以便于维护保养。对于整个物流配送中心的设备也应尽可能避免其多样化，这样可以减少这些设备所需要的附属设备并简化技术管理工作。在作业量不大而货物品种复杂的情况下，应尽量发展一机多用，扩大机械适用范围。

3. 设备选择方法

（1）根据距离、物流量和搬运运输设备（见图6－2），确定设备的类别。

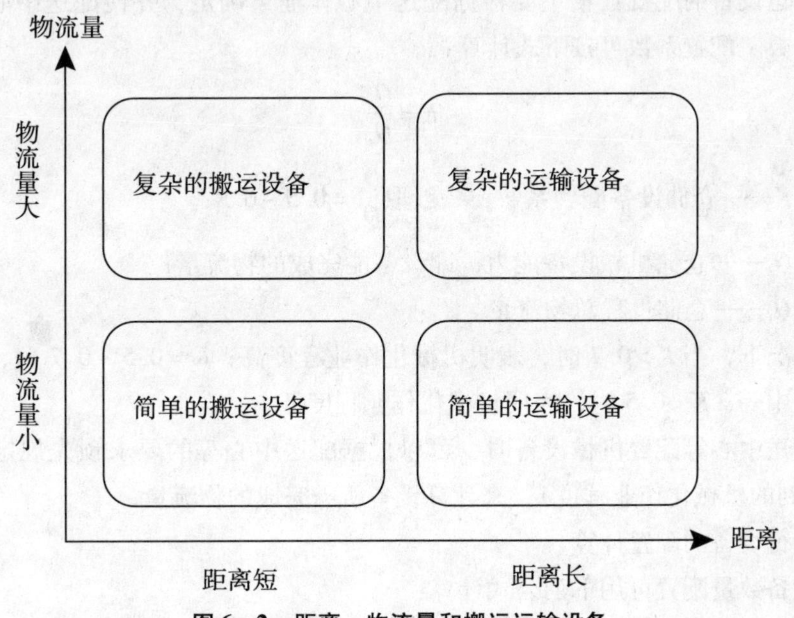

图6－2 距离、物流量和搬运运输设备

根据设备费用数据，装卸搬运设备可以分成四类——简单的搬运设备、简单的运输设备、复杂的搬运设备、复杂的运输设备。简单的搬运设备如二轮手推车，复杂的搬运设备如狭通道带夹具的叉车、AGV 自动制导车、LGV 激光制导车、AHV 智能搬运车；简单的运输设备如机动货车，复杂的运输设备如电子控制的无人驾驶车辆。

距离、物流量和搬运运输设备的关系图显示：简单的搬运设备适合于距离短、物流量小的搬运需要；复杂的搬运设备适合于距离短、物流量大的搬运需要；简单的运输设备适合于距离长、物流量小的运输需要；复杂的运输设备适合于距离长、物流量大的运输需要。

(2) 根据设备的技术指标、货物特点以及运行成本、使用方便等因素，选择设备系列型号，甚至品牌。

在设备选型时要注意：①设备的技术性能，能否胜任工作及设备的灵活性要求等；②设备的可靠性，在规定的时间内能够工作而不出现故障，或出现一般性故障易立即修复且安全可靠；③工作环境的配合相适应性，工作场合是露天还是室内，是否有振动、是否有化学污染及其他特定环境要求等；④经济因素，包括投资水平、投资回收期及性能价格比等；⑤可操作性和使用性，操作是否易于掌握，培训的复杂程度等；⑥能耗因素，设备的能耗应符合燃烧与电力供应情况；⑦备件及维修因素，设备条件和维修应方便、可行。

4. 装卸搬运设备数量的确定

装卸搬运设备的配置数量主要根据配送中心作业量确定，并使配送中心有较高的设备配置系数。配置系数可按下式计算：

$$K=\frac{Q_c}{Q_t}$$

式中，K——仓储设备配置系数，一般取$\frac{Q_c}{Q_t}=0.5\sim0.8$；

Q_c——仓储机械设备能力，即设备能完成的物流量；

Q_t——仓储过程总物流量。

通常情况下，当$K>0.7$时，表明机械化作业程度高；$K=0.5\sim0.7$时，表明机械化作业程度中等；$K<0.5$时，表明机械化作业程度低。

在为配送中心等配置机械设备时，可以根据配送中心等的要求预先规定一个K值(即要求达到的机械化作业程度)，来计算设备所需完成的物流量，

从而进行设备的配置计算。

机械设备数量配置可用下列公式计算：

$$Z=\sum_{i=1}^{m}Z_i$$

式中，Z——配送中心内机械设备总台数；

m——机械设备类型数；

Z_i——第i类机械设备台数。

$$Z_i = \frac{Q_{ci}}{(q\beta\eta\delta\gamma)_i}$$

式中，Q_{ci}——第 i 类机械计划完成的物流量；

q——设备的额定起（载）重量；

β——起重系数，即平均一次吊装或搬运的重量与 Q_c 的比值；

η——单位工作小时平均吊装或搬运次数，由运行距离、运行速度及所需辅助时间确定；

δ——时间利用系数，即设备年平均工作小时与 γ 的比值；

γ——年日历工作小时，一班制工作取 7 小时乘以工作日数。

机械设备能力的评价参数 β、η、δ 值应根据作业场所的性质、物品种类以及机械设备类型进行实测确定。

总物流量 Q_t 可由下式计算：

$$Q_t = \sum_{i=1}^{n} (H_i\alpha_i)$$

式中，n——作业场所的数目；

H_i——第 i 个场所的年吞吐量；

α_i——第 i 个场所的倒搬系数，根据物品的重复搬运次数确定，无二次搬运时 $\alpha_i = 1$ 机械设备计划完成的总物流量，可由总物流量 Q_c 乘以设备配置系数 K 求得：

$$Q_c = KQ_i$$

计算某类机械设备数量时，Q_{cl}可由 Q_c 分配决定。

（二）货架的选型

货架的选择是物流配送中心设计规划的重要环节之一，设备选型要与物流配送中心实现的服务功能相配套，要根据所存储货物种类、外形、尺寸、包装状态、出入库频率、出入库数量、保管要求、存储方式等情况进行评估与选择。

1. 货架的选型原则及考虑因素

一般地讲，选择货架的基本原则包括：①经济高效原则；②合理性原则；③及时性原则；④准确性原则；⑤适应性原则；⑥可持续发展原则；⑦充分利用空间原则；⑧安全可靠原则。

在货架选型时，一般要重点考虑经济高效原则，同时要综合分析各项因素，从而决定最适用的货架类型。通常考虑的因素包括货物属性、出入库情况、与相关设备的配套以及库房构造等。

（1）货物属性。存储货物的外形、尺寸、重量等物理属性直接影响到货架规格、强度的选择，不同的存储单元、容器应选择与之相适应的货架。

（2）出入库情况。出入库情况影响货架选型的策略，包括出入库频率、出入库吞吐量、吞吐能力等。一般而言，货物的存取方便性与存储密度是相对立的，取得较高的存储密度，则会相对牺牲存储方便性。即使有些货架在存取方便性与存储密度两方面均有较好的效果，例如重力式货架，但其投资成本高，日常维护与保养的要求高。出入库频繁、吞吐量大的仓库在选用货架时要充分考虑货物存取方便性。

（3）与相关设备的配套。货架的选择要考虑与物流配送中心其他相关设备的配套，尤其是装卸搬运设备。货架上存取货物的作业是由装卸搬运设备完成的，货架与搬运装卸设备的选择要一并考虑。

（4）库房构造。货架的选用与库房的构造紧密相关，决定货架的高度时须考虑梁下有效作业高度，梁柱位置会影响货架的配置，地板承受的强度、地面平整度也与货架的设计及安装有关。另外还要考虑防火设施和照明设施的安装位置。

2. 货架数量的确定

配送中心使用货架的数量可以利用公式计算，公式如下：

$$N = \frac{Q}{(l \cdot b \cdot h) \cdot k \cdot \gamma}$$

式中，N——货架数量（个）；

Q——上架存放物品的最高储备量（t）；

l、b、h——货架的长、宽、高（m）；

k——货架的容积充满系数（%）；

γ——上架存放物品的容重（t/m^3）。

（三）输送分拣设备的选型

1. 输送设备的选型

输送设备是提高物流配送中心作业效率的重要设备，应结合相关作业环节进行系统分析和整体规划。选择输送设备时通常关注货物属性、输送量大小、输送距离和方向、工艺流程以及安装场地等因素。

（1）货物属性。货物是成件货物还是散装货物，成件货物是托盘还是纸箱包装，成件货物的外形、尺寸、单位重量，散装货物粒状大小、表面状态、容重、散落性、外摩擦系数、破碎性等特性，都影响输送设备的选用。形状不规则的成件物品可以选用链板式输送机；辊式输送机适用于底部是平面的成件货物，可输送较大单件重量的货物；对于表面粗糙、坚硬的散装货物应选用耐磨材料构件的输送设备；为提高散装货物的输送量，防止货物散落，可选用深槽型带式输送设备；

（2）输送量大小。输送量与输送物品的最大重量、输送速度相关。在输送物品最大重量相同的情况下，输送速度越快对应的输送量越大，在选择速度时要考虑输送稳定性、电耗增大比例、设备机械性能、货物属性等因素；

(3) 输送距离和方向。长距离、小倾角的货物输送可选用带式输送机；垂直输送可选用斗式提升机输送又有垂直输送的场合可选用刮板输送机或螺旋输送机；

(4) 输送中的工艺流程。输送过程中，接收和发送货物的环境、接口设备、进料或出料点的数量，都影响输送机的选用。工艺流程不同，对输送机的要求也不同。例如，如果在输送过程中需要搅拌，可以选用螺旋输送机；

(5) 安装场地。不同的安装场地，不同的位置条件，需要根据实际情况配置合适的输送设备。

总之，选用输送设备时要综合考虑上述各方面的因素，进行系统的评估和综合分析比较，从而选择出经济合理的输送设备。同时，在选用输送设备时应注意考虑分析一些主要的技术性能参数，包括生产率、输送速度、充填系数、输送长度、输送宽度、提升高度、最大输送倾角、输送物品最大重量、单驱动机最大长度、安全系数、制动时间、启动时间、发动机功率、轴功率，工作环境要求等。

2. 分拣设备的选型

在选用分拣设备时，应根据物流配送中心的货物种类、分拣方式、作业条件、作业环境等条件综合考虑分析，同时还应注意遵循以下原则。

(1) 符合所分拣货物的特性原则。所分拣货物的物理、化学性质及其外部形状、重量、包装等特性千差万别，必须根据这些基本特性来选择分拣设备，如浮出式分拣设备只能分拣包装质量较高的纸箱等。这样才能保证货物在分拣过程中不受损失，保证配送作业的安全。

(2) 适应分拣方式和分拣量需求原则。分拣作业的生产效率取决于分拣量大小及设备自身的分拣能力，也与分拣方式密切相关。因此，在选择分拣设备时，首先要根据分拣方式选用不同类型的分拣设备。其次，要考虑分拣货物批量大小，若批量大，应采用分拣能力高的大型分拣设备，并可选用多台设备。而如果批量小，则适合采用分拣能力较低的中小型分拣设备。

(3) 经济实用性。设备选用时不应一味强调高技术、高性能和自动化，应结合实际情况，以提高经济效益为目的，同时应注意选用操作和维护方便、安全可靠、能耗小、噪声低、成本低、能保证操作人员安全和货物安全的设备。

(4) 整体匹配性。分拣设备的选用应与物流配送中心相关的设备相配套，只有整个物流配送中心的设施设备运行相互协调，才能使各环节达到均衡作业，从而使得整个物流配送中心的物流作业过程最经济和优化。

本章小结

本章介绍了配送中心设备选型的相关知识。第一节从起重机械和搬运车辆的角度介绍了装卸搬运设备的基本概况；第二节介绍了以货架为主要形式的存储设备的种类与功能；第三节对输送分拣设备予以了详细描述；第四节分别介绍了包装加工的具体设备以及以集装箱和托盘为主的集装单元；第五节则详述了设备选型的基本原则，并在此基础上对具体的配送中心设备选型标准给予了实际阐述。

第七章　配送中心设施规划

配送中心设施规划是配送中心建设的核心与前提，通过合理规划可以将配送中心各设施结合成一个完整的体系，从系统的角度实现配送中心设施运营效率的最大化，从而为配送中心的后续运营提供有力的硬件保障。

第一节　配送中心建筑设计基本要求

一、配送中心的设计原则

配送中心一旦建成就很难再改变，所以，在规划设计时，必须切实掌握以下四项基本设计原则：

（1）系统工程原则。配送中心的工作，包括收验货、搬运、储存、装卸、分拣、配货、送货、信息处理以及与供应商、连锁商场等店铺的连接，如何使它们之间十分均衡、协调地运转，是极为重要的。其关键是做好物流量的分析和预测，把握住物流的最合理流程。由于运输的线路和物流据点交织成网络，配送中心的选址也非常重要。

（2）价值工程原则。在激烈的市场竞争中，配送的准点及时和缺货率低等方面的要求越来越高；在满足服务高质量的同时，又必须考虑物流成本。特别是建造配送中心耗资巨大，必须对建设项目进行可行性研究，并作多个方案的技术、经济比较，以求最大的企业效益和社会效益。

（3）尽量实现工艺、设备、管理科学化的原则。近年来，配送中心均广泛采用电子计算机进行物流管理和信息处理，大大加速了商品的流转，提高了经济效益和现代化管理水平。同时，要合理地选择、组织、使用各种先进物流机械化、自动化设备，以充分发挥配送中心多功能、高效率的特点。

（4）发展的原则。规划配送中心时，无论是建筑物、信息处理系统的设计，还是机械设备的选择，都要考虑到有较强的应变能力，以适应物流量扩大、经营范围的拓展。在规划设计第一期过程时，应将第二期工程纳入总体规划，并充分考虑到扩建时的业务工作需要。

二、配送中心的经营定位

配送中心是以开展配送业务活动为核心的经济实体，具有一般企业的特征。因此，配送中心与其他类型企业一样，其经营定位就是确定企业在市场中的位置，即根据行业发展特点和自身条件，选择和调整经营模式，制定企业的战略目标，并为实现企业的战略目标采取一系列经营和管理措施，确保企业在竞争中的地位。配送中心可以从市场需要出发，对本身的功能、经营商品范围、选址区位及建设规模等方面进行决策和定位，并且在实践中不断调整和适应市场发展的需要。

（一）配送中心的功能定位

配送中心的功能是根据其开展的配送业务活动并以相应的配送作业环节为基础来确定的。根据配送作业的基本环节和作业流程，配送中心具有采购、储存、加工、分拣、配货、配送运输等多项功能。但不同类型的配送中心其核心功能不完全相同。因此，在配送中心的规划建设中，从设施建设到平面布局，以及组织管理等方面也会因其功能不同而产生差异。

储存型配送中心以储存功能为主，以尽可能降低其服务对象的库存为主要目标，具有较强的库存调节功能，因此，在建设中应规划较大规模的仓储空间和设施；流通型配送中心以快速转运为核心，大批进货，快速分装或组配，并及时地分发到各客户指定的地点，因此，在建设中应以配备适应货物高速流转的设施为主；加工型配送中心以对商品进行如拆包、分解、整理、再包装等流通加工为主。因此，在规划建设中应适应加工的需要，配备必要的加工设施、场地，引进相应的加工技术。

专业型配送中心应主要针对商品特性，体现处理专项商品的技术与特色，因此，必须配置特定商品的处理设施，开发适用特定商品的物流技术。综合型配送中心其技术和设施则必须具备适应处理多类商品的通用性。

在城市范围内或面向城市区域配送的配送中心，一般需将商品直接送到消费者手中，实现门到门服务，因此，要求具有适应快速反应，具有相当灵活性的配送运输设施，特别是在形成公路、配送运输网的基础上，重点加强运输车辆和运输组织方面的管理，适应快捷配送的需要；区域性配送中心其辐射范围广，配送规模较大，有些甚至开展全国、跨国配送业务，这类配送中心通常以销售功能为主，通过配送服务促进商品销售。因此，其设施和建设通常具备多种流通功能，特别是必须具有高效的信息网络传输系统，既适应商流，也适应物流的需要。

（二）配送中心经营商品定位

经营商品定位主要是根据市场需求来确定的。对于一般商业连锁体系来说，通常配备经营一般消费品的配送中心，负责连锁体系内大部分商品的配送，以形成规模效应，获得规模经济效益；一些由传统批发机构改组而形成的专业型配送中心，通常以其批发经营的传统商品为主，开展配送业务，其品种较为单一，批量较大。例如，英国的香蕉流通主要由三大公司控制，他们不仅积累了丰富的香蕉养护与流通技术和经验，而且通过几十年的配送实践，能高效地进行香蕉配送，满足不同客户的需要。不论哪一类配送中心其经营商品的定位都是一种市场定位，即以满足市场需求为前提。因此，配送中心的投资经营必须在市场有需求的情况下，投资和经营主体通过对市场形势的调查和分析，明确自身的经营目标，给本企业在市场竞争中以恰当的定位。

（三）配送区域的确定

配送区域是指配送中心辐射的范围，即以某一点为核心建立配送中心，其配送的距离和区域的大小不仅关系到配送中心的投资规模，也影响到配送中心的运作方式。

通常对于连锁商业体系来说，其零售店铺的分布范围和数量多少，决定配送中心的辐射区域和配送能力。连锁商业体系组建配送中心的方法，可以按照适当的比例，即根据商圈范围内顾客分布、分店数量与配送中心的适当比例，来确定配送中心的位置、规模与数量。例如，日本的全家便利商店公司，其配送中心的物流半径为30km，在半径为30km的范围内平均设有70家店铺，由一个配送中心负责。有些连锁体系则按照商品类别来建立不同的配送中心，例如，日本最大的零售商大荣公司在组建配送中心时就是根据商品不同类别建立了衣料和杂货配送中心、电器和家具配送中心、食品配送中心等，由这些根据商品类别不同设置的专业型配送中心分别负责不同商品的配送。

不论何种形式的配送中心其区位的确定，都是以其服务对象所形成的区域为基本前提，在一定商圈范围内选址的。建设规模越大，经营能力越强，其辐射范围越广，服务的商圈也就越大。反之，服务商圈越大，配送中心在投资建设和经营组织等方面，就必须考虑使其形成足够的配送能力，以满足市场需要。在配送中心的区位选择中，除了考虑配送商品种类与数量外，交通运输条件、用地条件等问题也应该详细分析和论证，以确定配送的区域和范围。

（四）配送中心建设规模的确定

1. 建设规模的“成本—收益”分析

通常配送中心规模越大，其服务能力越强，而规模越大，投资成本也将会增加。从“成本—收益”的角度来分析，配送中心建设规模与其服务能力和单位配送成本之间的相关关系如图 7－1 所示。

“配送规模”与“单位配送成本”之间的关系是：在一定配送规模范围内，随着投资建设规模的不断扩大，单位配送成本随之不断降低，而当规模扩大到一定程度，

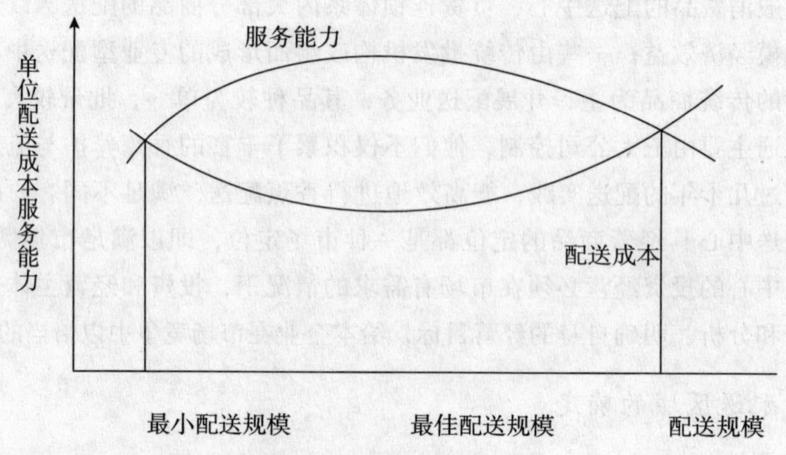

图 7－1　配送中心建设规模与其服务能力和单位配送成本之间的相关关系

单位配送成本则会开始随规模的扩大而上升，规模不经济性开始发生作用；“配送规模”与“服务能力”之间的关系则表现为：随着配送规模的扩大，配送中心的服务能力不断增强，但当规模扩大到一定程度时，其服务能力受规模的影响则不断减小，也就是说，配送中心的建设和经营规模并不是越大越好，从理论上说，其规模最好在“服务能力曲线”与“单位配送成本曲线”的两个交点内决策，这样才可能在最佳规模范围内获得较低的配送成本和较高的服务能为和服务水平。

2. 配送中心规划建设的基本程序

在配送中心的投资建设中，其规划的起点是在市场调查的基础上，对顾客及订单进行分析处理，其规划程序如图 7－2 所示。

该程序就是在对市场进行充分调查的基础上，确定本企业的服务对象、辐射范围及经营品种，对本企业的顾客分布状况、配送服务要求、商品品种特性、包装形态、体积重量等方面进行详细的调查和统计分析，同时结合本企业的营销策略、市场目标及资金运用等情况，先对配送中心分拣作业系统进行规范与设计。分拣作业系统的规划包括拣货时商品的包装单位，出货时分批、分类方式及其他拣货信息的统计和数据分析，在确定作业方式的基础上确定相应的分拣设备和分拣作业系统的规模。储存系统为分拣作业提供商品保障和作业基地，储存作业系统的规划包括储存、搬运及其他设备的选定，储位分布，库区布置及库房建筑等方面的内容。因此，配送中心建设与规划的整体程序是在市场定位的基础上，先对分拣出货作业系统进行规划，再设计储存作业系统；最后，以储存和分拣作业系统为核心综合规划整个配送中心的整体布局与建设方案。

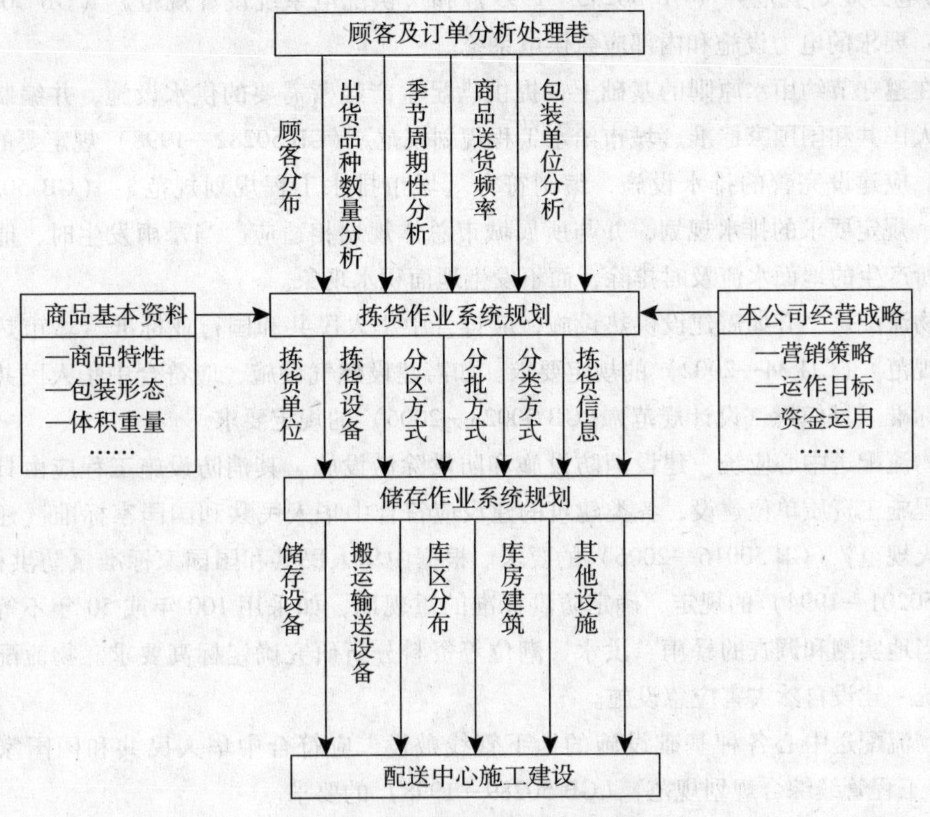

图 7-2　配送中心规划的基本程序

三、配送中心规划的基本规范

根据中华人民共和国国家标准《通用仓库等级》（GB/T 21072—2007）规定，具备连续两年营运历史，并且正在营运的库区可以参加通用仓库的等级评定。这里的通用仓库指除冷藏冷冻物品、危险物品等具有特殊要求的物品外，能满足一般储存要求的仓库。库区指由同一单位实施管理、由一栋或多栋仓库及附属设施组成的独立区域。通用仓库的等级以独立库区为单位，以其设施条件、服务功能、服务质量、管理制度等划分，同一企业的不同库区分别评定等级。通用仓库划分为五级，一星级为最低，五星级为最高，由全国仓储行业组织设立专门机构具体实施评定。

物流配送中心各种设施的建设应符合国家及所属地方相关法规的规定。同时，在考虑防洪排泄、防火因素等要求的基础上，配套建设相适应的电力、供排水、通信、道路、消防和防汛等基础设施。

物流配送中心应根据所属地电网规划的要求，建设符合中华人民共和国国家标准

《城市电力规划规范》（GB 50293—1999）和《供配电系统设计规范》（GB 50052—2009）要求的电力设施和内部应急供电系统。

在遵守节约用水原则的基础上，提供满足生产经营需要的供水设施，并编制符合中华人民共和国国家标准《城市给水T程规划规范》（GB 50282—1998）规定要的用水规划。应建设完善的排水设施，编制符合《城市排水工程规划规范》（GB 50318—2000）规定要求的排水规划，并与所属城市总体规划相适应。当暴雨发生时，能够将暴雨所产生的地面水流及时排除，而不发生地面积水现象。

物流配送中心如需建设供热设施，应符合中华人民共和国行业标准《城市热力网设计规范》（CJJ 34—2002）的规定要求。如需建设燃气设施，应符合中华人民共和国国家标准《城镇燃气设计规范》（GB 50028—2006）的规定要求。

物流配送中心应统一建设消防设施和防洪除涝设施。其消防设施工程应由具有消防工程施工资质单位建设，各类建筑的建设应符合中华人民共和国国家标准《建筑设计防火规范》（GB 50016—2006）的要求。根据中华人民共和国国家标准《防洪标准》（GB 50201—1994）的规定，确定防洪标准的重现期，如采用100年或50年不等；再结合当地实测和调查的暴雨、洪水、潮位等资料分析研究确定标高要求。物流配送中心应统一建设自然灾害应急设施。

物流配送中心各种基础设施的地下管线敷设，应符合中华人民共和国国家标准《城市工程管线综合规划规范》（GB 50289—1998）的要求。

在物流配送中心内，同时还应适当分配绿色户外空间，以创造一个良好的工作环境。

第二节 配送中心区域设置与布局

配送中心通常由生产作业区、辅助作业区和行政商务区构成。生产作业区内主要进行装卸货、入库、拣选、流通加工、出库等作业，这些作业一般具有流程性的前后关系。辅助作业区和行政商务区内主要进行计划、协调、监督、信息传递、维修等活动，与各储运生产区有作业上的关联性。在对配送中心内部进行布局设计时，力争便于商品的装卸、搬运、保管、流通加工等各项工作的进行，并使之高效、机动，同时设计上还要满足易于管理、经济性高以及柔性化等要求。

配送中心内部布局规划主要是估算各项作业区域的大小，包括进货区、储存区、拣货区、出货区等，并依各区域间的作业关联性，来决定各作业区域的位置设置。

一、影响配送中心总体布局的主要因素和基本原则

（一）影响配送中心总体布局的因素

影响配送中心总体布局的因素主要有以下几个方面：

（1）周围环境。指配送中心周围的环境包括四邻及附近有无有害气体、固体微粒、震动等情况，以及交通运输条件和协作方的分布等。

（2）存货特点。存货特点指配送中心建成后存放的物品的性质、数量及所要求的保管条件。

（3）配送中心类型。配送中心类型指配送中心本身的性质特点，例如综合配送中心与专业配送中心就会有明显的不同。

（4）作业流程。作业流程指配送中心作业的构成及相互关系。

（5）作业手段。自动化、机械化和人工作业在布局方面会有质的差别。

（二）总体布局的基本原则

在进行总体布局时应遵循以下基本原则：

（1）便于储存保管。配送中心的基本功能是对库存进行储存保管。总体布局要为保管创造良好的环境，提供适宜的条件。

（2）利于作业优化。配送中心作业优化指提高作业的连续性，实现一次性作业，减少装卸次数，缩短搬运距离，使配送中心完成一定的任务所发生的装卸搬运量最少。同时还要注意各作业场所和科室之间的业务联系和信息传递。

（3）保证配送中心安全。配送中心安全是一个重要的问题，其中包括防火、防洪、防盗、防爆等。总体布局必须符合安全部门规定的要求。

（4）节省建设投资。配送中心中的延伸性设施——供电、供水、排水、供暖、通信等设施对基建投资和运行费用的影响都很大，所以应该尽可能集中布置。

二、配送中心功能区域分类

根据物流配送中心的运营特性，配送中心的功能区域可以划分为物流作业区（如装卸货、入库、订单拣取、出库、发货等）、周边辅助作业区（如动力空调、计算机室和维修间等）和事务活动区（如办公室、资料室和餐厅等）。通过归类整理，可把物流配送中心区域分类如下：

（1）一般物流作业区；
（2）退货物流作业区；
（3）换货补货作业区；
（4）流通加工作业区；
（5）物流配合作业区；
（6）仓储管理作业区；
（7）厂房使用配合作业区；
（8）办公事务区；
（9）劳务活动区；
（10）厂区相关活动区。

下面就各区域的作业项目、作业内容、区位规划和规划要素进行分析。

（一）一般物流作业区

1. 车辆进货

作业功能：物品由运输车辆送入物流配送中心，车辆停靠在卸货区域。

规划区位：进货口或进发货口。

2. 进货卸载

作业功能：物品从运输车辆卸下。

规划区位：卸货平台或装卸货平台。

规划要素：

（1）进发货口是否共用；
（2）进发货口是否相邻；
（3）装卸货车辆进出频率；
（4）装卸货车辆形式；
（5）有无装卸货物配合设施；
（6）物品装卸特性；
（7）装卸货车辆回车空间；
（8）每车装卸货所需时间；
（9）供货厂商数量；
（10）送客户数量；
（11）进货时段、配送时段。

3. 进货点收

作业功能：进货物品清点数量和品质检验。

规划区位：进货暂存区或理货区。

规划要素：

（1）每日进货数量；

（2）托盘使用规格；

（3）容器流通程度；

（4）进货点收作业内容；

（5）进货等待入库时间。

4. 理货

作业功能：进货物品拆柜、拆箱或堆栈以便入库。

规划区位：进货暂存区或理货区。

规划要素：

（1）理货作业时间；

（2）进货品检作业内容；

（3）品检作业时间；

（4）容器流通程度；

（5）有无装卸托盘配合设施。

5. 入库

作业功能：物品搬运送入仓储区域储存。

规划区位：库存区。

6. 订单拣取

作业功能：依据订单内容与数量拣取发货物品。

规划区位：库存区、拣货区或散装拣货区。

7. 分拣

作业功能：在批次拣货作业下按集合或按客户需求将货物分类。

规划区位：分拣区或拣货区。

规划要素：

（1）物品特性基本资料；

（2）配送品项；

（3）每日拣出量；

（4）订单处理原则；

（5）订单分割条件；

（6）订单汇总条件；

（7）客户订单数量资料；

（8）订单拣取方式；

（9）有无流通加工作业需求；

(10) 自动化程度需求;

(11) 未来需求变动趋势。

8. 集货

作业功能:按订单分割拣货后集中配送货物。

规划区位:分拣区、集货区或发货暂存区。

9. 调拨补充

作业功能:配合拣货作业将物品移至拣货区域或调整存储区。

规划区位:库存区或补货区。

规划要素:

(1) 拣货区容量;

(2) 补货作业方式;

(3) 每日拣出量;

(4) 盘点作业方式;

(5) 拣取补充基准;

(6) 拣取补充基本量。

10. 流通加工

作业功能:根据客户需求另行处理的流通加工作业。

规划区位:分拣区、集货区或流通加工区。

11. 品质检验

作业功能:检查发货物品的品质及数量。

规划区位:集货区、发货暂存区或流通加工区。

12. 发货点收

作业功能:确认发货物品的品项数量。

规划区位:集货区或发货暂存区。

13. 发货装载

作业功能:把发货物品装到运输配送车辆上。

规划区位:装货平台或装卸货平台。

14. 货物运送

作业功能:车辆离开物流配送中心进行配送。

规划区位:发货口或进发货口。

(二) 退货物流作业区

1. 退货

作业功能:客户退回货物至物流配送中心。

规划区位：进货口或进发货口。

2. 退货卸货

作业功能：退回货物从运输车辆卸下。

规划区位：卸货平台或退卸货平台。

3. 退货点收

作业功能：清点退货物品的品项数量。

规划区位：退货卸货区或退货处理区。

4. 退货责任确认

作业功能：退货原因及物品的可用程度确认。

规划区位：退货处理区或办公区。

5. 退货良品处理

作业功能：退货中属于良品的处理作业。

规划区位：退货处理区或退货良品暂存区。

6. 退货瑕疵品处理

作业功能：退货中有瑕疵但仍可用的物品处理作业。

规划区位：退货处理区或瑕疵品暂存区。

7. 退货废品处理

作业功能：退货中属于报废品的处理作业。

规划区位：退货处理区或废品暂存区。

（三）换货/补货作业区

1. 退货后换货

作业功能：客户退货后换货或补货的处理作业。

规划区位：办公区。

2. 误差责任确认

作业功能：物品配送至客户产生误差时的处理。

规划区位：办公区。

3. 零星补货拣取

作业功能：对于量少的订单或零星补货的拣货作业。

规划区位：拣货区或散装拣货区。

4. 零星补货包装

作业功能：对于量少的订单或零星补货所需另行包装的包装作业。

规划区位：散装拣货区或流通加工区。

5. 零星补货运送

作业功能：对于量少的订单或零星补货所需另行配送的运输作业。

规划区位：发货暂存区或装货平台。

（四）流通加工作业区

1. 拆箱

作业功能：根据单品拣货需求的拆箱作业。

规划区位：散装拣货区或流通加工区。

2. 裹包

作业功能：根据客户需求将物品重新包装。

规划区位：流通加工区或集货区。

3. 多种物品集包

作业功能：根据客户需求将数件数种物品集成小包装。

规划区位：流通加工区或集货区。

4. 外箱包装

作业功能：根据运输配送需求将物品装箱或以其他方式外部包装。

规划区位：流通加工区或集货区。

5. 发货物品称重

作业功能：根据运输配送需求或运费计算所需的发货物品的称重作业。

规划区位：流通加工区、称重作业区或发货暂存区。

6. 印贴条码文字

作业功能：根据客户需求在发货物品外箱或外包装物印制有关条码文字的作业。

规划区位：流通加工区或分拣区。

7. 印贴标签

作业功能：根据客户需求印制标签并贴附在物品外部。

规划区位：流通加工区或分拣区。

（五）物流配合作业区

1. 车辆货物出入管制

作业功能：进货或发货车辆出入物流配送中心的管制作业。

规划区位：厂区大门。

规划要素：

（1）出入车辆型式；

（2）车辆进出频率；

（3）厂区出入口是否区分；

（4）厂区外接道路情况；

（5）门卫制度。

2. 装卸车辆停泊

作业功能：进货或发货车辆在没有装卸平台可用时，临时停靠或回车的作业。

规划区位：运输车辆停车场或临时停车位。

规划要素：

（1）运输车辆临时停车需求数；

（2）进货与发货车辆型式；

（3）进出车辆频率；

（4）实际使用面积与长宽比例。

3. 容器回收

作业功能：配合储运箱或托盘等容器的流通使用作业。

规划区位：卸货平台、理货区或容器回收区。

4. 容器暂存

作业功能：空置容器暂存及存取使用作业。

规划区位：容器暂存区或容器储存区。

5. 废料回收处理

作业功能：拣选、配送和流通加工过程中所产生的废料处理作业。

规划区位：废料暂存区或废料处理区。

（六）仓储管理作业区

1. 定期盘点

作业功能：定期对物流配送中心库存区物品进行盘点的作业。

规划区位：库存区和拣货区。

2. 不定期抽盘

作业功能：不定期按照物品种类轮流抽盘的作业。

规划区位：库存区。

3. 到期物品处理

作业功能：针对已超过使用期限的物品所进行的处理作业。

规划区位：库存区或废品暂存区。

4. 即将到期物品处理

作业功能：针对即将到期的物品所进行的分类标示或处理作业。

规划区位：库存区。

5. 移仓与储位调整

作业功能：针对需求变化与品项变动所进行的库存区调整与移仓作业。

规划区位：库存区与调拨仓储区。

规划要素：

（1）最大库存量需求；

（2）物品特性基本资料；

（3）物品项目；

（4）储区划分原则；

（5）储位指派原则；

（6）存货管制方法；

（7）自动化程度需求；

（8）物品使用期限；

（9）储存环境需求；

（10）盘点作业方式；

（11）物品周转效率；

（12）未来需求变动趋势。

（七）厂房使用配合作业区

1. 电气设备

作业功能：电气设备机房的安装与使用作业。

规划区位：变电室、配电室和电话交换室。

2. 动力及空调设备使用

作业功能：动力及空调设备机房的安装与使用作业。

规划区位：动力室、空压机房与空调机房。

3. 安全消防设备

作业功能：安全消防设施的安装与使用。

规划区位：安全警报管制室。

4. 设备维修工具器材存放

作业功能：设备维修保养与一般作业所需器材和工具的存放。

规划区位：设备维修间、工具间和器材室。

5. 一般物料储存

作业功能：一般消耗性物料和文具品的储存。

规划区位：物料存放间。

6. 人员出入

作业功能：工作人员出入物流配送中心的区域。

规划区位：大厅、走廊和出入口。

规划要素：

（1）通行人数；

（2）人员行走速度。

7. 搬运车辆通行

作业功能：搬运车辆在库存区内的通行。

规划区位：主要通道及辅助通道。

规划要素：

（1）每日进货发货流量；

（2）搬运车辆型式；

（3）搬运物料种类；

（4）作业特性；

（5）进出货口位置。

8. 楼层间通行

作业功能：人员在楼层间的通行，物料在楼层间的搬运活动。

规划区位：电梯与物料暂时放置空间。

规划要素：

（1）楼层数；

（2）楼层通行人数；

（3）行人与物料是否共用。

9. 搬运设备停放

作业功能：机械搬运设备非使用时的停放空间。

规划区位：搬运设备停放区。

（八）办公事务区

1. 办公活动

作业功能：物流配送中心各项事务性办公活动。

规划区位：主管办公室、一般办公室与总机室。

规划要素：

（1）主管级人数；

（2）组织结构；

（3）办公人员数；

（4）办公桌椅布置形式；

（5）组织结构与管理模式。

2. 会议及培训活动

作业功能：一般会议活动与内部人员的培训活动。

规划区位：会议室与培训室。

规划要素：

（1）会议室使用人数；

（2）会议设施配置；

（3）教室使用人数；

（4）教室设施的需求程度。

3. 资料管理

作业功能：一般公文文件与资料档案的管理活动。

规划区位：档案室、资料室与收发室。

4. 计算机系统使用

作业功能：计算机系统操作处理活动与相关计算机档案报表管理。

规划区位：计算机室与档案室。

规划要素：

（1）计算机规模与功能；

（2）网络与通信界面需求；

（3）计算机需求数量。

（九）劳务活动区

1. 盥洗

作业功能：员工盥洗及卫生使用。

规划区位：洗浴室与卫生间。

2. 员工娱乐及休息

作业功能：供员工休息及娱乐健身的场所。

规划区位：娱乐室、休息室和吸烟室。

3. 急救医疗

作业功能：工作伤害和突发疾病的紧急救助活动。

规划区位：医务室。

4. 接待厂商、来宾

作业功能：接待厂商和客户活动。

规划区位：接待室。

规划要素：

（1）通行人数；

（2）外宾来访要求。

5. 员工饮食

作业功能：提供员工用餐的场所。

规划区位：餐厅、厨房。

6. 厂商驾驶员休息

作业功能：厂商驾驶员等待作业的临时休息区域。

规划区位：驾驶员休息室。

（十）厂区相关活动区

1. 警卫值勤

作业功能：门卫管理和内部警卫值勤活动。

规划区位：保卫室。

规划要素：

（1）值勤记录；

（2）门卫值班内容；

（3）安全记录。

2. 员工车辆停放

作业功能：提供员工车辆停放的区域。

规划区位：一般停车场或内部停车场。

规划要素：

（1）员工机车位使用人数；

（2）员工汽车位使用人数；

（3）停车角度与形式；

（4）实际使用面积与长宽比例。

3. 厂区交通

作业功能：员工车辆进出与通行活动。

规划区位：厂区通道、厂区出入大门。

4. 厂区填充

作业功能：厂区内扩充预留地。

规划区位：厂区扩充区域。

规划要素：

（1）营业规模；

(2) 未来发展趋势;

(3) 实际场地可用面积;

(4) 厂区配置形式。

5. 环境美化

作业功能:物流配送中心外部形象和美化绿化环境区域。

规划区位:美化绿化环境区域。

规划要素:

(1) 公司标志与形象;

(2) 厂区绿化;

(3) 厂区照明;

(4) 企业文化氛围。

三、生产作业区域及配送中心面积的确定

(一) 实用面积

实用面积指配送中心中货垛或货架占用的面积。实用面积的计算主要有3种方法。

1. 计重物品就地堆码

计重物品就地堆码,实用面积按仓容定额计算公式为:

$$S_{实}=\frac{Q}{N_{定}} \tag{7-1}$$

式中,$S_{实}$——实用面积(m^2);

Q——该种物品的最高储备量(t);

$N_{定}$——该种物品的仓容定额(t/m^2)。

仓容定额是某配送中心中某种物品单位面积上的最高储存量,单位是t/m^2。不同物品的仓容定额是不同的,同种物品在不同的储存条件下其仓容定额也不相同。仓容定额的大小受物品本身的外形、包装状态、配送中心地坪的承载能力和装卸作业手段等因素的影响。

2. 计件物品就地堆码

计件物品就地堆码,实用面积按可堆层数计算,公式为:

$$S_{实}=单件底面积\times\frac{总件数}{可堆积层数} \tag{7-2}$$

3. 上架存放物品

上架存放物品要计算货架占用面积,公式为:

$$S_{实}=\frac{Q}{l\cdot b\cdot h\cdot k\cdot\gamma}\cdot(l\cdot b)=\frac{Q}{h\cdot k\cdot\gamma}\qquad(7-3)$$

式中，$S_{实}$——货架占用面积（m^2）；

Q——上架存放物品的最高储备量（t）；

l、b、h——货架的长、宽、高（m）；

k——货架的容积充满系数（%）；

γ——上架存放物品的容重（t/m^3）。

（二）有效面积

有效面积是指仓储作业占用面积，包括实用面积、通道、检验作业场地面积之和。计算方法主要有以下几种：

1. 比较类推法

比较类推法是以现已建成的同级、同类、同种配送中心面积为基准，根据储量增减的比例关系，加以适当调整来推算新建库的有效面积。公式为：

$$S=S_0\cdot\frac{Q}{Q_0}\cdot k\qquad(7-4)$$

式中，S——拟新建配送中心的有效面积（m^2）；

S_0——参照配送中心的有效面积（m^2）；

Q——拟新建配送中心的最高储备量（t）；

Q_0——参照配送中心的最高储备量（t）；

k——调整系数（当参照配送中心的有效面积不足时，$k>1$；当参照配送中心的有效面积有余时，$k<1$）。

2. 系数法

系数法是根据实用面积及配送中心有效面积利用系数计算拟新建配送中心的有效面积。公式为：

$$S=\frac{S_{实}}{\alpha}\qquad(7-5)$$

式中，S——拟新建配送中心的有效面积（m^2）；

$S_{实}$——实用面积（m^2）；

α——配送中心有效面积利用系数，即配送中心实用面积占有效面积的比重（%）。

3. 直接计算法

直接计算法即先计算出货垛、货架、通道、收发作业区、垛距、墙距所占用的面积，然后将它们相加求出总面积。

（三）建筑面积

如果要求配送中心的建筑面积，还要除以建筑系数，这与采用的建筑形式密切相关。

1. 配送中心常用建筑结构

（1）单层配送中心。单层配送中心中有的需要配置起重设备，有的则不需要，所以这两种配送中心在建筑结构等方面会有一些不同，单层配送中心特点如表 7－1 所示。

表 7－1　单层配送中心特点

配送中心类型	建筑结构	优点	缺点	适用范围
无起重机	1. 砖木结构 2. 钢筋混凝土结构 3. 钢木混合结构	1. 结构简单 2. 建造容易 3. 造价低 4. 使用方便	1. 占地多 2. 空间利用困难	适用于存放一般中小件物品和单元化货物
有起重机	1. 钢筋混凝土结构 2. 钢结构	1. 结构简单 2. 装卸作业机械化，效率较高 3. 使用方便	1. 占地多 2. 空间利用率低	适用于要求库内存放的长大型货物和托盘集装货物

（2）多层配送中心。多层配送中心在城市中被大量采用，由于其中设施设备配置的不同，也有多种形式，多层配送中心特点如表 7－2 所示。

表 7－2　多层配送中心特点

配送中心类型	建筑结构	优点	缺点	适用范围
有站台	钢筋混凝土	1. 节约用地 2. 库容量大 3. 库房干燥	1. 作业环节增多 2. 需要增加升降设备 3. 结构复杂，投资较大	底层和上层可以根据需要分别存放轻、重货物，以及保管条件、进出库特征不同的物品
有起重机	钢筋混凝土	1. 节约用地 2. 库容量大 3. 库房干燥 4. 大件货物作业方便	1. 作业环节增多 2. 需要增加升降设备 3. 结构复杂，投资较大 4. 跨距增大	库存物中有较大型货物时需要考虑这种形式

续　表

配送中心类型	建筑结构	优点	缺点	适用范围
有地下室	钢筋混凝土	1. 节约用地 2. 库容量大 3. 地上库房干燥 4. 地下库房阴凉	1. 作业环节增多 2. 需要增加升降设备 3. 结构复杂，地下需要通风设备，投资较大	库存类型复杂，场地使用又受限制时可以考虑

（3）其他。配送中心从建筑形式上来看，还有露天货场、货棚、筒仓、高架配送中心、地下油库等形式，分别适用于不同的场合，其他形式配送中心特点如表 7－3 所示。

表 7－3　　　　其他形式配送中心特点

配送中心类型	建筑结构	优点	缺点	适用范围
露天货场（堆场）	钢筋混凝土地面	1. 结构简单 2. 进出作业方便	保管条件较差	适用于大型货物和集装箱货物
货棚	钢筋混凝土地面，轻钢棚顶，四周不完整墙体可使用砖木或钢砖结构	1. 结构简单 2. 造价低 3. 通风条件好	保管条件较差	适用于较大型、包装严密，储存时间较短的货物
管仓	1. 钢筋混凝土 2. 钢板结构	1. 容量大占地少 2. 机械化程度高 3. 密闭性好 4. 防火性好	只能用于特种且一种货物存放	适用于单一品种的大宗粉状、粒状物品和液态物品存放
高架配送中心	1. 钢结构 2. 钢筋混凝土	1. 空间利用率高 2. 机械化、自动化程度高	1. 建造复杂 2. 投资大 3. 协作条件要求高	适用于高价值多品种、小批量物品的存放，以及对库存控制水平、配送能力要求高的配送中心
地下油库	罐基为矿垫层或混凝土	1. 经济安全可靠 2. 便于防火灭火 3. 减少油料挥发 4. 卸油可自流	维修不便	用于存放各类易燃液体

2. 配送中心站台的主要参数

配送中心站台的设计与配送中心收发货密切相关，站台的相关参数主要取决于货运车辆与配送中心的装卸作业方式，各种车辆适应的站台高度如表 7－4 所示，配送中心站台主要参数如表7－5所示。

表7－4　各种车辆适应的站台高度

车型	站台高度（m）
集装箱卡车	1.40
冷藏车	1.32
作业拖车	0.91
载重车	1.17
长途挂车	1.22
普通卡车	1.17

表7－5　配送中心站台主要参数

项目	汽车站台（m）	铁路站台（m）
一般站台宽度	2.0～2.5	3.5
小型叉车作业站台宽度	3.4～4	≥4.0
站台高度	高于地面0.9～1.2	高于轨顶1.1
站台上雨棚高度	高于地面4.5	高于轨顶5.0
站台边距铁路中心		1.75
站台端头斜坡道坡度	≤10%	≤10%

四、配送中心的生产作业区域布局

（一）生产作业区域布局的原则

作业区域布局规划主要是估算各项作业区域的大小，包括进货区、储存区、拣货区、出货区等，并依各区域间的作业关联性，来决定各区的相对位置。

（1）作业流程原则。由入库开始至出库为止，各项作业必须能依顺序处理，以减少中间因不当的搬运或停顿所产生的浪费。

（2）整合原则。库存物、人、设备之间能有机结合，整体配合、协调，以方便作业。

（3）易于管理原则。为便于管理监督，各项作业最好能做到可视化管理。

（4）柔性的原则。作业区域设计必须能满足高低峰的拣货配送作业，也能适应季节的变化及商品的调整。

（二）作业区布局的通用原则和常规经验

1. 通用原则

配送中心作业区布局需要遵循的通用原则主要包括以下几个方面：

（1）尽可能使用单层设施，因为这样可以提供和节约更大的空间，并且建造费用也很低廉。

（2）货物进出配送中心仓库要采取直线型以避免迂回和无效活动。

（3）使用高效的装卸搬运工具来提高作业效率。

（4）制订有效的存储计划，为商品提供必要的保管措施，使现有的空间得到完全而有效的利用。

（5）在装卸搬运设备和存储的约束范围内将通道空间最小化。

（6）最大限度利用建筑物的高度来提高可用空间的效率。

显然，这些原则是相互关联的，各原则之间的相对重要性由配送中心所在地区的商业情况、存储商品类型和管理者的战略眼光来决定。

2. 常规经验

一些配送中心作业区布局的常规经营是值得借鉴的。

（1）周转频率高的商品应当尽可能地放置在出库作业区附近。另外，类似商品、相关商品应放置在同一区域。

（2）应尽量减少商品的装卸次数，力争卸货后“一步到位”进入预定的存储区。

（3）入库区和出库区分散布局。

（4）配送中心内柱间距以可以码放最大数量的托盘为标准，减少柱间的空间浪费。

（5）配送中心的高度可以用托盘货物的码放高度为依据。

（6）为了保证零散、小批量商品不致丢失，应当预留一定的保管空间。

（7）休息室、办公室等不需要作业高度的设施，应当设计在二层。

（8）作业区域必须能适合高低峰的拣货配送作业，也能适应季节的变化及商品的调整。

（9）如果考虑到今后业务的扩大，在设计之初应预留一定空间。

（三）作业区域的基础分析

1. 各类商品数量分析

（1）将出入库货物的频率进行分析整理、排队，把频率相近的货物分为同一组。

（2）确定各组货物的作业量。

（3）将货物的种类 P 作为横轴，货物的数量 Q 作为纵轴，按作业量的大小顺序进行排列画图，此表称作为 P－Q 表。

2. 商品流向分析

在配送中心内部，货物的流向方式有很多种。一般可以通过利用以上分析得出的数据，对货物量与出入库频率进行分析，作出商品流向计划。

在制订配送中心内部作业区域布局计划时，应依据作业流程原则将收货区、保管区、流通加工区及配送区等区域根据业务活动的顺序以及相关性，尽可能地将相关设施靠近，提高效率。

3. 相关必要设施分析

进行作业区域与其他相关必要设施的相关性分析，如办公室、接待区、洗手间等。

4. 业务活动相关性

虽然所列各项设施无特殊要求也可以无差别，但对于性质相似的设施还是以汇总分析为好，所以对上述总的各项业务活动应作相关性分析。所谓相关性分析是指不仅要研究产品的流程，还要研究单据的流程、作业人员的管理范围，以及卡车的出入和货物装卸系统等，从不同角度进行合理性的判断。这里以建筑物内部为例加以说明，如图 7－3 所示。

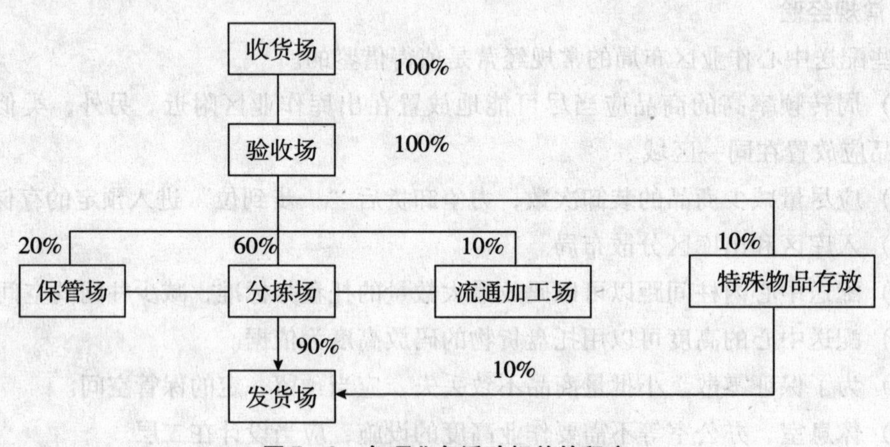

图 7－3　各项业务活动相关的程度

5. 业务活动线路图

关于各业务活动相互位置的关系，根据前项评价的结果进行一般的设计。图 7－4 中以粗线代表关联程度非常重要，以细线代表关联程度重要，表示相互关联的强度，形成设施设计的基本图形。该图形是根据“产品的流程”决定各项设施的相互位置。如果要修正图形，则要对相互关联表进行修正，经过反复研究、评价，直到得出最优设施关联方案为止。

（四）生产作业区域布局方法

经过关联性分析，根据各作业区之间的定性测量值（接近程度）和定量测量值

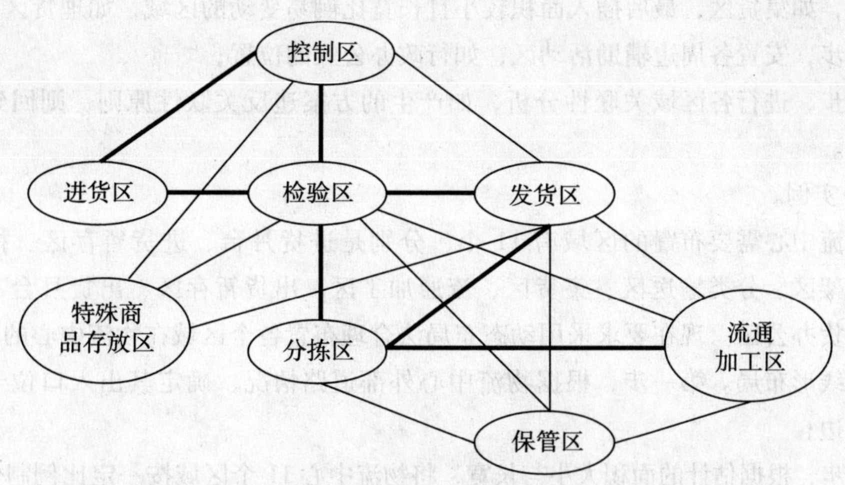

图 7-4　业务活动线路图

（物料流量）确定了各作业区的相对位置后，需考虑空间需求面积，要采用一定方法，对各区域进行合理布局，确定具体位置。区域布局的方法很多，由于篇幅有限，本书只介绍动态布局法、图形建构法和作业单位对交换法三种。

1. 动态布局法

（1）思路。

动态布局法也称流程式布局法。此方法主要根据物流中心的各个物流实体作业区域多半具有流程性关系的特性，先考虑区域间物流动态（物体流动状态，即移动途径），选择流程类型，进行流程动态分析，依据作业顺序布置各实体作业区域。再考虑区域间活动关系，进行活动关联性分析，依据关联性布置各周边辅助活动区域。最后，判断布局方案是否满足关联性原则，即关系密切或流量大的区域是否邻近布置，如果不满足，则需要对原有方案予以修正，直到满足为止。

流程的基本类型有 5 种，即 I 形（直线形）、L 形、U 形、S 形（锯齿形）和 W 形。实际规划时，设计者可直接选择其中一种进行规划，也可以将 5 种类型组合。进行混合式规划，这要取决于物流中心出入口的位置。通常出入口位置不同，物流中心内部物料流程类型也不同。

（2）步骤。

第一步，根据物流中心外部道路情况，确定出入口位置；

第二步，根据估计的面积大小与长宽，将物流中心各区域按一定比例制作成方块模板；

第三步，选择物流中心内部由进货到出货采用的流程动态类型；

第四步，根据作业流程安置各物流实体作业区域位置，依据的法则是：首先安置面积较大且长宽比例不易变动的区域，如储存区，然后插入面积较大且长宽比例易变动的区域，如集货区，最后插入面积较小且长宽比例易变动的区域，如理货区；

第五步，安置各周边辅助活动区，如行政办公区的位置；

第六步，进行各区域关联性分析，如产生的方案违反关联性原则，则回到第三步进行修正。

（3）实例。

某物流中心需要布置的区域有 11 个，分别是进货月台、进货暂存区、托盘货架区、流力架区、分类输送区、集货区、流通加工区、出货暂存区、出货月台、进货办公区和出货办公区。现在要求采用动态布局法合理布置各个区域在物流中心的位置。

①直线形布局。第一步，根据物流中心外部道路情况，确定其出入口位于物流中心相对两边；

第二步，根据估计的面积大小与长宽，将物流中心 11 个区域按一定比例制作成方块模板，如图 7－5 所示。图中方块模板大小不同，表明所代表的区域大小不同。模板大，则区域大；模板小，则区域小，模板是根据区域实际面积和长宽按一定比例压缩得到的；

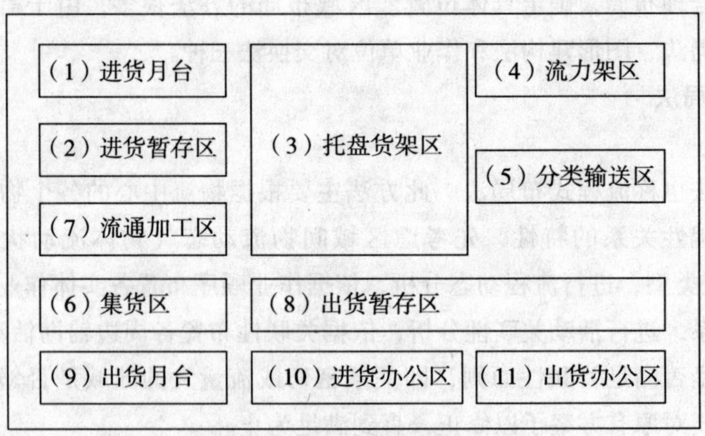

图 7－5　步骤 2 图

第三步，根据出入口的位置选择流程动态类型为直线形，即物料将来在物流中心内部按照作业顺序依次经历各区域，移动的路径趋于直线，如图 7－6 所示；

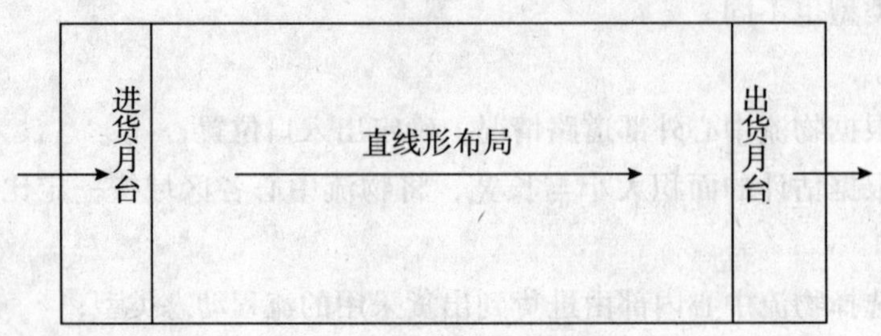

图 7－6　步骤 3 图

第四步，按照作业顺序，依据选择的流程类型，合理布置物流中心各实体作业区域。首先布置面积较大、长宽比例不易变动的托盘货架区和分类输送区，如图7-7所示。然后布置面积较大、长宽比例易变动的流力架区和集货区，如图7-8所示。最后布置面积小、长宽比例易变动的进出货暂存区和流通加工区，如图7-9所示；

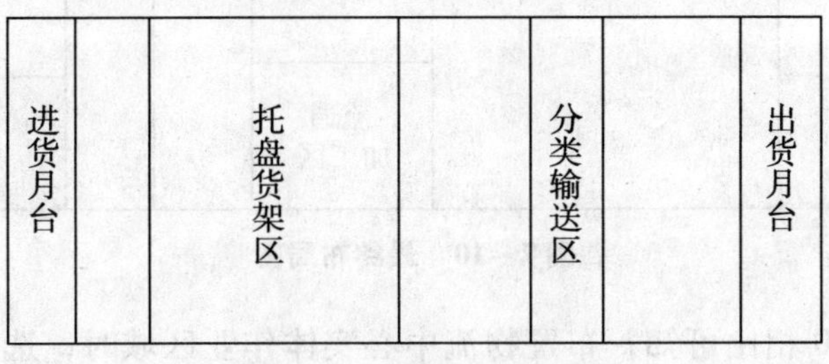

图7-7　步骤4（a）图

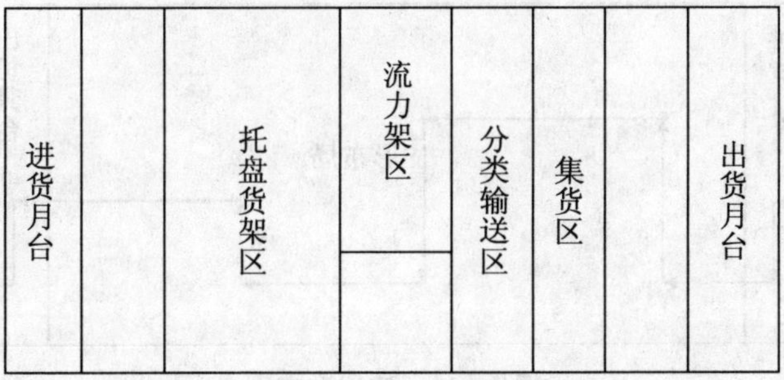

进货月台　托盘货架区　流力架区　分类输送区　集货区　出货月台

图7-8　步骤4（b）图

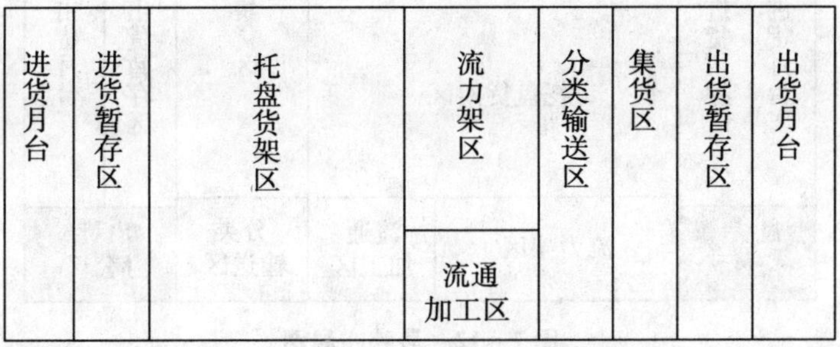

进货月台　进货暂存区　托盘货架区　流力架区　流通加工区　分类输送区　集货区　出货暂存区　出货月台

图7-9　步骤4（c）图

第五步，出于物料进出物流中心时人员办事方便考虑，进出货办公区和进出口的关系很密切，所以把进出货办公室邻近出入口布置，如图7-10所示；

第六步，因为最终布局是经过流程动态分析和活动关联性分析得到的，所以基本未违反关联性原则，则该布局方案是可以接受的。

②锯齿形布局。以上面的实例为例，如果流程动态类型选择为锯齿形，则流程动态如图7-11所示，采用相同的步骤可以得到该流程下的最终布局图，如图7-12所

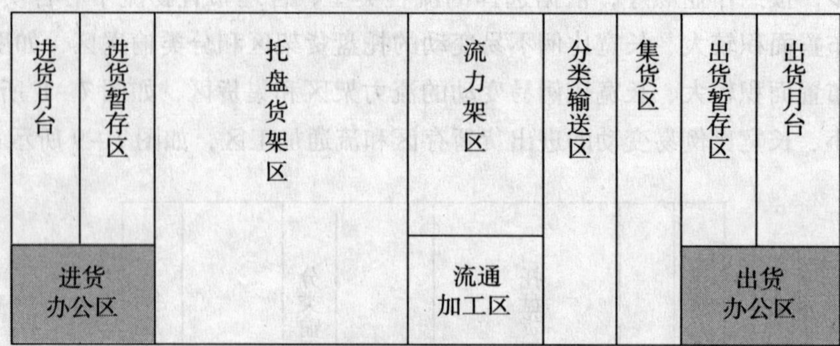

图 7-10　最终布局图

示。将其与图 7-10 相比可知，布置物流中心实体作业区域时，选择的流程动态类型不同，最终产生的布局方案是不同的。

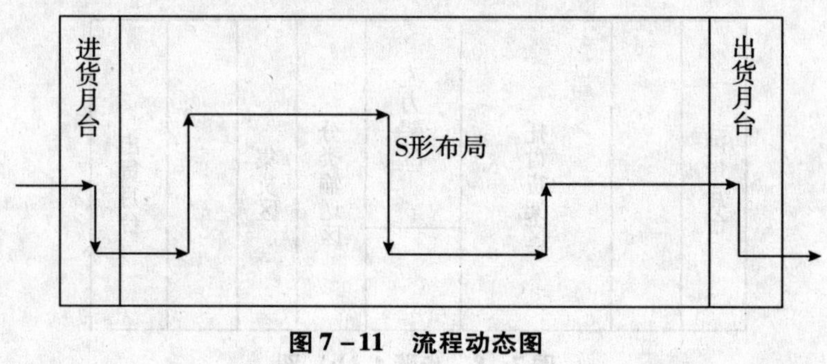

图 7-11　流程动态图

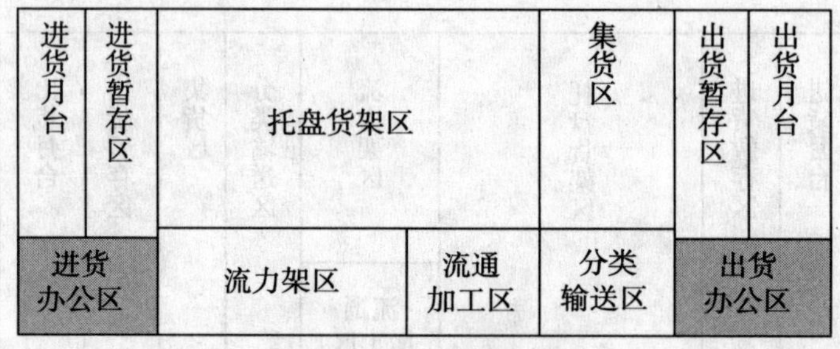

图 7-12　最终布局图

2. 图形建构法

图形建构法也是一种构造型的布局方法，具体步骤如图 7-13 所示。下面，通过一个实例介绍图形建构法的步骤。

某物流中心各区域间物料流动量如表 7-6 所示，要求采用图形建构法合理布置各区域在物流中心的位置。

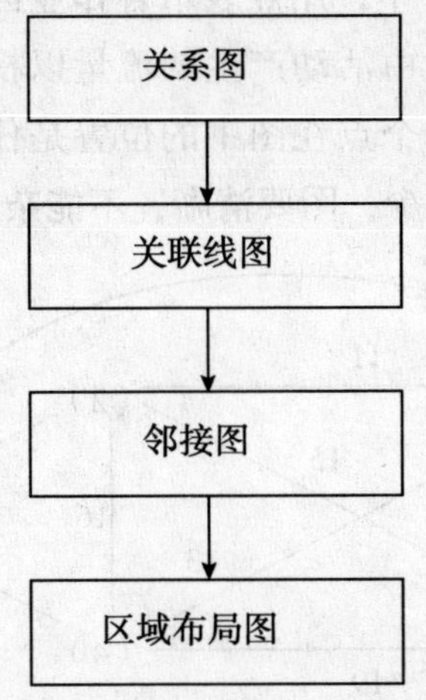

图 7－13　图形构建法步骤图

表 7－6　　各区域间物料流动量表

作业区域	1	2	3	4	5
1		11	9	13	2
2	11		15	16	10
3	9	15		19	3
4	13	16	19		5
5	2	10	3	5	

（1）关系图。各区域间关系图如图 7－14 所示。

此步骤绘制的关系图中交叉格内填写的不再是定性因素，即两两区域的相关程度等级，而是定量因素，即各区域间的物料流动量。

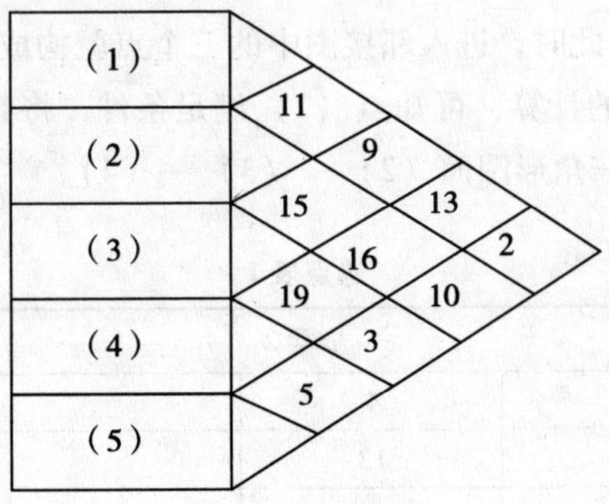

图 7－14　关系图

（2）关联线图。在图 7－15 中，用点表示各作业区，用连线表示点与点所代表的各作业区之间有物料搬运活动，由活动产生的流量以权数形式写在连线上。该图的特点是任意两点之间都有连线，各个点在图中的位置是任意的，但要保证绘制好的图中点与点之间的连线交叉干扰现象少，图要清晰，不能杂乱无章。

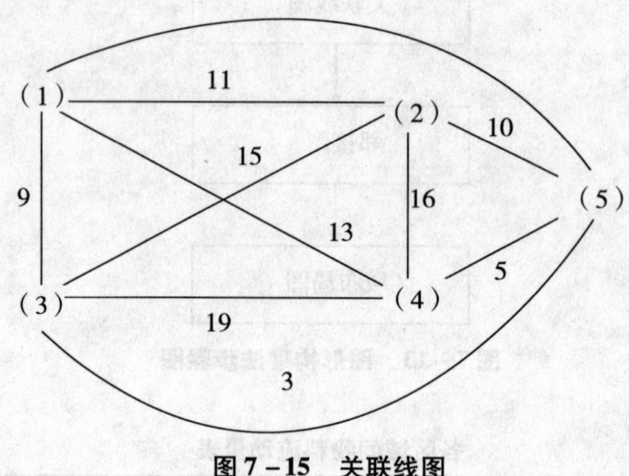

图 7－15　关联线图

（3）邻接图。邻接图的构建思路和关联线图模块拼排图相似，都是不断地选区域（点或膜片）往图中放，直到把所有的区域都放入图中为止。不同的是此图以作业区间的权数（流量）总和为挑选作业区的法则，而关联线图模块拼排图是以作业区间的接近程度为挑选作业区的法则。

绘制邻接图步骤如下：①关联线图 7－15 中选择具有最大权数的成对点作为邻接图中的前两个点。此步骤选择的是点（3）和点（4），如图 7－16 所示。

（3）———————————（4）
19

图 7－16　邻接图 1

②从尚未选定的点中，选择一个作为第三个点进入邻接图，满足条件是与前两个已选点的权数总和最大。此时，进入邻接图中的三个点就构成一个封闭的三角形图面。此步骤通过选点表 7－7 的计算，可知点（2）满足条件，将其放入邻接图，结果如图 7－17所示，得到封闭的三角形图面（2）—（3）—（4）。

表 7－7　　　　选点表 1

步骤2			
作业区	3	4	合计
1	9	13	22
2	15	16	31（最佳）
5	3	5	8

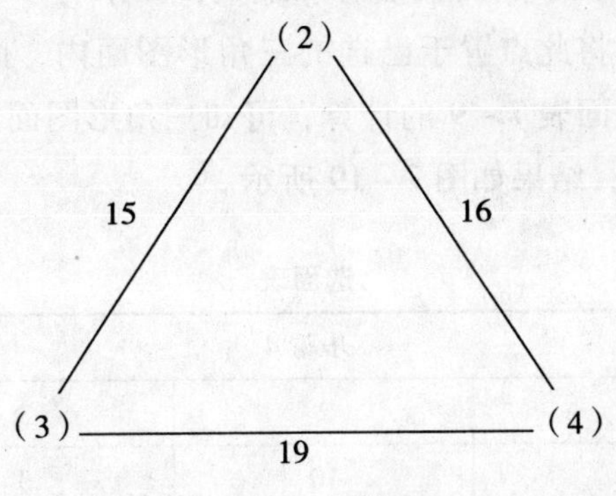

图 7－17　邻接图 2

③从尚未选定的点中，选择一个作为第四个点进入邻接图，满足条件是与前三个已选点的权数总和最大。选定后，将此点置于已构成的三角形图面内，此时，三角形图面由一个变成四个。此步骤通过选点表 7－8 的计算，可知点（1）满足条件，将其放入邻接图，结果如图 7－18 所示。此时三角形图面由一个变成四个，分别是（1）—（2）—（3），（1）—（2）—（4），（1）—（3）—（4）和（2）—（3）—（4）。

表 7－8　　选点表 2

步骤 3				
作业区	2	3	4	合计
1	11	9	13	33（最佳）
5	10	3	5	18

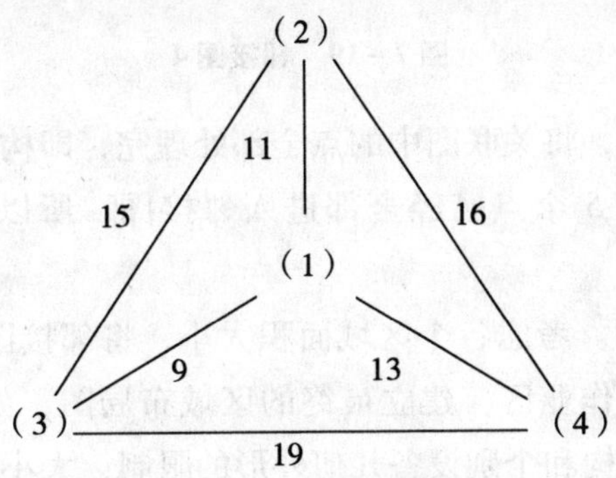

图 7－18　邻接图 3

④从剩余的点中选择一个作为第五个点进入图中，满足条件是与前四个已选点的权数总和最大。此时，邻接图中已有多个三角形图面，选择哪一个图面进入，满足条

件是进入点与三角形图面三个点的权数总和最大，如果有多个图面满足条件，则任意选择一个进入。选定后，将此点置于已选的三角形图面内，此时，三角形图面由四个变成七个。此步骤通过选面表 7－9 的计算，可知三角形图面（2）—（3）—（4）满足条件，将点（5）放入，结果如图 7－19 所示。

表 7－9　　选面表

步骤 4				
作业区	1	2	3	4
5	2	10	3	5

图面	合计
1—2—3	15
1—2—4	17
1—3—4	10
2—3—4	18（最佳）

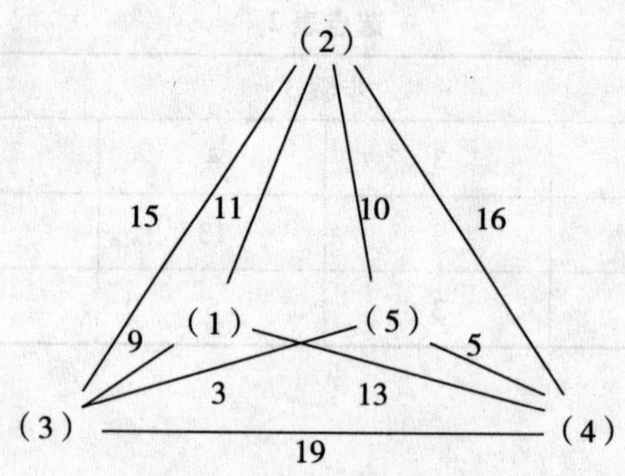

图 7－19　邻接图 4

⑤根据步骤④的法则，将关联图中的点全部处理完，即构成一个完整的邻接图。

在步骤④，实例中的 5 个点已经全部进入邻接图，所以图 7－19 就是完整的邻接图。

（4）建立区域布局图。考虑各个区域面积大小，将邻接图中的点在不改变相互位置的前提下转换成相应的作业区，建立最终的区域布局图，如图 7－20 所示。图中作业区的形状受内部布局结构和个别设备几何外形的限制，大小不一，形状各异。

3. 作业单位对交换法

作业单位对交换法是一种改进型的布置算法，它可采用相邻交换和距离交换为目标函数，但后者更为常用。

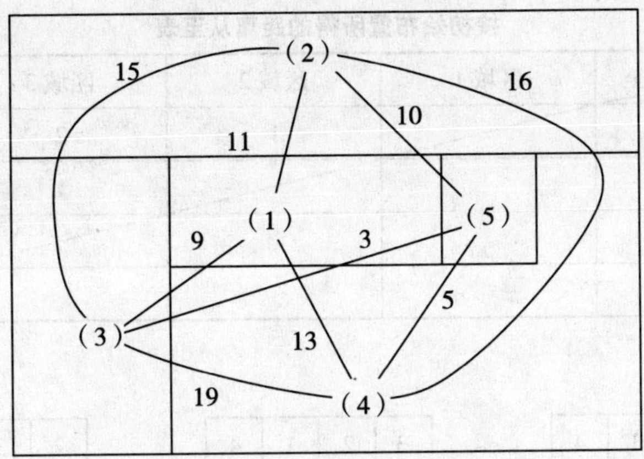

图 7－20　最终区域布局

该方法的思路是先给定初始布置方案，计算该方案下物料流动总成本。然后，考察作业单位对位置所有可能的交换方式，计算每一种方式下的总成本，选取使总成本减少最多的作业单位对（以最大成本下降方向移动在优化算法中就是“最速下降法”）进行交换，产生新的布置方案。之后，不断地重复交换，迭代计算，直到两次迭代计算差值为负，即最后一次迭代的最小计算值比上次迭代最小计算值还要大，则迭代结束。

作业单位对两两交换法在区域面积相等时很容易实现，但若不相等，就要设法重新安排要交换的区域和其他区域。下面以一个等面积区域的例子来简单介绍作业单位对交换法。

假设有 4 个一样大小的区域，它们之间的物流量如表 7－10 所示，初始布置如图 7－21（a）所示。距离从至表可以从初始布置得到，如表 7－11 所示。

则初始布置的目标函数值（或总成本）可按下式计算：

$$TC_{2134} = 10 \times 1 + 15 \times 2 + 20 \times 3 + 10 \times 1 + 5 \times 2 + 5 \times 1 = 125$$

这里 TC 的下标表示初始布置中各区域的顺序。

表 7－10　　物流量矩阵表

从＼至	区域 1	区域 2	区域 3	区域 4
区域 1		10	15	20
区域 2			10	5
区域 3				5
区域 4				

表 7－11　　按初始布置所得的距离从至表

从＼至	区域 1	区域 2	区域 3	区域 4
区域 1		1	2	3
区域 2			1	2
区域 3				1
区域 4				

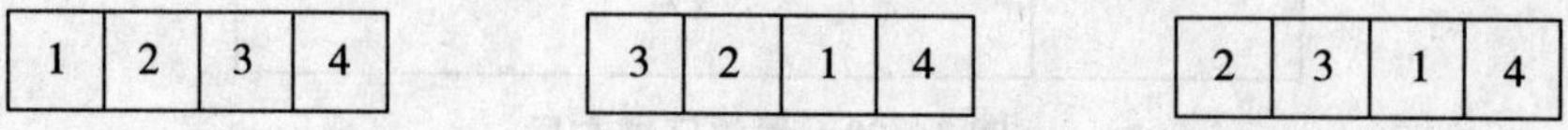

1	2	3	4

（a）迭代前（初始布置）

3	2	1	4

（b）第一次迭代后

2	3	1	4

（c）第二次迭代后

图 7－21　每一次迭代所对应的布置方案

在初始布置方案下，因为所有区域面积相等，则可能的交换是 1—2、1—3、1—4、2—3、2—4 和 3—4。对每一次交换重算距离从至表，交换后的总成本分别是：

TC_{2134}（1—2）$=10\times1+15\times1+20\times2+10\times2+5\times3+5\times1=105$

TC_{3214}（1—3）$=10\times1+15\times2+20\times1+10\times1+5\times2+5\times3=95$

TC_{4231}（1—4）$=10\times2+15\times1+20\times3+10\times1+5\times1+5\times2=120$

TC_{1324}（2—3）$=10\times2+15\times1+20\times3+10\times1+5\times1+5\times2=120$

TC_{1432}（2—4）$=10\times3+15\times2+20\times1+10\times1+5\times2+5\times1=105$

TC_{1243}（3—4）$=10\times1+15\times3+20\times2+10\times2+5\times1+5\times1=125$

由于交换 1 和 3 后的总成本 95 是所有交换中最小的值，因此，选择 1—3 对进行交换，结果如图 7－21（b）所示。进行第二次迭代，还是考虑同上一步的所有可行的交换。总成本结果分别是：

TC_{3124}（1—2）$=10\times1+15\times1+20\times2+10\times2+5\times1+5\times3=105$

TC_{1234}（1—3）$=10\times1+15\times2+20\times3+10\times1+5\times2+5\times1=125$

TC_{3241}（1—4）$=10\times2+15\times3+20\times1+10\times1+5\times1+5\times2=110$

TC_{2314}（2—3）$=10\times2+15\times1+20\times1+10\times1+5\times3+5\times2=90$

TC_{3412}（2—4）$=10\times1+15\times2+20\times1+10\times3+5\times2+5\times1=105$

TC_{4213}（3—4）$=10\times1+15\times1+20\times2+10\times2+5\times1+5\times3=105$

选择总成本值为 90 的作业单位对 2—3 进行交换，图 7－21（c）显示了第二次迭代以后的布置。接下来，第三次迭代计算如下：

TC_{1324}（1—2）$=10\times2+15\times1+20\times3+10\times1+5\times1+5\times2=120$

TC_{2134}（1—3）$=10\times1+15\times1+20\times2+10\times2+5\times3+5\times1=105$

TC_{2341}（1—4）$=10\times3+15\times2+20\times1+10\times1+5\times2+5\times1=105$

TC_{3214}（2—3）$=10\times1+15\times2+20\times1+10\times1+5\times2+5\times3=95$

TC_{4312}（2—4）$=10\times1+15\times1+20\times2+10\times2+5\times3+5\times1=105$

TC_{2413}（3—4）$=10\times2+15\times1+20\times1+10\times3+5\times1+5\times2=100$

因为这次迭代的最小总成本为95，比第二次迭代的最小值90还要大，故迭代结束，最终布置为2—3—1—4，如图7－21（c）所示。这一最终布置也称为二相优化布置，因为再没有两两交换能进一步减少布置成本了。

作业单位对两两交换法并不能保证得到最优布置方案，因为最终结果依赖于初始布置，即不同的初始布置得到的结果不一样，所以只能说是局部优化。此外可以看到，布置方案可能会循环计算以前的迭代结果。如实例中1—2—3—4在第二次迭代时，区域1和3在第一次迭代基础上再交换时又回到原处。

第三节　装卸平台设计

装卸平台的设计是整个物流设施流程设计的重要组成部分。装卸平台是物品在设施流通程序的起点和终点，它将物品在室内的流通与对外运输结合在一起，所以它必须与整个设施系统的效率相匹配，才能保持整个物流配送中心的高生产力。同时，装卸平台亦是隐藏着许多危险的地方（包括叉车掉下平台等），故装卸平台的安全设计必须给予高度的重视，以保障工人作业安全。

一、装卸平台位置的选择

为减少物品搬运成本，装卸平台的位置选择应考虑尽量缩短搬运工具（车辆）在库区内的行驶距离，同时应充分考虑库区内生产流程及操作的需要。根据物流配送中心年吞吐能力的规划，来规划和设计相应的装卸平台的数量和类型。

装卸平台布置有两种模式：合并式（装货与卸货在同一平台）、分离式（装货与卸货在不同平台）。合并式平台常用于物流量不大的小型库房，但因这种平台需同时完成两种功能，所以不可避免地增加了搬运工具（车辆）在库房内行驶的距离。在分离式模式中，物品从库房的一端进入作业区域，而从另一端的分离式平台离去，这样可最大限度地缩短物品在库房内流动的距离。

二、装卸平台外围区域的设计

装卸平台外围区域指装卸平台前至围栏区（或障碍物区）之间可供货车使用的区

域。它应包括装卸货时用于泊车的装卸区及调动货车进出装卸区所必须经过的调动区。泊车位之间中心线距离建议应至少3.5m，如考虑同时开启车门，泊车位之间中心线距离可为4m。平台外围区域的大小取决于泊车位中心线距离、货车长度及货车的转弯角度。比较常用的40英尺标准货柜车所需外围区尺寸如表7-12所示。

表7-12　40英寸标准货柜车所需的最小平台外围区尺寸

中心线间距（m）	3.5	4.0	4.5	5.0	5.5
外围区长度（m）	36.5	35.5	34.5	33.6	32.8

三、装卸平台类型的选择

在确定装卸平台类型时，主要考虑保安的需要、交通控制、作业安全、工人工作环境、现有空间大小及气候情况等影响因素。

根据建筑物与货车的位置关系定义，最常用的平台可分为穿墙式和开放式两种类型。

（一）穿墙式平台

穿墙式平台的特征是，装卸平台设计在库房建筑物内，而货车装卸货时停靠在库房建筑物外。与合适的门封或门罩配合使用，这种设计可完全不受天气影响，保护工作也很容易实施。设计穿墙式平台时需要将库房建筑物的墙壁从平台边缘缩进一段距离，其作用是：

（1）防止货车撞到墙壁；

（2）便于安装门封；

（3）减少人员受伤的危险。

货车尾端与墙壁之间至少要留有20cm的空隙（在平台平面以上2m处测量），货车尾端顶部与墙壁之间至少要有15cm的空间距离。

（二）开放式平台

开放式平台的特征是，装卸货物平台和货车都处于建筑物外。

开放式平台因受天气因素影响大，故多用在温和气候地区的普通货物库房，通常在平台上方加雨篷罩棚或在平台周围加垂帘，以作保护。在设计开放式平台时要注意在建筑物墙壁与高度调节板之间留有足够空间深度（至少4.5m）以供叉车转弯调动用（需考虑双向叉车行走情况）。同时，有必要在平台边缘设置水泥柱、安全链或其他类似障碍物以减少叉车掉下平台的危险。

另外，由于库房建筑物本身的某些限制，可设计特殊平台布局，如锯齿形平台和码头式平台。当装卸平台外围区域不足时，锯齿形平台是最佳选择。它可大大减少卡车靠泊或驶离装卸区时所需的外围区域空间；当建筑物墙壁空间不足以设置足够平台位置或库房建筑物及周围通道布局使平台不能沿墙壁周围设置，则可设计码头式平台解决这一问题。

四、装卸平台基本参数的确定

（一）装卸平台的宽度

进货时的物品一般要经过拆装、理货、检查与暂存等工序，才能进入后续作业。为此，在装卸平台上应留有一定的空间作为缓冲区。为了保证装卸货的顺利进行，装卸平台需要有如油压升降平台这样的连接设备相配合。而连接设备分为两种。

（1）活动连接设备，宽度 $s=1\sim2.5\text{m}$；

（2）固定连接设备，宽度 $s=1.5\sim3.5\text{m}$。

为使车辆及人员进出畅通，在暂存区与连接设备之间应有出入通道。图 7－22 所示为暂存区、连接设备和出入通道的布置形式及宽度设计图。

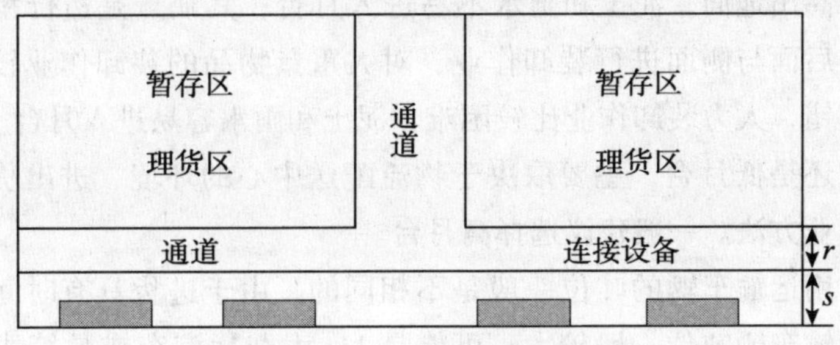

图 7－22　出入货平台宽度设计图

若使用人力搬运，通道宽度 $r=2.5\sim4\text{m}$。由此可见，装卸平台宽度 w 应为

$$w=s+r \tag{7-6}$$

（二）进出货车位数和平台长度

这里以进货为例说明。进货时间每天按 2h 计算（设定值是根据调查分析得到的）。根据物流配送中心的规模，进货车台数和卸货时间如表 7－13 所示。

表 7-13　　进货车台数和卸货时间

进货车台数				卸货时间（min）			
车吨位／货态	11t 车	4t 车	2t 车	车吨位／货态	11t 车	4t 车	2t 车
托盘进货	N_1	N_2	—	托盘进货	20	10	—
散装进货	N_3	N_4	N_5	散装进货	60	30	20

设进货峰值系数为1.5，要求在2h内必须将进货车卸货完毕，所需车位数为n，则

$$n=\frac{(20\times N_1+10\times N_2+60\times N_3+30\times N_4+20\times N_5)\times 1.5}{60\times 2} \tag{7-7}$$

若每个车位宽度为4m，进货大厅共有n个车位。则进货大厅长度$L=n\times 4\text{m}$。设进货大厅宽度为3.5m，则进货大厅总面积为$A=L\times 3.5\text{m}$，进货大厅长度L即为进货平台长度。

（三）装卸平台高度

装卸平台按高度可分为高月台和低月台两种。高月台的优点是利于手工装卸作业，此外，由于月台高出地面，泥土和雨水不易进入月台；其缺点是造价稍高。低月台的优点在于可以在后面与侧面进行装卸作业，对大重量物品的装卸作业较为方便；其缺点是作业动线交错，人力装卸作业比较困难，泥土和雨水容易进入月台。

选择高月台还是低月台，主要取决于物流配送中心的环境、进出货空间、运输车辆种类和装卸作业方法。一般建议选择高月台。

进出货口常用运输车辆的吨位一般是不相同的。由于进货具有时间间隔长、进货量大等特点，运输车辆吨位一般较大，可能是11t大载货汽车或是箱式载货汽车和拖车。反之，由于配送具有多批次、少量化的特点，出货口运输车辆吨位较小，大部分是3.5t和7t载货汽车。

高月台的高度主要取决于运输车辆的车厢高度。对于不同的车型，运输车辆车厢高度是不一样的，即使是同种车型，其生产厂家不同，车厢高度也有所区别。

（1）车型基本不变的情况根据实际需要，物流配送中心如果只选定使用频率较高的几个厂家的几种车型来决定月台高度时，可由主车型车辆基本参数中查出其车厢高度，但此高度为空载时的高度，承载时，大型车辆车厢高度将下降100~200mm；

（2）车型变化较大的情况由于车型变化较大，其车厢高度变化范围也相应较大。为适应各种车厢高度车辆装卸货的需要，消除车厢与月台间的高度差和空隙给装卸工

作带来的不便，就必须通过液压升降平台进行调整。

按照实际经验，月台高度 H 为最大车厢高度与最小车厢高度的平均值。液压升降平台踏板的倾斜角根据叉车的性能略有差异。通常按倾斜角不超过 15°来设计液压升降平台踏板长度。

$$月台高度\quad H=(H_1+H_2)/2$$

$$液压升降平台踏板长度\quad A=[(H_2-H_1)/2]/\sin\theta$$

式中，H_1——满载时车厢最低高度（mm）；

H_2——空载时车厢最高高度（mm）；

θ——液压升降平台倾斜角。

五、装卸平台高度调节板的选择

装卸平台高度调节板安装在平台前端，其作用是消除装卸平台与货车之间的空隙和高度差，以便于叉车将货物直接运送上货车或卸下货物。平台高度调节板主要有两种：镶入式平台调节板和台边式平台调节板。前者是将平台调节板装入平台上预留的坑位内；后者则是将平台调节板安装在装卸平台边缘。

六、现代化机械在装卸平台上的应用

随着现代化物流机械的不断研制和创新，装卸平台的建设，特别是调节板的应用已经越来越现代化。根据机械装置的特点，目前常见的装卸平台主要包括如下几种类型。

（一）液压式装卸平台

液压式装卸平台搭设在车辆和库房建筑物之间，以调整车辆底部与地面的高度差。其特点是：全液压动力，单个按钮操纵；两侧安全防护裙保护脚部安全；唇板与车厢始终紧密吻合；平台与唇板采用长轴铰接，充分保证其高强度、长寿命；附设检修安全撑竿及缓冲垫。液压式装卸平台与工业滑升门或金属卷帘门、门封一起构成泊存系统。

因为工业建筑物或库房的装卸场地类型多种多样，所以液压式装卸平台有多种内设装置可供选择，最常见的是具有铰链悬臂的电控液压型。

液压式装卸平台的倾斜角度依赖于地面与车辆平台的高度差，液压式装卸平台长度对倾斜角度也有直接影响。装卸平台设备的制造商应对倾斜角度的限度给出建议，如斜面过于陡峭则会增加操作的危险性。

车辆平台的高度在空载的时候常常高于停泊平台面高度，而满载时又会低于停泊平台面高度。因此，在车辆装卸过程中液压式装卸平台必须伴随其倾斜运动以及垂直变化情况而保持平稳。电控液压式装卸平台适用于装卸场地上的车辆型号多种多样以及交通相对繁忙的场所。

（二）气袋式装卸平台

气袋式装卸平台是采用低压高容量充气原理，利用气袋提升装卸平台。气袋由特种纤维材料制成，内衬保护性发泡材料，并经严格防化学及防昆虫处理。气袋工作温度由 -50℃ ~ +65℃。坚固耐用的小型鼓风机需有安全过滤网设计，隔除尘埃，利用回流空气自动清理过滤网。利用调节板自重推出活页；在不伸展活页情况下，仍可将装卸平台降至低于平台操作以适合满载货物的矮车起卸第一排货物。支撑脚的作用在于，即使操作时卡车意外驶离，亦可支撑调节板保持平台水平位置，减少叉车或操作人员摔下平台的危险。这种平台不存在机械式定期调校弹簧或液压式保养费用高昂及漏油环保等问题。

（三）机械式装卸平台

机械式装卸平台适用于不需要利用电力进行装卸作业、缺乏电力、化学品仓库（需要防爆）、防污染行业（诸如食品等）、露天装卸的物流配送中心。

机械式装卸平台利用机械弹簧的伸缩原理，利用弹簧动力提升装卸平台及前端之搭接板。在不伸展搭接板情况下，仍可将装卸平台降至低于平台操作，以适合满载货物的矮车起卸第一排货物。在管焊搭接板关节位置，有特别设计的装置供添加润滑油，以保证搭接板顺畅伸出。独有搭接板缩回装置设计，在搭接板伸出时，如意外碰到物体，搭接板便会自动缩回，以保护搭接板。

（四）翻板式装卸平台

翻板式装卸平台一般通过人力操作直接搭接在货车的车厢尾部。其最终目的和常规的装卸平台一样，为货车和搬运车辆搭接通道，最主要的特点是操作简易而方便，平时不装卸货物的时候可以向上折叠而不必担心占用空间。其起载重量一般小于6000kg，尺寸小于2000mm×2000mm。

（五）装卸房

装卸房一般由装卸平台、工业门、装卸门封、密封框构成一个完全自动化的泊存系统。

装卸房有如下的功能：节省内部空间、在库房建筑物和车辆之间形成保护屏、节省能源、改善工作环境等。

装卸门封是装卸房的重要组成要件。它密封了车辆与库房建筑物之间的空间，实现了防风、防雨及外部冷空气，或是起到保存冷藏设备的内部冷空气的作用。装卸门封不仅改善了工作环境而且有助于节能和实现门洞内的有效操作。装卸门封一般分为机械式门封、垫式门封和充气式门封几种，其选择通常基于以下一些基本条件：建筑物的设计、车辆类型、节能要求以及需要特殊保管作业条件的货物。

（六）登车桥

登车桥是实现货物快速装卸的专用辅助设备。它的高度调节功能使货车与库房的货台之间架起一座桥梁，叉车等搬运车辆通过它能直接驶入货车内部进行货物的批量装卸，仅需单人作业，即可实现货物的快速装卸。它能减少大量劳动力，提高工作效率，获取更大经济效益。

登车桥一般采用液压式，根据登车桥的安装特点，可以分为固定式液压登车桥和移动式液压登车桥。

1. 固定式液压登车桥

固定式液压登车桥是固定式电动液压装卸货平台，可以实现货物快速装卸。它可使叉车等搬运车直接进入货车装卸货物，能成倍提高工效又能充分保障作业安全。

2. 移动式液压登车桥

移动式液压登车桥是与叉车配合使用的货物装卸专用辅助设备。借助移动式液压登车桥，叉车能直接从地面驶入汽车车厢内部进行批量装卸作业。移动式液压登车桥采用人工液压动力，不需接动力电源。只需单人操作，即可实现货物的安全快速装卸。

第四节　停车场规划

根据物流配送中心的运营要求，确定库区内道路的主要技术指标，选择适宜的道路面层，确定货场的宽度和坡度，设计货场排水系统。

一、货场规划

（一）货场设计的主要技术指标

（1）货场的宽度不宜小于30m，当长度超过200m时，中间应布置横向主干道；

（2）装卸货场的横坡不应小于0.4%；

（3）有门式起重机的储存货场的纵坡不应大于0.2%，横坡宜为0.6%～0.8%，主要考虑起重机的行车和作业的安全；无门式起重机的储存货场坡度，当采用纵坡排水时，不宜小于0.8%，横坡不宜大于0.5%；采用横坡排水时，纵坡不宜大于0.2%，横坡不宜小于0.8%；

（4）根据存储货物的不同要求，货场的地面可分别采用不同面层，如混凝土、碎石或级配碎石等；

（5）货场应采用有组织排水，可设置明沟或暗沟按相应的规范设计。

（二）货场设计的主要地面形式的选择

随着现代化工业生产的迅速发展，物流仓储业得到了空前的繁荣，同时随着企业对产品包装、存储要求标准的提高，物流仓储业对库区地面也提出了更高的要求。

1. 传统地面形式

目前物流配送中心的地面基本以普通水泥混凝土地面为主，部分条件较好的库区采用水磨石或地板砖，经过多年使用证明，这些地面分别存在着不同的问题。

普通水泥混凝土地面一般采用C20以上强度、15～20cm厚的素混凝土直接收光做面层，或在混凝土垫层上再做3～5 cm厚、C30以上强度的水泥砂浆罩面层。这种地面形式是最便宜的地面形式，但并不是最经济的地面形式，一般使用两年以后，在叉车的作用下地面会出现不同程度的翻砂、起尘现象。随着使用年限的延长，加上碳化、水侵蚀和风化的作用，地坪表面会继续粉化，影响正常使用。具体表现在物品堆放无论时间长短，上面总是布满灰尘。

水磨石地面和地板砖地面，根据不同材质的选择，一般每平方米造价比普通混凝土地面增加30～60元。这两种地面形式在使用功能上基本解决了混凝土地面的翻砂起尘问题，但其面层本身与混凝土基层是剥离的，所以在重车作用下极容易造成水磨石或地板砖面层起壳、空鼓、碎裂、脱落现象，不但影响了库区的整洁、平整，而且随着使用，破坏区域会越来越大，使用寿命也很短。

2. 新型地面形式

对于物流配送中心地面的要求，实际上关键问题是解决抗叉车碾压和抗车轮摩擦的问题，同时尽量能提高地面的装饰性，达到耐用、美观的效果。目前存在三种新型地面形式适应这些要求，分别是耐磨地坪、环氧涂装地坪和水泥地坪增硬剂。

（1）耐磨地坪。

耐磨地坪是新建物流配送中心库区和站台地面最佳的选择，是所有地面形式中最耐用、最经济的一种地面方案。选择耐磨地坪，不但彻底解决了地面的翻砂起尘问题，使用寿命可达到20～30年以上，而且地面施工速度快、周期短，与混凝土摊铺施工同步进行和结束，地面完工以后还可以承受重荷载车辆的碾压。

耐磨地坪是在新浇筑水泥混凝土并摊铺平整的表面，均匀撒布一层耐磨地坪材料，运用专业的抹光机进行提浆和收光作业，利用基层混凝土的浆将耐磨材料润湿后与基层混凝土形成一个整体，并在表面形成一个防滑耐磨面层，明显提高了混凝土的表面强度，增强了耐磨性能，最大限度地解决了库区地面的翻砂、起尘问题。耐磨地坪材料是由含有不同精选（石英砂、金刚砂、金属、合金）骨料、特种水泥、聚合物添加剂、颜料等均匀混合而成的。耐磨地坪可以做成本色、灰色、红色、黄色、绿色等。

为了提高耐磨地坪的美观程度，可以对耐磨地坪进行上蜡处理，使地坪表面形成一层无色透明的蜡膜。蜡膜可以对地坪表面的微细孔洞进行封闭，隔绝水气、污渍、灰尘对地坪的渗透和污染；同时更有利于防止地坪的粉化和起灰。采用封闭打蜡的方法可以在几个小时之内完成对地坪的护理，在防滑要求上能够保证叉车、运输车的正常运营，使用过程中蜡面本身不黏附灰尘，整个封闭区域易于清理。

（2）环氧涂装地坪。

环氧涂装地坪的面层材料采用双组分、含溶剂彩色环氧涂料，是环氧地坪的一种，具有良好的耐久性、耐化学性、防尘、易保养、色泽鲜艳等特点，适用于旧仓库地面的改造，更适用于有耐酸、耐碱等抗化学腐蚀要求的库区地面，能够承受叉车和小轮车的碾压作用。环氧涂装地坪的颜色比较丰富，可以进行电脑任意调色。环氧涂装地坪一般有底涂、中涂和面涂三部分组成。环氧底涂极易渗入混凝土表面，有极好的附着力，可以密封混凝土表面，起到坚固基底的作用。环氧中涂含有适量的溶剂和砂粉，主要起到封闭混凝土表面砂眼和局部找平的作用。环氧面涂耐久性极好，并具有良好的耐化学性和耐磨性。对于一般的普通混凝土地面，整个环氧涂装地坪的厚度为0.4～0.6mm，对于表面条件较差的旧混凝土面层，可以达到1mm的厚度。

（3）地坪耐磨增硬剂。

使用地坪耐磨增硬剂直接在混凝土地面表层上涂刷一层，是最便宜的一种地面护理方案。地坪耐磨增硬剂是一种高分子聚合物，含有独特的网状交联树脂，本身透明无色，具有超强渗透作用，可以渗透至混凝土内部3mm，在混凝土内部及表面形成坚固持久的保护膜，可有效防止地坪粉化，延长地坪的使用寿命。地坪耐磨增硬剂可以单独在混凝土表面进行使用，也可以在耐磨地坪的表面配套使用，能达到更好的效果。

综合以上新推荐的三种地坪方案，根据物流配送中心的新建或改造项目的不同，可以采用不同的地面形式。对于新建的物流配送中心，应该考虑采用经济、实用的耐磨地坪；对于改造的物流配送中心，在考虑采用耐磨地坪的同时，可以在原地面的基础上考虑环氧涂装地坪和水泥地坪增硬剂进行处理。

二、停车场设计

停车场设计对一个现代化的物流配送中心是十分重要的。停车种类主要是进货车辆、来宾车辆和职员用车。应根据物流配送中心的现实状况和发展情况，估计车辆类型和停车台数，并留有余地。确定停车场大小一般的考虑因素有：包括临时工在内的企业人数；经常用户人数；有无公交车站；停车场与车站的距离；乘自备车的人数；公司有无接送员工的专车等。

停车角度可分为90°、60°和45°三种。停车位应和车辆行走车道相关。不同角度下的车辆进出所需车道宽度是不一样的。

设停车位宽度为 W，车辆宽度为 W_t，车辆停车间距为 C_t，则

$$W = W_t + C_t \tag{7-8}$$

停车间距 C_t 的尺寸根据车辆的种类和规格不同而不同，一般根据车门的开启范围取值。大型车辆 C_t = 1.5m；中型车辆 C_t =1.3～1.5m；小型轿车 C_t =0.7～1.3m。

关于停车角度，一般情况下多采用90°和60°的车位形式。60°停车场设计的优点是车辆进出方便、车道宽度较小，但车位深度较深，同一列可停车数较少；90°停车场的车位设计，车辆进出困难、要求车宽度较大、车位深度和车长相同，但同一列可停车数较多。

在设计停车场时，必须对运输车辆回转空间进行分析。回转空间宽度 L 主要决定于车辆本身的长度 L_1 和倒车所需的路宽 L_2。车辆倒车路宽与车辆停车位宽度有关，停车位宽度越宽，倒车路宽就越小。通常取车辆倒车路宽为车辆本身长度，即 $L_1 = L_2$，回转空间宽度等于车辆本身长度的两倍再加上余量 C。

$$L = 2L_2 + C \tag{7-9}$$

式中，余量一般要能通过一辆车，对于载货汽车，余量 C 取3m。

三、道路的设计

（1）库区内道路主要技术指标如表7－14所示。

表7－14　库区内道路主要技术指标

	主干道	次干道
计算行车速度（km/h）	15	15
路面宽度（m）	12	6
路基宽度（m）	14	8
最小曲线半径（m）	15～20	15～20

（2）道路宜采用水泥混凝土面层或沥青混凝土面层，水泥混凝土路面设计年限应采用30年基准值，其抗折设计强度设计值不应小于4.5 MPa。

(3) 水泥混凝土路面板体分块一般采用矩形，横向尺寸应与道路行车道宽度（3.00m、3.50m、3.75m、4.00m）相一致，纵向尺寸不宜大于4m。混凝土板体的面积不宜大于$16m^2$。

第五节　辅助工程设计

在进行物流配送中心规划的时候，除了要规划物流配送中心的作业区域及建筑设施外，也需要对物流配送中心的辅助设施进行规划。一般来讲，物流配送中心的辅助设施包括电力设施、给排水设施、供热与燃气设施等。对辅助设施进行规划，除了考虑物流配送中心的实际需要外，还要与物流配送中心所在地的市政工程规划相一致。

一、电力设施

电力设施由供电电源、输配电网等组成，应遵循中华人民共和国国家标准《城市电力规划规范》（GB 50293—1999）进行规划。在物流配送中心规划过程中，要求物流配送中心的电力设施应符合所在城市和地区的电力系统规划；应充分考虑电力设施运行噪声、电磁干扰及废水、废气、废渣“三废”排放对周围环境的干扰和影响并应按国家环境保护环境方面的法律法规有关规定，提出切实可行的防治措施电力设施应切实贯彻“安全第一、预防为主、防消结合”的方针，满足防火、防洪、抗震等安全设防的要求；电力系统应从所在城市全局出发，充分考虑社会、经济、环境的综合效应；电力系统应与道路交通、绿化以及供水、排水、供热、燃气、邮电通信政公用工程协调发展。

为物流配送中心新建或改建的供电设施的建设标准、结构选型，应与城市现代化整体水平相适应；供电设施的规划选址、选路径，应充分考虑城市人口、建筑物密度高、电能质量和供电安全可靠性要求高的特点与要求；新建的供电设施，应根据其所处地段的地形、地貌条件和环境要求，选择与周围环境、景观相协调的结构形式建筑外形。

为实现物流配送中心的各项功能，保证物流作业正常（冷库储存、机电设备的运行等），避免或减少不必要的损失，供电系统的设计显得尤为重要。电力设施必须严格按照中华人民共和国国家标准《供配电系统设计规范》（GB 50052—2009）设计和施工，应注意以下几点：

(1) 电力负荷应根据对供电可靠性的要求、中断供电所造成损失或影响的程度进行综合确定。这里，物流配送中心内的冷库、机电设备、通信设施等的中断供电将会造成较大损失，属于一、二级负荷；物流配送中心的其他设施设备属于三级负荷；

（2）应急电源与正常电源之间必须采用防止并列运行的措施；

（3）供配电系统的设计，除一级负荷中特别重要的负荷外，不应按一个电源系统检修或出故障的同时另一电源又发生故障的情况进行设计；

（4）物流配送中心的供电电压根据用电容量、用电设备特性、供电距离、供电线路的回路数、当地公共电网现状及其发展规划等因素，经技术经济比较后来确定。

二、给水与排水设施

（一）给水设施

给水设施负责对物流配送中心生产、生活、消防等所需用水进行供给，包括原水的收集、处理以及成品水的输配等各项工程设施。物流配送中心给水设施的规划，应根据物流配送中心的用水需求和给水工程设计规范，对给水水源的位置、水量、水质及给水工程设施建设的技术经济条件等进行综合评价，并对不同水源方案进行比较，做出方案选择。同时，给水设施规划要考虑所在区域给水系统整体规划，应尽量合理利用城市已建成的给水工程设施。给水设施不应设置在易发生滑坡、泥石流、塌陷等不良地质条件的地区及洪水淹没和内涝低洼地区，地表水取水构筑物应设置在河岸及河床稳定的地段，工程设施的防汛及排涝等级不应低于所在城市设防的相应等级。物流配送中心输配管线在道路中的埋设位置，应符合中华人民共和国国家标准《城市工程管线综合规划规范》（GB 50289—1998）的规定。

（二）排水设施

排水设施负责收集、输送、处理和排放物流配送中心的污水（生活污水、生产废水）和雨水。污水和雨水的收集、输送、处理和排放等工程设施以一定方式组成，用不同管渠分别收集和输送污水和雨水，为使污水排入某一水体或达到再次使用的水质要求而进行净化。根据水资源的供需平衡分析，应提出保持平衡的对策，包括合理确定产业规模和结构，并应提出水资源保护的措施；而对于物流配送中心，应更注重考虑水污染的防治，避免它的建设对所在地的环境造成不必要的污染。

排水管道规划设计时，应严格遵守中华人民共和国国家标准《给水排水管道工程施工及验收规范》（GB 50268—2008），尤其对管道的位置及高程设计，需要经过水力计算，并考虑与其他专业管道平行或交叉要求等因素后来确定。排水管道的管材、管道附近等材料，应符合国家现行的有关产品标准的规定，并应具有出厂合格证，具体施工时应遵守国家和地方有关安全、劳动保护、防火、防爆、环境和文物保护等方面的规定。

三、供热与燃气设施

（一）供热设施

集中供热设施利用集中热源，通过供热等设施，向热能用户供应生产或生活用热能，包括集中热源、供热管网等设施和热能用户使用设施。供热设施在规划时应符合中华人民共和国行业标准《城镇供热系统安全运行技术规程》（CJJ/T 88—2000），同时还应符合国家有关强制性标准的规定。

供热设施的热源应符合：

（1）新装或移装的锅炉必须向当地主管部门登记，经检查合格获得使用登记证后方可投入运行；

（2）重新启用的锅炉必须按国家现行的政策《热水锅炉安全技术监察规程》（劳锅字〔1991〕8 号与劳部发〔1997〕74 号）或《蒸汽锅炉安全技术监察规程》（劳部发〔1996〕276 号）要求进行定期的检验，办理换证手续后方可投入运行；

（3）热源的操作人员必须具有主管部门颁发的操作证；

（4）热源使用的锅炉应采用低硫煤，排放指标应符合国家标准《锅炉大气物排放标准》（GB 13271—2001）的规定。

供热设施的热力网运行管理部门应设热力网平面图、热力网运行水压图、供热调节曲线图表。热力网运行人员必须经过安全技术培训，经考核合格后可独立上岗。他们应熟悉管辖范围内管道的分布情况、主要设备和附件的现场位置，掌握各种管道、设备及附件等的作用、性能、构造及操作方法。

供热设施和泵站与热力站要求基本同上，也要具备设备平面图等图纸，管理人员也要经过培训考核。此外，供热设施的泵站与热力站的管道应涂有符合规定的颜色和标志，并标明供热介质的流动方向，安全保护装置要求更加灵敏、可靠。

供热设施的用热单位向供热单位提供热负、用热性质、用热方式及用热参数，提供热平面图、系统图、用热户供热平面图。供热单位应根据用热户的不同用热需要，适时进行调节，以满足用热户的不同需求；用热单位应按供热单位的运行方案、调节方案、事故处理方案、停运方案及管辖范围，进行管理和局部调节；未经供热单位同意，用热户不得私接供热管道和私自扩大供热负荷，热水取暖用户严禁从供热设施中取用热水，用热户不得擅自停热。

（二）燃气设施

燃气供应是公用事业中一项重要设施，燃气化是我国实现现代化不可缺少的一个方面。燃气系统向物流配送中心供应作为燃料使用的天然气、人工煤气和液化石油气等气体能源，由燃气供应源、燃气输配设施和用户使用设施所组成。

物流配送中心在燃气供应源选择时，应考虑以下一些原则：

（1）必须根据国家有关政策，结合本地区燃料资源情况，通过技术经济比较来确定气源选择方案；

（2）应充分利用外部气源，当选择自建气源时，必须落实原料供应和产品销售等问题；

（3）根据气源规模、制气方式、负荷分布等情况，在可能的条件下，力争安排两个以上的气源。

物流配送中心在燃气输配设施设计时，应考虑以下一些原则：

（1）燃气干线管路位置应尽量靠近大型用户；

（2）一般避开主要交通干道和繁华街道，以免给施工和运行管理带来困难；

（3）管线不准铺设在建筑物下面，不准与其他管线平行上下重叠；

（4）物流配送中心应向供气单位提供燃气负荷、用燃气性质、用燃气方式及必要的用燃气参数，提供供气平面图、系统图和用户供气平面位置图。供气单位应根据物流配送中心的用户需求，适时进行调节，以满足物流配送中心的需要；物流配送中心应按供气单位的运行方案、调节方案、事故处理方案、停运方案及管辖范围，进行管理和局部调节；未经燃气供应站及公安消防部门同意，未由这些相关部门进行施工监督和验收，物流配送中心不得私接供气管道、私自扩大供气负荷和擅自启用未经批准的燃气输配设施。

四、消防设备

物流中心内部存放的都是有价物料，价值如同现金，按照公安消防要求和建筑规范，必须设置足够的消防设备。消防设备一般分为防火和灭火两个方面，防火是以预防火灾为目的的设施；灭火则是以消灭或控制已发生的火灾为目的的设施。消防工作以预防为主、灭火为辅为原则，防火应作为消防的首要工作来抓。消防设施的种类和功能有很多，可分为两类。第一类为报警装置，现阶段常用的是火灾自动报警系统、烟感报警器，这是一种通过感应烟雾、光辐射或高温，发出声光报警、切断电源、指示火灾部位、进行卷帘隔绝、启动喷淋系统的联动装置；第二类为防火灭火器材，如消防栓、消防箱、各种灭火器、自动洒水系统、自动二氧化碳灭火系统等。

对于物流中心而言，在仓储过程中，常见的火灾隐患一般发生在物料储存、装卸搬运机械、火源管理和电气设备等方面。为了防止火灾的发生，我们须对火灾采取充分的预防措施。除考虑防火性的设计与构造外，还需适当设置消防安全设备，方能保障建筑的消防安全。

五、温湿度调节与采光、照明设计

温湿度调节的目的在于保持仓库内与仓库外空气的循环流通，以调节温度、湿度、氧气和二氧化碳含量，从而确保员工有良好的作业环境。在规划设计物流中心时，要根据厂房高度、人员和车辆动线以及面积等因素来决定通风换气的方法。通常，对于物流中心的仓库储区，因空间和面积较大，多采用天窗自然通风和门窗自然换气法较为经济；若厂房高度不高、面积不大或处于工业区空气不佳地段时，以用人工方法为宜。采用人工方法一般是用抽气装置进行强制通风，使管道内空气由下向上流动，确保室内空气流通；对于面积和高度更小的办公场所和有特殊温湿度要求的设备（如网络服务器），就应采用空调制冷或制热的方式。

此外，在采光方面，现代化物流中心要特别关注采光与照明，尤其是拣货作业和检查工作。要加强科学采光，尽量采用自然光，这样做既经济，又有利于健康。仓库的自然采光方法有屋顶采光和门窗采光两种。利用屋顶采光时，要注意尽量把采光板设置在通道的上方，但应注意避免阳光直射厂房而使温度过高。

在照明方面，物流中心的照明光度按照区域的不同有不同要求。在工作场所，一般应光线充足，明快光亮；在休息与会客场所，光线宜柔和一些。物流中心各场所光照度应至少达到表 7－15 所示的要求。

表 7－15　　作业项目与光照度对照表

作业项目		光照度（lx）
办公作业区	资料管理室	300
	一般办公室	200～300
	档案及参考索引室	200
	会议室	300
	休息室	300
	舆洗室	100
	走廊及楼梯	200
物流仓储作业区	加工检验区	200～300
	一般进料检验区	200～400
	包装及装箱	300
	保管区	100～200
	进出货暂存区	100～200

六、工作安全设施

在物流作业中，由于不当操作或忽视安全规程造成人员受伤、物料损坏的情况时有发生，如物料跌落、搬运工具的碰撞、机械设备人为故障、人身安全事故等。为确保人员安全和物流顺畅，企业不仅要经常性的对员工进行职业操作规范培训和安全教育，同时，还应加强安全作业标志提醒、警示灯警示及设备防撞标志的规划设计和现场标记。

在物流作业区规划设计和设施设备选用过程中，凡是涉及安全问题，一定要刚性控制，严格按照国家规范和设备操作要求，进行设计布局和施工，千万不可放宽要求，弹性掌握。须知节约成本的首要前提是安全生产，事故所需的补偿资金既是巨额的，又是无法预测和掌控的。

在工作场所，要固定张贴适当的安全操作规程、安全责任制度和突发事件处理等文字图片。在人员集中处，要布置一些体现企业文化和人性化的安全提醒的标志，在可能发生碰撞的地方，要张贴醒目的防撞标志。

要配合工业安全规程，根据国际惯例和人的习惯，用颜色标志出不同性质的设施。例如，厂房内动态性的车辆、移动机具应采用黄色标志，以提醒人们注意安全；消防设施应采用红色标志；路线指示采用绿色标志。

本章小结

本章介绍了配送中心设施规划的相关知识。第一节介绍了配送中心建筑设计的基本要求、经营定位和规划基本规范；第二节介绍了配送中心区域布局的基本影响因素和原则，区域的具体分类，区域面积确定方法，并详细阐述了动态布局法、图形建构法和作业单位对交换法三种区域布局方法；第三节对配送中心装卸平台的设计进行了详细阐述；第四节分别介绍了货场、停车场以及道路的规划方法；第五节则对辅助工程设施的设计进行了一一介绍。

第八章　配送中心管理体系设计

为了使配送活动更加合理化，需要对配送进行管理，其中配送中心的管理包括组织结构设计、绩效评价体系构建、客户管理和成本管理等。针对这些不同的管理内容，本章做了比较全面的介绍。

第一节　配送管理概述

一、配送管理存在的问题

在现阶段的配送管理中，主要存在以下几点问题：

1. 资源筹措的不合理

配送是利用较大批量筹措资源，通过筹措资源达到规模效益来降低资源筹措成本，使配送资源筹措成本低于用户自己筹措资源成本，从而取得优势。如果不是集中多个用户需要进行批量筹措资源，而仅仅是为某一、两户代购代筹，对用户来讲，就不仅不能降低资源筹措费，相反却要多支付一笔配送企业的代筹代办费，因而是不合理的。资源筹措不合理还有其他表现形式，如配送量计划不准，资源筹措过多或过少，在资源筹措时不考虑建立与资源供应者之间长期稳定的供需关系等。

2. 库存决策不合理

配送应充分利用集中库存总量低于各用户分散库存总量，从而大大节约社会财富，同时降低用户实际平均分摊库存负担。因此，配送企业必须依靠科学管理来实现一个低总量的库存，否则就会出现仅是库存转移，而未取得库存总量降低的效果。配送企业库存决策不合理还表现在储存量不足，不能保证随机需求，失去了应有的市场。

3. 价格不合理

总的来讲，配送价格应低于不实行配送时，用户自己进货时产品购买价格加上自己提货、运输、进货之成本总和，这样才会使用户有利可图。有时候，由于配送有较高服务水平，价格稍高，用户也是可以接受的，但这不是普遍原则。如果配送价格普遍高于用户自己进货价格，损伤了用户利益，就是一种不合理表现。价格过低，使配送企业处于无利或亏损状态下运行，会损伤销售者，也是不合理的。

4. 配送与直达的决策不合理

一般的配送总是增加了环节，但是这个环节的增加，可降低用户平均库存水平，以此不但抵消了增加环节的支出，而且还能取得剩余效益。但是如果用户使用批量大，可以直接通过社会物流系统均衡批量进货，较之通过配送中转送货则可能更节约费用。所以，在这种情况下，不直接进货而通过配送，就属于不合理范畴。

5. 送货中不合理运输

配送与用户自提比较，尤其对于多个小用户来讲，可以集中配装一车送几家，这比一家一户自提，可大大节省运力和运费。如果不能利用这一优势，仍然是一户一送，而车辆达不到满载（即时配送过多、过频时会出现这种情况），则就属于不合理。此外，不合理运输若干表现形式，在配送中都可能出现，会使配送变得不合理。

6. 经营观念的不合理

在配送实施中，有许多是经营观念不合理，使配送优势无从发挥，相反却损坏了配送的形象。这是开展配送时尤其需要注意克服的不合理现象。例如，配送企业利用配送手段，向用户转嫁资金、库存困难；在库存过大时，强迫用户接货，以缓解自己的库存压力；在资金紧张时，长期占用用户资金；在资源紧张时，将用户委托资源挪做他用获利等。

二、配送合理化的判断标志

物流合理化的问题是配送要解决的大问题，也是衡量配送本身的重要标志。对于配送合理化与否的判断，是配送决策系统的重要内容，目前国内外尚无一定的技术经济指标体系和判断方法，按一般认识，以下若干标志是应当纳入的。

1. 库存标志

库存是判断配送合理与否的重要标志。具体指标有以下两方面：

（1）库存总量。在一个配送系统中，库存是从分散于各个用户转移给配送中心施行一定程度的集中库存。在实行配送后，配送中心库存数量 加上各用户在实行配送后库存数量之和应低于实行配送前各用户库存量之和。

（2）库存周转。由于配送企业的调剂作用，以低库存保持高的供应能力，库存周转一般总是快于原来各企业库存周转。此外，从各个用户角度进行判断，各用户在实行配送前后的库存周转比较，也是判断合理与否的标志。

2. 资金标志

总的来讲，实行配送应有利于资金占用降低及资金运用的科学化。具体判断标志如下：

(1) 资金总量。用于资源筹措所占用流动资金总量，随储备总量的下降及供应方式的改变必然有一个较大的降低。

(2) 资金周转。从资金运用来讲，由于整个节奏加快、资金充分发挥作用，同样数量资金，过去需要较长时期才能满足一定供应要求，配送之后，在较短时期内就能达此目的。所以资金周转是否加快，是衡量配送合理与否的标志。

(3) 资金投向的改变。资金分散投入还是集中投入，是资金调控能力的重要反映。实行配送后，资金必然应当从分散投入改为集中投入，以能增加调控作用。

3. 成本和效益

总效益、宏观效益、微观效益、资源筹措成本都是判断配送合理化的重要标志。对于不同的配送方式，可以有不同的判断侧重点：例如，配送企业、用户都是各自独立的以利润为中心的企业，则不但要看配送的总效益，而且还要看对社会的宏观效益及两个企业的微观效益，不顾及任何一方，都必然出现不合理。又例如，如果配送是由用户集团自己组织的，配送主要强调保证能力和服务性，那么，效益主要从总效益、宏观效益和用户集团企业的微观效益来判断，不必过多顾及配送企业的微观效益。

由于总效益及宏观效益难以计量，在实际判断时，常以按国家政策进行经营，完成国家税收及配送企业及用户的微观效益来判断。对于配送企业而言（在满足用户要求，即投入确定了的情况下），则企业利润反映配送合理化程度。对于用户企业而言，在保证供应水平或提高供应水平（产出一定）的前提下，供应成本的降低，反映了配送的合理化程度。

4. 供应保证标志

实行配送，各用户的最大担心是害怕供应保证程度降低，这并不仅仅是个心态的问题，更是可能要承担风险的实际问题。配送的重要一点是必须提高而不是降低对用户的供应保证能力，才算实现了合理。供应保证能力可以从以下方面判断：

(1) 缺货次数。实行配送后，必须下降才算合理。

(2) 配送企业集中库存量。对每一个用户来讲，其数量所形成的保证供应能力高于配送前单个企业保证程度。

(3) 即时配送的能力及速度。即时配送的能力及速度是用户出现特殊情况的特殊供应保障方式，这一能力必须高于未实行配送前用户紧急进货能力及速度才算合理。特别需要强调一点，配送企业的供应保障能力，是一个科学的合理的概念，而不是无限的概念。具体来讲，如果供应保障能力过高，超过了实际的需要，属于不合理。所以追求供应保障能力的合理化也是有限度的。

5. 社会运力节约标志

末端运输是目前运能、运力使用不合理，浪费较大的领域，因而人们寄希望于配送来解决这个问题。这也成了配送合理化的重要标志。

运力使用的合理化是依靠送货运力的规划和整个配送系统的合理流程及与社会运输系统合理衔接实现的。送货运力的规划是任何配送中心都需要花力气解决的问题，可以简化判断如下：社会车辆总数减少，而承运量增加；社会车辆空驶减少；一家一户自营运输减少，社会化运输增加。

6. 用户企业仓库、供应、进货人力物力节约标志

配送的重要作用是以配送代劳用户。因此，实行配送后，各用户库存量、仓库面积、仓库管理人员减少为合理；用于订货、接货、供应的人减少才为合理。真正解除了用户的后顾之忧，配送的合理化程度则可以说是一个高水平了。

7. 物流合理化标志

配送必须有利于物流合理。这可以从以下几方面判断：是否降低了物流费用；是否减少了物流损失；是否加快了物流速度；是否发挥了各种物流方式的最优效果；是否有效衔接了干线运输和末端运输；是否不增加实际的物流中转次数；是否采用了先进的管理方法及技术手段。

第二节　配送中心的组织结构设计

如何以最有效率的方式创造出新的物流产品或服务，以满足社会所需要的价值，如何妥善地处理组织文化，对下属合理授权，让每一位成员都感到认同与满意，已成为配送中心物流组织与人事管理所关心的重要课题。本节就物流组织的发展过程及物流组织的类别，组织编制与工作职责，配送中心工作人员的人事管理等问题作简要说明。

一、配送中心组织结构类型

组织结构是表现组织各部分排列顺序、空间位置、聚集状态、联系方式以及各要素之间相互关系的一种模式，它是执行管理和经营任务的体制。组织结构的类型是由生产力水平决定的。随着生产力的不断发展，市场竞争日益剧烈，组织结构类型也在由低级向高级演变。目前组织结构类型主要有：直线制、职能制、直线职能制（U形）、事业部制（M形）、矩阵制、集团控股制（H形）、网络式等组织结构。

1. 直线职能型组织结构

直线职能型组织结构是指企业按职能来划分部门，并按所划分的职能部门来组织经营活动的模式。它能充分地体现企业活动的特点。配送中心是利用其高效、快速的配送能力来保证商品顺畅流通，其基本的配送职能是货物采购、储存、加工、分拣、包装、配货及配送运输，同时还包括一些为保证配送活动能顺利进行的辅助职能，如人事、保卫、客户服务部、维修部、财务等。而某些大的职能部门又可根据具体的业务需要进一步细分为一些子部门，以适应管理工作需要，如图 8－1 所示。

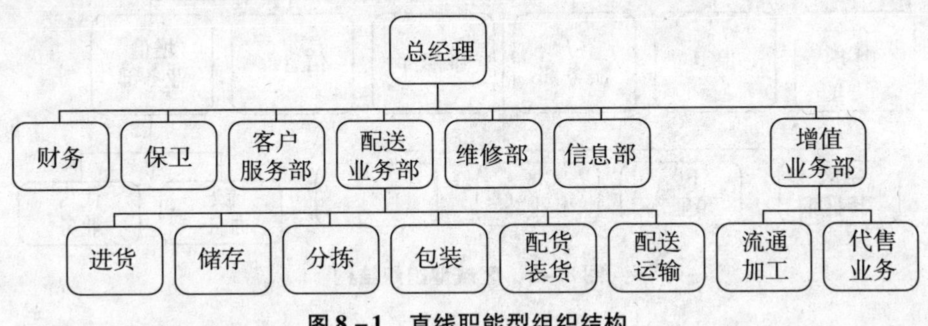

图 8－1　直线职能型组织结构

2. 产品型组织结构

随着配送中心配送产品的多样化，将所有配送产品全部集中在同一职能部门，将给企业的运行带来很多困难，而管理跨度又限制他们增加下级人员的可能。在这种情况下，就需要按所配送的产品或者产品系列来进行组织结构的设置，建立产品型组织结构。该结构要求高层管理者的主要职能为规划整个企业的发展方向、控制财务、人事等方面，而将具体配送产品的权力广泛授予产品部门经理，并要求产品部门经理具有承担一部分利润指标责任，如图 8－2 所示。

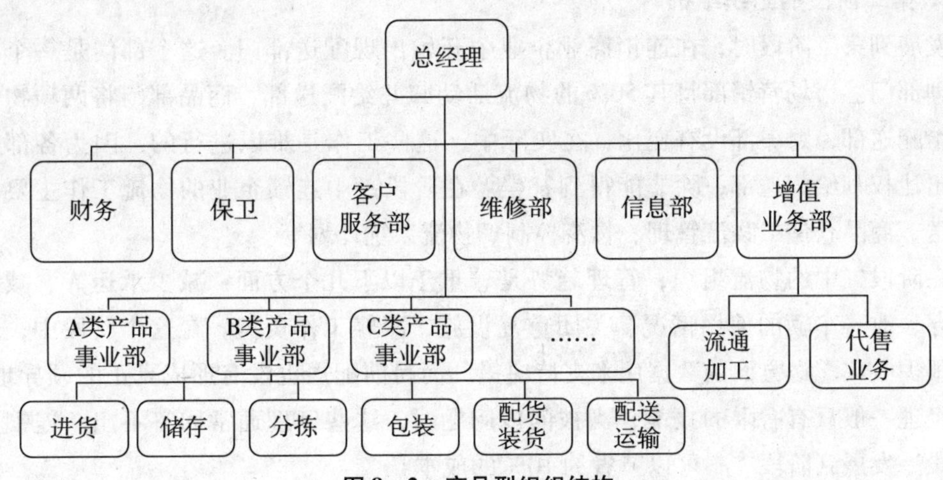

图 8－2　产品型组织结构

3. 区域型组织结构

对于经营范围分布很广的配送中心，应按区域划分部门，建立区域型组织结构，即将某一特定地区内的配送活动集中在一起，委托给一个管理者去管理，如图 8－3 所示。

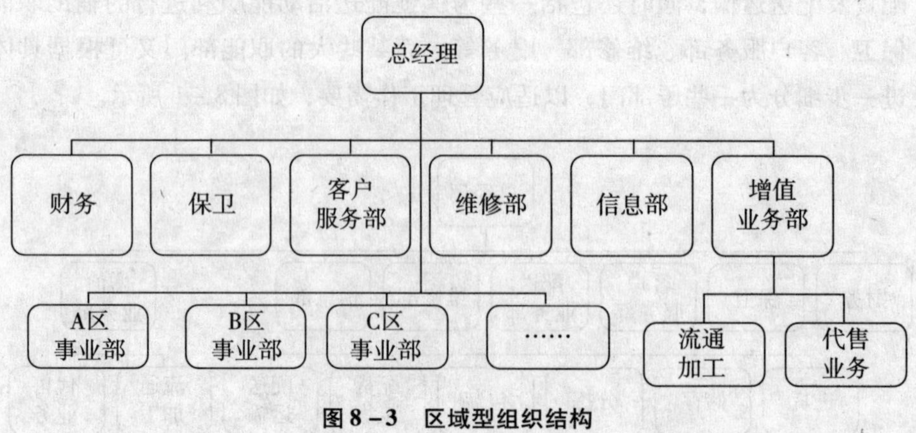

图8－3　区域型组织结构

二、连锁商业企业中物流组织发展阶段

1. 第一阶段的组织结构

连锁商业企业物流的最初组织结构一般是分割形式的。如没有综合的物流部门，不同的物流活动被分配到传统的职能部门中（市场营销部、财务部、商品部等）。在这样的分割式组织结构中，综合物流系统的优点无法体现出来。由于部门间缺乏交流，综合物流常常是次优化的，不能充分发挥在提供竞争优势方面的潜力。

2. 第二阶段的组织结构

发展到第二阶段时，在连锁商业企业中开始出现配送部门。这个部门是一个单独的管理部门。市场营销部将其50%的物流活动归并给配送部，商品部门将两项物流活动归给配送部，财务部没有变化。在实际中，这些工作是难以进行的，因为各部门都不愿出让权利给配送部，除非能得到补偿。在阶段一中连锁企业的物流工作主要是控制配送、商品仓储、物流管理、物流控制、物流系统计划等。

在阶段二中的物流组织，管理趋势是着重于以下几个方面：减少承运人、减少绝对库存、改善车辆的使用情况、关闭重复设施、减轻工作负担。在这个阶段中，连锁企业很少收集配送方面的数据用来支持决策，而目前配送也没有形成真正的领导地位，配送经理一般只有有限的技能，当被问以问题时，这些经理通常回答不出。连锁企业从阶段一发展到阶段二，可以节省约10%的成本。

3. 第三阶段的组织结构

在阶段二的物流组织中，配送经理的工作增加了订货过程、顾客服务、库存控制、运输等内容。在这个阶段，一些配送经理的称号改成了物流经理。现在在美国和加拿大大约有38%的公司已经进入了这个阶段。这个阶段重组的障碍是那些因移交物流活动而失去权利的部门。到现在为止销售部门已经被取消了绝大多数的物流功能。商品部（生产部）也开始被视做物流活动的主要移出部门。在这个发展阶段，中层或高层经理，包括营销、商品（生产）、财务部门的经理应该已经受过综合物流知识方面的培训，了解到综合物流可以保证企业整体目标的实现，提供更高水平的顾客服务。

在阶段二配送经理强调运输，而阶段二的配送经理强调预算。这些配送经理在物流管理中的主要工作有规划物流系统以获得绩效的回报；巩固综合物流组织；执行综合物流措施等。配送经理采取的具体战术有重新计划配送网络，减少订货过程中的纸而工作，采用 ABC 分类法进行库存管理；更好地强调采购与库存管理的关系；更密切的进行库存监控。如果组织得当，这个阶段比上一阶段可节省大约 15% 的成本。

4. 第四阶段的组织结构

在阶段四中，物流被看做是具有独立功能的部门，连锁商业企业里开始有自己的物流经理，所有物流活动都由物流经理管理。在这个阶段，综合物流还不是十分明显，综合物流的战略也没有被包括在最高战略决策中。然而，由于管理层理解综合物流在实现企业总目标过程的重要性，所以综合物流处于重要地位，它是公司战略的至关重要的投入。其他职能部门的经理也意识到综合物流的纽带作用，能够帮助他们取得持续的竞争优势。他们也意识到综合物流仅仅是服务定位的，物流是以合适的成本、既定的服务水平下，将商品提供给顾客时所提供的必要帮助。

现在在美国和加拿大约有 20% 的公司采用该阶段的结构。在第四阶段中的综合物流经理比前几个阶段更加专业化。在这样的企业环境中，综合物流经理负责平衡成本与服务、规划信息系统、改善各职能部门的合作关系、制订计划和进行预算、评估成本—服务盈亏平衡点、评估物流绩效等工作。为了实现物流目标物流经理所采用的具体战术有协调所有进界、入界活动，制订正式的库存计划、分析顾客利润率、设定顾客服务目标、评估供应商绩效。与第阶段二相比，此阶段可减少 15% 的成本。

5. 第五阶段的组织结构

阶段五的物流组织结构应该是矩阵式的。与前面几个组织结构比较，在矩阵式组织结构中，综合物流才真正成为服务性的部门。它可以帮助协调从商品采购、商品储存到商品销售的整个物流过程。就像法律部门可以为销售、财务、商品等其他部门提供基本服务一样，实质上，此时的物流经理已经充当协调者的角色，是联结综合物流与其他功能的螺栓。只有在总经理全力支持下，矩阵式结构才能发挥作用，因为它是一种团队工作的方法。由于这种结构在责任、职权和沟通方面的复杂性，所以要不断地监控才能确保成功。第五阶段的财务工作涉及所有的物流的活动；表明物流活动贯穿于整个连锁企业，它不再是单单归属于某个具体职能部门。

在这样组织结构中，物流是公司的战略重点、物流是综合计划的一部分，物流部门以复杂的信息系统为基础与其他职能部门共同分享目标。此时的物流活动包括建立供应链关系，采用分析工具分析物流系统等，并希望通过努力达到以下目标，共享关键数据、改善综合物流质量、通过系统化继续降低库存等。通过这些方法可望比阶段四降低 25% 的成本。同时有些连锁企业通过拥有具有优势的物流能力，成为市场竞争中的优胜者。

三、配送中心组织的岗位职责

（一）配送中心业务受理岗位设置及岗位职责

1. 业务受理员的岗位职责

业务受理员主要负责接收订单资料，接受客户的收发货作业；受理客户的退货请求、协助退货组完成退货处理工作；完成有关业务单证与资料的统计、建账和出具各类业务报表；向有关部门及客户提供所管货物的相关资料和信息查询、咨询。

2. 订单处理员岗位职责

订单处理员主要负责在规定时间内，将客户的订单进行确认和分类，并由此判断与确定所要配送货物的种类、规格、数量及送达时间；对订货进行存货查询，并根据查询结果进行库存分配；将处理所得的拣货单、出货单等进行打印输出。

（二）配送方案设计的岗位设置及岗位职责

1. 配送方案设计负责人的岗位职责

主要负责对配送方案设计作整体战略决策；具体组织和实施配送方案设计；对配送方案设计部门中员工的工作进行指挥、检查、监督、考核和评比。

2. 配送计划员的岗位职责

按照客户需求、时间及任务量，组织拟订出切实可行的配送计划；认真分析配送计划，并根据客户的不同要求，各种车辆的特点及载重量的不同，设计既能满足要求，又能使车辆得到充分利用，且总费用最低的配送路线；合理、有效地调配与利用资源，并协助配送作业人员具体执行该计划。

3. 配送信息管理员的岗位职责

对配送方案设计中所需的相关资料和信息进行收集、整理及保管；对配送计划编制人员编制的配送计划进行管理；建立并不断充实完善配送方案设计的相关档案，为配送方案设计及配送中心业务运营提供信息、资料的查询服务。

4. 财务分析人员岗位职责

对配送成本进行计算与分析，了解配送过程中的实际状态，找出有可能造成成本浪费的环节，并给予相应的节约建议与解决措施。

（三）配送中心业务运营岗位设置及岗位职责

配送业务运营科的组织结构如图 8－4 所示。

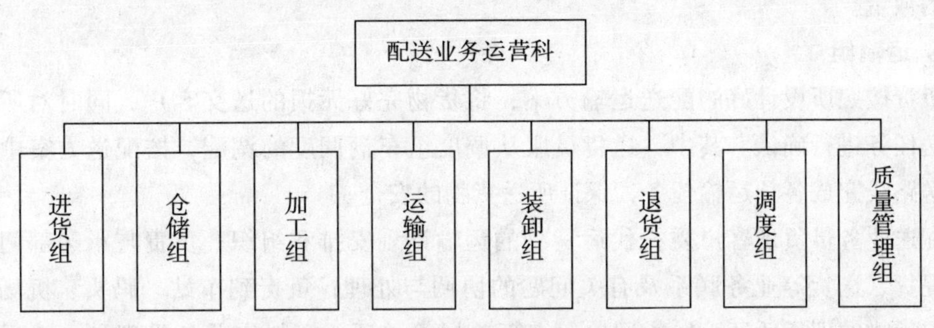

图 8－4　配送业务运营科的组织结构

1. 进货组

负责订货、采购、进货等作业环节的安排及具体实施，同时负责到货货物的现场验收工作。其中，进货员岗位负责了解和掌握采购商品的名称、规格、型号、特点、产地、进价、售价行情等信息，掌握配送中心的实际状况，能根据配送中心的实际需要有效的组织货源；组织人员对进货商品进行装卸搬运；到现场对进货商品进行核对验收，严格把好质量关，对不符合要求的商品坚决拒收。

2. 仓储组

负责货物的入库验收、储存、保管及养护、出库等作业的运作及管理。其中，理货员负责按规定做好入库商品的验收、记账、出库商品的发放手续，及时搞好清仓工作，做到账账相符、账物相符；熟悉和掌握库存与仓容情况，合理安排货物的存储与堆码；负责库存货物的定期和动态清查、盘点。

仓管员负责熟悉货物品种、规格、型号、产地及性能，对货物标明标记，分类放置。并负责库房、货场、货区、货位的现场管理；根据以往经验，或是利用相关的统计技术方法，或者靠计算机系统的帮助来确定最优库存水平和最优定购量，并根据所确定最优库存水平和最优定购量，在库存低于最优库存水平时，负责制订配送中心最低库存量的申购计划，以确保存货中的每一种产品都能达到最优库存，做到合理库存，不积压资金；随时掌握库存动态，保证货物的及时供应，充分提高库存的周转效率；随时了解和掌握库存货物的保管情况和质量状况，遇到问题要及时通知业务受理员或存货人，并积极配合，妥善处理；负责商品及库房的卫生工作；认真搞好安全管理工作，做好库区的防火防盗，保证库存商品的安全。

3. 加工组

负责按照用户的不同要求对货物进行包装、分割、计量、分拣、刷标志、栓标签、组装等简单的流通加工作业。其中，本着节约能源、设备、人力、耗费的原则，流通加工员根据客户配送的需要，进行合理的包装和加工；根据合理运输的需要进行货物的拼装、裁剪等操作；根据客户的需要进行简单的改变包装等措施，形成方便购买和使用的数量。

4. 运输组

负责按照所设计好的配送运输方案，将货物完好无损的送交客户，同时对所完成的配送任务进行确认。其中，送货员服从调度组车辆调度的调配，按配送方案中规定的配送路线完成各项运输任务，保证所送货物的安全。

配送业务员负责客户委托代运货物的运输计划安排和组织；负责与承运部门、客户的提货、送货等业务联系及有关问题的协调与处理；负责到车站、码头、机场、邮局提取货物的到货凭证、发货运单、结算单据等单证、资料交业务受理员；熟悉和掌握各种运输方式的业务规程和要求，了解和掌握社会运输资源、有关信息、收费标准、交通路况等，熟悉和掌握本单位的自有运输能力和车辆、设备状况。

5. 装卸组

负责配送业务中所涉及的各项装卸搬运作业的具体运作和管理。其中，装卸员根据有关部门的要求，将货物装卸搬运到指定的位置，并进行合理的码放；熟练掌握装卸搬运作业的相关技术，认真完成每日的装卸作业任务；做好装卸搬运设备的定期检查工作，对设备出现的不良状况能及时向设备维修员报告。

6. 退货组

负责对客户服务部所接收到的退货信息进行相应的处理，并将回收回来的退货商品集中到仓库的退货处理区进行重新清点和整理。

当客户服务部接收到客户的退货信息时，退货处理员负责安排车辆或人员对退货商品进行回收；将回收回来的退货商品集中到仓库的退货处理区进行重新清点和整理；按照配送中心的有关规定对重新整理后的退货商品进行相应的处理。

7. 调度组

负责对配送业务运营中所需的人员、车辆及其他设备及设施等进行总体协调和派遣。及时协调、处理和解决收发货业务中的出现的各种特殊情况和问题。

生产调度负责对各个业务岗位进行管理、指导和协调；及时协调、处理和解决收发货业务中的出现的各种特殊情况和问题。经常了解和掌握库存货物的储存、保管情况和质量状况，遇到问题时指导和配合理货员及时进行协调和处理；根据业务量大小和缓急，合理组织和调配人力和设备；负责掌握仓库容量情况，合理安排货物储存和规划；负责货物储存、保管、装卸、运输当中的有关技术问题的处理，并提供相应的技术指导。

车辆调度根据所设计好的配送方案，结合客户的实际需要及配送中心现有车辆和送货员情况，合理组织和调配人力和车辆；及时协调、处理和解决运输业务中出现的各种特殊情况和问题。

8. 质量管理组

负责对配送业务运营中的作业质量进行检查、监督、指导和处理。

质量管理员负责制订质量管理计划和质量考核、奖惩办法；深入配送中心作业现场对货物装卸、搬运、堆码等作业质量进行检查、监督指导，发现不符合有关质量要求和安全生产规定的现象，有权当场提出纠正和制止；负责财物相符率的检查与考核工作。填制自查、互查考核表，建立质量检查、考核档案；负责处理货损、货差事故和货物损溢情况；受理客户提出的有关质量与服务方面的意见和建议，并进行跟踪处理，出具质量事故处理报告；主动向主管领导提供质量分析报告和建议，积极配合有关部门和岗位共同改进业务质量。

（四）客户服务部岗位职责

1. 市场业务员岗位职责

负责配送业务的洽谈及合同签订；负责配送业务和配送客户的开发与管理工作。

2. 合同管理员岗位职责

对客户合同进行分类、编号和归档管理；对签合同时客户提供的预留印鉴、单证试样等进行妥善、严格的管理，以便进出库进行核对和验证；按国际及业务需要制定货物、客户等编码；建立并不断充实完善客户档案，为有关业务部门、领导及系统内的其他单位提供各种客户信息、资料的查询服务。

（五）维修部岗位设置及岗位职责

1. 设备维修员的岗位职责

了解和遵守设备使用和维修方面的有关制度与规定，熟练和正确掌握各类设备的使用维修和养护方法；随时掌握配送中心所有设备的使用和运行状况，进行设备的日常检测和保养，确保设备的正常运行；对故障设备进行及时修理和调试，保证配送中心的正常运转。发现未经法定检测鉴定机构检测鉴定合格或超过检测鉴定使用限期的设备，有权向主管领导反映并拒绝继续使用。

2. 车辆维修员的岗位职责

了解和遵守车辆维修和使用方面的有关制度与规定，熟练和正确掌握各类车辆的使用、维修和养护方法；随时掌握配送中心所有车辆的使用和运行状况，进行车辆的日常检查和保养，确保车辆的正常使用；对故障车辆进行及时修理，尽快使其投入正常使用；发现未经检审或超过车辆允许使用年限的车辆，有权向主管领导反映并停止使用。

3. 电工岗位职责

了解并宣传电路安全知识熟练掌握电力维修工作；严格按照电力操作规程操作，杜绝野蛮操作；保证日常巡查工作，督促整改电力隐患，预防电力事故发生；与当地电力局保持良好关系，保障配送中心的正常用电；参与建筑工程中有关电力设施的审查验收工作。

（六）信息部岗位设置及岗位职责

1. 系统管理员岗位职责

认真做好系统运行环境的建设与维护；维持机器设备等硬件设施的正常运行，及时发现和处理各类机器设备的故障；负责软件系统设置、运行维护和技术管理，监控软件和数据库管理系统的运行状态，及时处理计算机系统运行过程中的异常情况，并通过适当的干预手段确保整个软件系统稳定、高速运行；做好微机使用人员的操作应用辅导，监督微机使用人员按规定程序操作计算机。

2. 市场系统分析员岗位职责

完善市场信息的调查和收集工作，负责调查数据和市场信息的处理、分析和整理工作；负责市场信息数据库的建立与维护；负责市场信息调查报告的撰写，为各级管理人员提供相应的信息服务。

（七）保卫科岗位设置及岗位职责

1. 保安人员岗位职责

严格执行出入库人员、车辆登记制度，对所有进出仓库人员和车辆进行登记、验证。负责检查入库车辆和随车物品是否符合仓库关于安全与消防方面的规定和要求；根据出门证明、进库登记内容和发货单，检查单证有无涂改、伪造；有关印鉴和经办岗位人员的签字是否齐全，核对出库车辆装卸货品名称、件数、车牌号、随车物品等是否与之相符；负责库区的安全保卫，交通疏导，特殊情况的处理与报告等工作。

2. 消防安全员岗位职责

认真贯彻执行国家消防安全法；建立健全各项安全防火制度，遵照“预防为主、防消结合”的严则，加强防范，抓好落实；加强防火知识教育，做好防火宣传及防火演练；坚持经常性的防火安全监督及检查，督促整改火险隐患；负责配送中心灭火器材的购置、配备、维修及保养；搞好义务消防队的组建和业务培训；参加火警、火灾事故的扑救，并查明火灾原因，提出处理意见；参加建筑工程有关消防安全设施的审核和验收。

（八）财务科岗位设置及岗位职责

1. 财务与会计岗位职责

参与配送中心财务、会计制度的制定、修改和完善；负责配送中心财务处理，财务报表的编制及分析工作；负责配送中心短期和长期预算的编制与控制；负责设计配送中心税务方案，并处理公司的日常税务问题；负责分析公司投资项目的运作情况，为公司的项目投资提供参考意见；审阅配送中心经营合同，审核并指导出纳的工作，妥善保管会计凭证、账簿、报表和其他会计资料。

2. 出纳岗位职责

认真履行现金管理制度；严格审核收付凭证，据以收付款项，并记录现金、银行存款日记账；编制银行存款余额调节表，做好银行对账、报账工作；严格支票管理制度，遵守支票使用手续；每日清查借款凭证，及时对拖欠借款者进行例行摧报。配合会计做好各种账务处理。

3. 业务结算员岗位职责

根据业务受理员转来的收货单、发货单等，按照实际收发货数量和有关收货标准，进行结算和收取费用，同时向客户出具发票或收款凭证；查验客户交付钱币、转账支票和汇票的真伪。

（九）部门负责人或科长的岗位职责

制订本部门或科室的年度工作计划，并组织实施；掌握员工思想动态，深入、细致地做好员工的思想工作，组织、安排员工的教育培训工作；负责对本部门或科室员工的工作进行指挥、检查、监督、考核和评比；负责本部门或科室的日常工作安排和处理，做好与相关部门的协调工作；细化部门职责，明晰岗位责任，修改完善管理制度和办法，加强领导，精心组织，确保计划目标的实现。

主持制订配送中心长期发展规划和年度、月生产经营工作计划，并负责组织实施与督促、检查，保证经营目标的实现；组织协调各种生产经营环节和各种业务间关系，负责定期召开生产经营分析会，处理和协调生产经营中出现的各种问题，掌握生产经营动态，及时发现问题；负责业务开发和客户管理与协调，了解和掌握存货、仓容，客户及市场动态变化；负责配送安全生产和业务质量管理，强化内部管理，杜绝和减少各种事故和差错发生；负责审核、签发、授权业务部门提交业务单证、资料及其变更申请。

第三节　配送中心绩效评价体系

物流配送绩效评价和控制，对资源的监督和配置非常重要。物流配送中心都担负着货主企业生产经营所需各种物品的收发、储存、保管保养、控制、监督和保证及时供应货主企业生产和销售经营需要等多种职能。这些活动对于货主企业是否能够按照计划完成生产经营目标，以及控制仓储成本和物流总成本至关重要。因此，物流配送中心有必要建立起系统科学的仓储、库存绩效考核指标体系。仓储、库存绩效考核指标是库存生产管理成果的集中体现，是衡量仓储管理水平高低的尺度。

一、绩效评价指标

物流配送中心是为了提供完善的配送服务而设立的经营组织，其配送活动的基本作业流程是物流配送中心在进行商品配送作业时展现的整体工艺流程。物流配送总体经营活动绩效的高低，直接影响物流速度的高低和效益的大小。科学合理的制订各项物流活动的管理指标，是提高物流配送中心各项活动的基本前提。绩效评价指标体系主要由以下几个方面构成。

（一）客户服务绩效评价指标体系

1. 客户满意度

$$客户满意度=\frac{满足客户需求数量}{客户需求数量}\times 100\%$$

2. 缺货率

$$缺货率=\frac{缺货次数}{客户订货次数}\times 100\%$$

3. 准时交货率

$$准时交货率=\frac{准时交货次数}{总交货次数}\times 100\%$$

4. 货损货差赔偿费率

$$货损货差赔偿费率=\frac{货损货差赔偿费总额}{同期业务收入总额}\times 100\%$$

（二）进出库作业绩效评价指标

1. 站台高峰率和使用率

$$站台高峰率=\frac{高峰车数}{站台泊位数}$$

$$站台使用率=\frac{进/出货车次装卸货停留总时间}{站台泊位数\times工作天数\times每天工作时数}$$

2. 每人每小时处理进（出）货量

$$每人每小时处理进（出）货量=\frac{进（出）货量}{进（出）货人员数\times每日进（出）货时间\times工作天数}$$

$$进（出）货时间率=\frac{每日进（出）货时间}{每日工作时数}$$

3. 每台进（出）货设备每天装卸货量

$$每台进（出）货设备每天装卸货量=\frac{进货量+出货量}{装卸设备数\times工作天数}$$

4. 每台进（出）货设备每小时装卸货量

$$每台进（出）货设备每小时装卸货量=\frac{进货量+出货量}{装卸设备数\times工作天数\times每日进出货时数}$$

（三）储存作业绩效评价指标

1. 储区面积率

$$储区面积率=\frac{储区面积}{配送中心面积}$$

2. 可供保管面积率

$$可供保管面积率=\frac{可保管面积}{储区面积}$$

3. 储位容积利用率和单位面积保管量

$$储位容积利用率=\frac{存活总体积}{储位总容积}$$

$$单位面积保管量=\frac{平均库存量}{可保管面积}$$

4. 平均每品项所占储位数

$$平均每品项所占储位数=\frac{货架储位数}{总品项数}$$

5. 库存周转率

$$库存周转率=\frac{出货量}{平均库存量}\qquad 库存周转率=\frac{营业额}{平均库存金额}$$

6. 库存管理费率

$$库存管理费率=\frac{库存管理费用}{平均库存量}$$

7. 呆废料率（数量、金额）

$$呆废料率（数量）=\frac{呆废料件数}{平均库存量}$$

$$呆废料率（金额）=\frac{呆废料金额}{平均库存金额}$$

（四）盘点作业绩效评价指标

1. 盘点数量误差率

$$盘点数量误差率=\frac{盘点误差量}{盘点总量}$$

2. 盘点品项误差率

$$盘点品项误差率=\frac{盘点品项误差数量}{盘点品项总数量}$$

3. 平均盘差品金额

$$平均盘差品金额=\frac{盘点误差金额}{盘点误差量}$$

（五）订单处理作业绩效评价指标

1. 订单分析

$$日均受理订单数=\frac{订单数量}{工作天数}$$

$$每订单平均订货数量=\frac{出货量}{订单数量}$$

$$日均商品单价=\frac{营业额}{订单数量}$$

2. 订单延迟率

$$订单延迟率=\frac{延迟交货订单数}{订单数量}$$

3. 订单货件延迟率

$$订单货件延迟率=\frac{延迟交货量}{出货量}$$

4. 紧急订单响应率

$$紧急订单响应率=\frac{未超过\ 12\ 小时出货订单}{订单数量}$$

5. 缺货率

$$缺货率=\frac{接单缺货数}{出货量}$$

6. 短缺率

$$短缺率=\frac{出货短缺数}{出货量}$$

（六）拣货作业绩效评价指标

1. 人均作业能力

$$人均每小时拣货品项数=\frac{订单总笔数}{拣货人员数\times 每天拣货时数\times 工作天数}$$

2. 批量拣货时间

$$批量拣货时间=\frac{每日拣货时数\times 工作天数}{拣货分批次数}$$

3. 每订单投入拣货成本

$$每订单投入拣货成本=\frac{拣货投入成本}{订单数量}$$

$$每件商品投入拣货成本=\frac{拣货投入成本}{拣货单位累计件数}$$

4. 拣误率

$$拣误率=\frac{拣取错误笔数}{订单总笔数}$$

（七）配送作业绩效评价指标

1. 人员负担

$$人均配送量=\frac{出货量}{配送人数}\qquad 人均配送距离=\frac{配送总距离}{配送人数}$$

$$人均配送重量=\frac{配送总重量}{配送人数}\qquad 人均配送车次=\frac{配送总车次}{配送人数}$$

2. 车辆负荷

$$每车吨公里数=\frac{配送总距离\times 总吨数}{配送车辆总数}$$

$$每车配送距离=\frac{配送距离}{配送总车数}$$

$$每车配送重量=\frac{配送总重量}{配送总车数}$$

3. 空车率

$$空车率=\frac{空车行走距离}{配送总距离}$$

4. 配送车辆开动率

$$配送车辆开动率=\frac{配送总车次}{车辆数量\times工作天数}$$

5. 配送平均速度

$$配送平均速度=\frac{总配送距离}{总配送时间}$$

6. 时间效益

$$单位时间配送量=\frac{出货量}{配送总时间}$$

$$单位时间生产能力=\frac{营业额}{配送总时间}$$

7. 配送成本

$$配送成本比率=\frac{车辆配送成本}{物流总费用}$$

$$每车次配送成本=\frac{车辆配送成本}{总配送车次}$$

$$每吨配送成本=\frac{车辆配送成本}{总配送重量}$$

$$每千米配送成本=\frac{车辆配送成本}{总配送距离}$$

8. 配送延误率

$$配送延误率=\frac{配送延误车次}{总配送车次}$$

（八）配送中心经营管理综合指标

1. 配送中心坪效

$$配送中心坪效=\frac{营业额（产值）}{建筑物总建筑面积}$$

2. 人员作业能力

$$人均生产率=\frac{营业额}{配送中心总人数}$$

$$人均作业量=\frac{出货量}{配送中心总人数}$$

3. 直间工比率

$$直间工比率=\frac{一线作业人员}{配送中心总人数-一线作业人数}$$

4. 固定资产周转率

$$固定资产周转率=\frac{产值}{固定资产总额}$$

5. 产出与投入平衡率

$$产出与投入平衡率 = \frac{出货量}{进货量}$$

二、绩效评价方法

常用的绩效评价方法主要有两种，对比分析法是比较简单的评价方式，因素分析法是结合上面所谈到的绩效评价指标，对配送中心的绩效进行评价。

1. 对比分析法

主要有四个方面的对比，分别是：计划完成情况的对比分析；纵向动态对比分析；横向类比分析；结构对比分析。

2. 因素分析法

因素分析法又称连环置换法。是用来计算几个相互联系的因素对经济指标影响程度的一种分析方法。在进行分析时，首先要假定众多因素中的一个因素发生变化，而其他因素则不变，然后逐个替换，分别比较其计算结果，以确定各个因素的变化对成本的影响程度。因素分析法的步骤如下：

首先，确定分析对象，并计算出实际与目标数的差异；确定该指标是由哪几个因素组成的，并按其相互关系进行排序。（排序的规则是：先实物量，后价值量；先绝对值，后相对值）

然后，以目标数为基础，将各因素的目标数相乘，作为分析替代的基础。将各个因素的实际数按照上面的排列顺序进行替换计算，并将替换后的实际数保留下来。将每次替换计算所得的结果，与前一次的计算结果相比较，两者的差异即为该因素对成本的影响程度。各个因素的影响程度之和，应与分析对象的总差异相等。

第四节 配送中心的客户服务管理

一、客户服务管理概述

物流服务是指物流供应方通过至少包括运输、储存、配送和信息处理等四项基本功能的实施与管理，来满足其客户物流需求的行为。

在物流配送中心，从接受订单到将商品送到客户手中的全部过程都贯穿着客户服务，做好客户服务可以留住老客户，保持和发展客户的忠诚度与满意度，还可以树立良好的企业形象，赢得新客户。

（一）客户服务的重要意义

客户服务是一种管理活动，将客户服务视为一种管理，说明对客户的服务要有控制能力，例如采购部门的订货处理业务。客户服务标志着物流配送中心的实际业务绩效水平，将客户服务视为绩效水平，表明客户服务可以精确衡量，例如实现订单配送及时率、货损货差率等。客户服务集中体现物流配送中心的整体经营理念。

（二）客户服务内容

1. 存货服务

存货服务是指供应商拥有充足的库存商品的种类和数量，能够随时满足客户的订货要求，尽量减少缺货频率和缺货数量，从而能够更好地为客户的订货服务提供前提和基础。

2. 订货服务

订货服务是物流服务中最重要的流程，订货服务包括订单传递、订单处理、订单分拣和集合服务等思想内容。

3. 送货服务

送货服务是从货物出库被装上货车开始，到抵达客户处的这段时间内进行的所有活动。送货服务主要是针对货物进行的运输、保管和装卸作业。其中，交货时间、交货频率、正确交货、货品保管是几个比较重要的服务指标。

4. 信息服务

信息服务是由于物流企业向供应商和客户等相关方面提供与物流作业流程相关的各种信息。信息服务的关键在于提供及时、准确的信息，才能为相关企业的正确决策奠定基础。按照所提供的信息类型，这类信息可以分为到货信息、交货信息和库存信息等。

（三）客户满意度及其影响因素

物流配送中心客户满意度是指客户对配送服务的感知效果与顾客期望相比后形成的感觉状态，是客户对服务过程、服务品牌、企业文化等的认可程度。

物流过程从三个方面影响顾客的满意程度：

（1）通过产品配送提供顾客所要求的基本增值服务：时间效用与地点效用；

（2）物流直接影响其他业务过程中满足客户的能力；

（3）配送等物流作业影响客户对于产品及相关服务的感受。

二、客户服务质量评价体系

物流配送中心的客户服务质量评价，可以从可得性、作业绩较、可靠性等方面考虑，在前面的客户服务绩效评价已经有所涉及，这里不再赘述。相关的因素如表8－1所示。

表8－1　配送中心客户服务表现的度量

因素	简单描述	典型的度量单位
产品可得性	定义为以百分比表示的存货	百分比可得性，以基本单位表示
备货时间	从下达订单到收到货物的时间	速度、一致性
物流系统的灵活性	系统对特殊及未预料的客户需求反应的能力，包括加速和替代能力	对特殊要求的反应时间
物流系统信息	信息系统对客户的信息需求反应的及时性与准确性	对客户反应速度、准确性和详细性
物流系统的纠错	物流系统出错恢复程序及效率与时间	应答与恢复时间
售后产品支持	交货后对产品支持的效率，包括技术信息、部件或设备的修改	应答时间、应答质量

配送中心可以通过客户分类、实施差异化服务等策略，不断发挥客户经理在客户服务、品牌培育、市场分析方面的作用，提高客户关系管理水平。为满足客户的货源需求，各部门应该积极组织，是零售客户赢利水平不断提升。

三、影响客户服务水平的因素

客户服务过程包括交易前、交易中和交易后三个阶段，而每个阶段体现出不同的客户服务要素，可以把影响客户服务水平的因素按照这三个阶段分为以下三类。

（一）业务发生前的因素

它是指在产品销售前，为客户提供各种服务的各项要素。如制定和宣传客户服务政策，制订应急服务计划，完善客户服务组织功能，使之能够按客户的要求提供各种形式的帮助。另外，还包括销售商提供增加价值的管理服务，如库存管理、订货政策等方面的培训服务，这类因素为客户服务营造氛围，尽管不都与未来业务有关，但对产品销售有重要影响。客户对企业及其产品的印象和整体满意度都与业务发生前因素密切相关。企业为稳步、持久地开展客户服务活动，必须先对这些因素做正式的规划和准备。

（二）业务发生中的因素

这是直接导致产品送达客户手中的因素。企业库存水平的设定、运输方式的选择、订单处理程序的建立等企业行为，对此类因素产生重要影响。该类因素主要指订货的方便性，送货时间、订单履行的准确性，收到货物的完好率和送货可得率等。

（三）业务发生后的因素

这类因素指一整套售后服务，是企业在客户接受到产品或服务之后，继续提供的支持。它们对提高客户满意度和留住客户是至关重要的。这些因素通常包括产品使用过程中的服务支持，如产品的安装、维修等，以保护客户利益不受缺陷产品损害，提供返还服务，如提供返还瓶子或托盘服务，处理索赔、投诉和退货。这些活动发生在产品销售之后，但必须在业务发生前和业务发生阶段就做好计划。各种客户服务水平影响因素的相对重要性，随企业所处的不同行业而异，在某些特殊的产品货市场环境中，一些影响因素可能会比其他因素更重要。

在以上所列因素之外，也可能存在其他更为重要的因素，如订货方便性、送货时间、订单的完整准确履行率、存货可能率等。因此，在衡量某个企业客户服务水平时，应着重考虑业务发生中因素，并结合该企业所处的行业、该企业的产品及其市场环境和其他因素的重要程度。

第五节　配送中心的成本管理

配送中心承担了连锁企业绝大部分乃至全部的物流任务，因此其物流成本管理实际上是把连锁企业的利润目标具体化，这便要求推行以预算管理为核心的物流成本计划和统筹管理，并通过成本差异分析发现问题，提出解决问题的方法。

一、配送成本定义

配送成本有广义与侠义之分，广义的配送成本指配送中心为了开展配送业务所发生的各种直接和间接费用，实际上包含配送运输费用、配装费用、包装费用、流通加工费用等。是配送活动的备货、储存、分拣、配货、送货、送达服务及配送加工等环节所发生的各项费用的总和，是配送过程中所消耗的各种活劳动和物化劳动的货币表现。狭义的配送成本是指配送环节所特有的主要成本费用，包括配送运输成本、分拣成本、配装成本和流通加工成本。

二、配送中心成本的分类与构成

配送成本按照不同的分类，具有不同的构成，表 8－2 显示了四种分类下的具体配送成本构成。

表 8－2　　配送中心成本类别

按支付形态分类	按功能分类	按适用对象分类	按性质分类
材料费 人工费 公益费 维护费 一般经费 特别经费 对外委托费 其他企业支付费	物品流通费 信息流通费 配送管理费	按营业单位计算 按顾客计算 按商品计算	固定成本 变动成本

一般采取按照功能分类的方法计算配送中心成本。根据配送流程及配送环节，配送成本实际上是包含运输费用、分拣费用、配装费用、流通加工费用以及信息处理费用在内的全部费用。配送成本总费用是由各个环节的成本组成，即

配送成本＝运输成本＋拣选分拣成本＋配装成本＋流通加工成本＋信息处理费用

（一）运输成本

运输成本是指配送车辆在完成配送货物过程中发生的各种车辆费用和配送间接费用。

1. 车辆费用

包括工资与职工福利费、燃料费、轮胎费、修理费、折旧费、养路费、公路运输管理费、车船使用费、事故损失及其他费用。

2. 配送间接费用

配送中心运输管理部门为管理和组织配送运输生产所发生的各项管理费用和业务费用。

（二）分拣成本

分拣成本是指分拣机械及人工在完成货物分拣过程中所发生的各种费用。

1. 分拣直接费用

包括工资、职工福利费、修理费、折旧费和其他费用。

2. 分拣间接费用

配送中心分拣部门为管理和组织分拣生产所发生的各项管理费用和业务费用。

（三）配装费用

1. 配装材料费用

常见的配装材料有木材、纸制、自然纤维、合成纤维和塑料等，这些材料的功用不同，成本差异很大。

2. 配装辅助费用

除上述费用外，还有一些辅助性费用，如包装标记、标志印刷、拴挂物费用等支出。

3. 配装人工费用

从事配装工作的人员及有关人员的工资、奖金、补贴等费用。

4. 配装设备费用

配装机械设备折旧费、维修费、动力费及物料消耗费。

（四）流通加工费用

1. 流通加工设备费用

流通加工设备因流通加工形式不同而不同。购置这些设备所支出的费用，以流通加工的形式转移到被加工产品中去。

2. 流通加工材料费用

在流通加工过程中，投入到加工过程中的一些材料消耗所需要的费用。

3. 流通加工人工费

在流通加工过程中，从事加工活动的管理人员、工人及有关人员的工资、奖金等费用总和。

（五）信息处理费用

1. 信息处理人工费用

从事物流配送信息活动的管理人员、技术人员的工资、奖金等费用总和。

2. 信息处理设备费用

信息处理设备运行、维护等费用。

实际应用中，应该根据配送的具体流程归集成本，不同的配送模式，其成本构成差异较大。相同配送模式下，由于配送物品的性质不同，其成本构成差异也很大。

三、配送中心成本核算方法

物流成本分析的方法很多，下面简述一下全面分析和详细分析的主要内容。

（一）配送中心物流成本的全面分析

计算出配送中心物流成本之后，可以计算出以下各种比率，再用这些比率同前年、大前年比较来考察配送中心物流成本的实际状况，还可以与同行业其他企业比较，或者与其他行业比较。

（1）单位销售额物流成本率 = 物流成本/销售额 ×100%。

这个比率越高则对价格的弹性越低，从连锁企业历年的数据中，大体可以了解其动向，另外，通过与同行业和行业外进行比较，可以进一步了解配送中心的物流成本水平。

该比率受价格变动和交易条件变化的影响较大，因此作为考核指标还存在一定的缺陷。

（2）单位营业费用物流成本率 = 物流成本/（销售额 + 一般管理费）×100%。

通过物流成本占营业费用（销售额 + 一般管理费）的比率，可以判断连锁企业物流成本的比重，而且这个比率不受进货成本变动的影响，得出的数值比较稳定，因此适合于做连锁企业配送中心物流合理化指标。

（3）物流职能成本率 = 物流职能成本/物流总成本 ×100%。

该指标可以明确包装费、运输费、保管费、装卸费、流通加工费、信息流通费、物流管理费等各物流职能成本占物流总成本的比率。

（二）配送中心物流成本的详细分析

通过全面分析，我们可以了解物流成本的变化情况及变化趋势，但是对引起物流成本变化的原因，我们还要进一步按照职能分类，对物流成本进行详细分析，然后提出对策，详细分析所用的指标有四类，通过这四类指标的序时分析或按配送中心内的部门、设施分类比较以及与同行业其他企业进行比较，就可以掌握物流成本的发展趋势及其差异。

1. 与运输、配送相关的指标

装载率＝实际载重量/标准载重量×100%

车辆开动率＝月总开动次数/拥有台数×100%

运行周转率＝月总运行次数/拥有台数×100%

单位车辆月行驶里程＝月总行驶里程/拥有台数

单位里程行驶费＝月实际行驶三费/月总行驶里程

（行驶三费＝修理费＋内外胎费＋油料费）

单位运量运费＝运输费/运输总量

2. 有关保管活动指标

仓库利用率＝存货面积/总面积×100%

库存周转次数＝年出库金额（数量）/平均库存金额（数量）

＝年出库金额（数量）×2/（年初库存金额＋年末库存金额）

3. 有关装卸活动指标

单位人时工作量＝总工作量/装卸作业人时数

（装卸作业人时数＝作业人数×作业时间）

装卸效率＝标准装卸作业人时数/实际装卸作业人时数

装卸设备开工率＝装卸设备实际开动时间/装卸设备标准开动时间

单位工作量修理费＝装卸设备修理费/总工作量

单位工作量卸装费＝装卸费/总工作量

4. 有关物流信息活动指标

物流信息处理率＝物流信息处理数量（传票张数等）/

标准物流信息处理数（传票张数等）

本章小结

配送中心的管理体系包括组织结构体系、绩效评价体系、客户服务管理和成本管理等方面，根据这些内容，第一节先讨论了配送管理概念；第二节分析了配送中心的组织结构设计，包括组织结构类型、发展阶段性特点和组织的岗位职责；第三节介绍了配送中心绩效评价体系，包括绩效评价指标和绩效评价方法；第四节论述了配送中心的客户服务管理，并阐述了影响客户服务水平的基本因素；第五节介绍了配送中心的成本管理，包括配送成本的定义、分类构成及成本核算方法。

第九章 配送中心信息系统规划

配送中心信息系统是计算机管理系统在物流领域的应用，广义上配送中心信息系统应包括配送中心业务过程的各个领域，是一个由计算机技术应用软件及其他高科技物流设备，通过计算机网络将供应链上下游连接起来的动态互动系统。

第一节 配送中心信息概述

作为一个现代化的配送中心，其最主要的业务功能是依靠物流信息的科学运筹管理，通过系列化的先进物流技术支撑，实现及时化、信息化与智能化的物流服务操作与管理，集储存保管、集散转运、流通加工、商品配送、信息传递、代购代销、连带服务等多种功能于一体。所以配送中心的信息系统应以现有的公共信息基础设施为通路，以电子商务服务平台为支撑，按照物流市场运行的要求，改变原有物流信息系统的封闭、单向、单通道的特征，建立具有开放、双向、多通道特征的、能够支持物流体系高效运作的、分层次的物流信息应用系统，增强企业服务国内外市场的能力。

一、配送中心信息系统的特征

物流配送中心信息系统主要实现对物流信息的收集处理发布及交易，并在此过程中不断进行物流资源的整合和物流信息的反馈，一个先进的物流配送中心信息系统应具有以下特征：

（1）开放性：物流信息系统不但要与企业内部其他系统相连接以实现企业内部数据的整合和信息流通，还应与企业外部供应链的各个环节进行数据交换，实现各节点的不间断连接；

（2）信息量大：物流配送中心的信息随着物流和商流活动的展开而大量生成，尤其现代物流的配送越来越趋向多品种、小数额、高频度的配送，使进货、库存、发货和运输等物流活动的信息量与日俱增；

（3）可扩展性：物流配送中心信息系统应能随着配送中心发展而发展，在信息系统设计时，应充分考虑未来的业务需求，以便能在原有基础上进行扩展；

（4）安全性：随着系统应用的增加特别是网上支付的实现，电子单证的使用，安全性成为配送中心信息系统的首要问题。

二、配送中心建设信息系统应遵循的原则

配送中心在建设自己的信息系统时，有必要结合几条原则来满足管理信息的需要，并充分支持管理者制订物流运作计划和实际的业务操作。

（1）可用性：信息系统所储存的信息，例如订货和存货在库或出库状况的信息，必须具有可用性，也就是信息系统应能够在第一时间内向其供应商和客户提供最新的电子信息，应能向信息需求方提供简易、快捷获取信息的方式，而不受时空的限制。

（2）精确性：信息系统提供的信息能否精确地反映配送中心处理货物的当前状况，将衡量配送中心的整体业务运作水平。精确性可以解释为信息系统的报告与配送中心的实际业务运作状况吻合的程度。例如，平衡的物流作业要求实际的存货与物流信息系统报告的存货相吻合的精确度最好在99%以上。当实际存货和信息系统之间存在较低的一致性时，就有必要采取安全的方式来适应这种不确定性。

（3）及时性：信息系统必须提供及时、快速的信息反馈。及时性指一种活动发生时与该活动在信息系统内体现时的时间差。例如，在某些情况下，系统要经过几小时或几天才能将一个新订货当作实际需求，因为该订货不一定会直接进入现行的需求量数据库。结果，在认识实际需求量时就出现了耽搁，这种耽搁会使计划制订的有效性减少，而使存货量增加。信息系统的存货状况也许是按每小时、每工班或按每天进行更新的。显然，实时更新或立即更新更具及时性，但是这会导致增加工作量。

（4）处理异常情况的佳动性和主动性：信息系统应能帮助配送中心的管理者识别需要引起注意的决策。使得管理人员能够把精力集中在最需要引起注意的情况，或者能提供最佳机会来改善配送服务或降低运营成本的情况。

（5）灵活性：信息系统必须有能力提供能符合特定客户需要的数据。例如，有些客户想要把订货发货票跨越地理或部门界限进行汇总，有些客户想要每一种商品的发票。而另外一些客户却可能需要所有商品的总发票。这就要求信息系统要有持续不断地快速更新和升级能力。

（6）易操作性：信息系统必须友善和容易操作。适当的系统界面要求提供的信息要有正确的结构和顺序，能有效地向管理人员和客户提供相关的信息。

三、配送中心的基本信息

配送中心的基本信息：包括商品信息、价格信息、供应商信息、大客户信息和系

统信息，如图 9－1 所示。

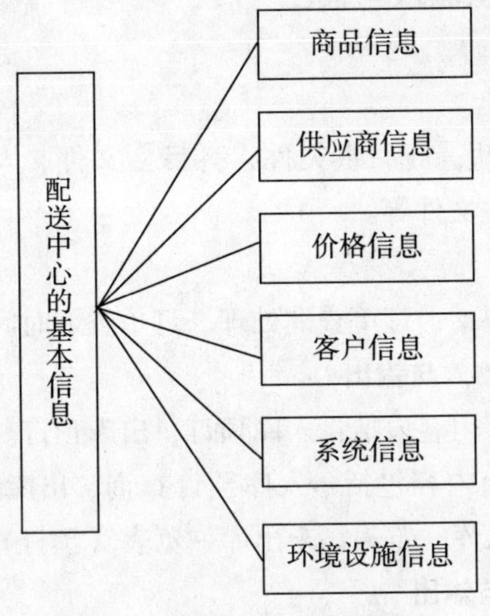

图 9－1　配送中心的基本信息

（1）商品信息：商品基本属性、分类、包装、价格、销售形式、保质期、条码、证书和税率等信息。商品的多层包装：零售包装、配送包装、进货包装。价格形式：定价、定时削价等形式；

（2）供应商信息：供应商的各种证书、可供商品、属性、分类、信誉情况、供货情况、付款情况等；应建立供应商基本档案信息，支持实时查询；对不同供应商应建立不同的信誉等级以引导进货的顺利完成；对供应商的付款方式及付款期限根据情况加以设定；

（3）价格信息：价格信息反映商品流转过程中的各种价格信息。进价角度看，有含税进价、无税进价；从销售角度看，有零售价、促销价、优惠价和批发价；

（4）客户信息：客户信息分为两类，第一类是会员企业，第二类是单位配送客户、各会员企业批发对象、销售各门店食品的其他零售超市商场、住宅配送的客户，对客户应实行分类管理。会员企业客户的信息包括：客户名称、地址、联系方式，经营品种、价格、标准、质量，历史销售额，信誉情况、信誉等级等。销售对象的信息包括：客户名称、地址及联系等，客户属性、分类、购买品种、批量、信誉等级及信誉额度等；

（5）系统信息：部门信息和操作员信息。部门信息除了基本信息如名称、账户等，对商场还包括其销售信息及其分析。对不同的部门，可设置相应的权限。操作员信息包括：基本信息及操作员权限信息等，对于不同级别的操作员设定相应的数据访问权限，部门的负责人设定每个人的操作权限；

（6）环境设施信息：库位、面积、温度、湿度、区域、库位等。

四、配送中心的信息输入与输出

1. 数据文件管理

数据文件管理内容包括：商品主文件、科目主文件、人员主文件、货位主文件、客户主文件、入出库地点主文件等。

2. 订单管理的输出

订单管理的输出内容包括：订单查询处理、订单查询时间、订单清单等。

3. 入出库预订管理的输入与输出

入出库预订管理的输入内容包括：入库预订、出库预订。

入出库预订管理的输出内容包括：入库预订查询、出库预订查询、入库预订一览表、出库预订一览表、未入库一览表、未出库一览表（预订）、未出库一览表 。

4. 入出库管理的输入与输出

入出库管理的输入内容包括：入库、即时出库、出库指示、实际出库、入出库变更。

入出库管理的输出内容包括：入出库变更查询、出库指示查询、历史查询、货标签、入库票据、出库票据、入出库票据检验清单（按客户）、入出库票据检验清单（按单号）、配货清单（按商品）、配货清单（按出库地点）、配货清单（按货位）、入库流通加工清单、入库流通加工清单（按商品）、入库流通加工清单（按货位）、入库流通加工清单（按出库地点）、入出库日报、历史清单等。

5. 在库管理的输入与输出

在库管理的输入内容包括：货位及在库区分变更、在库变更。

在库管理的输出内容包括：不同商品在库查询、货位使用情况查询、盘点清单（按品名）、盘点清单（按货位）、在库报告书、长期在库清单、在库警告清单。

6. 配送管理的输入与输出

配送管理的输入内容包括：配送指示（商品明细）、配送指示（出库连动）、实际配送（个别）、实际配送（一览）。

配送管理的输出内容包括：配送查询（个别）、配送查询（一览）、配送指示查询（商品明细）、配送指示查询（出库连动）、配送预定一览表、配送量一览表（按客户）、配送量一览表（按配送地点）、配送指示一览表（按重量）、配送指示一览表（按配送单号）、已配送和未完成配送清单等。

第二节　信息系统相关的信息技术

一、条码技术

（一）条码技术概述

条码技术是随着计算机与信息技术的发展和应用而诞生的，它是集编码、印刷、识别、数据采集和处理于一身的新型技术。条码技术主要包括：条码编码原理及规则标准、条码译码技术、光点技术、印刷技术、扫描技术、通信技术、计算机技术等。

具体来说条码是一种可印制的机器语言，它采用二进制数的概念，经 1 和 0 表示编码的特定组合单元，它是一组规则排列的黑白条、空格及对应字符组成，用以表示一定信息的特殊图形符号。为了方便人们识别条码符号所代表字符，通常在条码符号的下面印刷出所代表的数字、字母或专用符号，只要借助于光电扫描阅读设备，即可迅速的将条码所代表商品的生产、国别、制造厂商、产地、名称、特性、价格、数量、生产日期等一系列商品信息准确无误的输入电子计算机，并由计算机自动进行存储、分类、排序、统计、打印或显示出来。它是迄今为止最经济实用的一种自动识别技术，其功能强大，输入方式具有速度快、准确率高、可靠性强、采集信息量大、灵活实用等优点。对于条码的具体编排规则，有很多相关书籍做了比较详尽的介绍，本章不做具体阐述。

（二）条码的编码规则

唯一性：同种规格同种产品对应同一个产品代码，同种产品不同规格应对应不同的产品代码。根据产品的不同性质，如：重量、包装、规格、气味、颜色、形状等，赋予不同的商品代码。

永久性：产品代码一经分配，就不再更改，并且是终身的。当此种产品不再生产时，其对应的产品代码只能搁置起来，不得重复起用再分配给其他商品。

无含义：为了保证代码有足够的容量以适应产品频繁更新换代的需要，最好采用无含义的顺序码。

（三）条码技术在配送作业中的应用

近年来，条码技术在物流配送作业中已经得到广泛应用，特别是在配送中心的业务处理中的收货、提货、摆货、仓储、配货、补货等，条码应用几乎出现在整个配送作业流程中的所有环节。其主要应用在如下方面：

1. 订货

无论是总部向供应商订货，还是连锁店向总部或配送中心订货，订货方式可以根据订货簿或货架牌进行订货。不管采用哪种订货方式，都可以用条码扫描设备将订货簿或货架上的条码输入。这种条码包含了商品品名、品牌、产地、规格等信息。然后通过主机，利用网络通知供货商或配送中心自己订哪种货、订多少。这种订货方式比传统的手工订货效率高出数倍。

2. 入库

应用条码进行入库管理，商品到货后，通过条码输入设备将商品基本信息输入计算机，告诉计算机系统哪种商品要入库，要入多少。计算机系统根据预先确定的入库原则、商品库存数量，确定该种商品的存放位置。然后根据商品的数量发出条码标签，这种条码标签包含着该种商品的存放位置信息。然后在货箱上贴上标签，并将其放到输送机上。输送机识别箱上的条码后，将货箱放在指定的库位区。

3. 摆货

人工摆货时，搬运工要把收到的货品摆放到仓库的货架上，在搬运商品之前，首先扫描包装箱上的条码，计算机就会提示工人将商品放到事先分配的货位，搬运工将商品运到指定货位后，再扫描货位条码，以确认找到的货位是否正确。这样，在商品从入库到搬运到货位存放整个过程中，条码起到了相当重要的作用。商品以托盘为单位入库时，把到货清单输入计算机，就会得到按照托盘机数发出的条码标签。将条码贴于托盘面向叉车的一侧，叉车前面安装有激光扫描器，叉车将托盘提起，并将其放置于计算机所指引的位置上。在各个托盘货位上装有传感器和发射显示装置、红外线发光装置和表明货区的发光图形牌。叉车驾驶员将托盘放置好后，通过叉车上装有的终端装置，将作业完成的信息传送到主计算机。这样，商品的货址就存入计算机中了。

4. 配送

在配货过程中，也都采用了条码管理。在分拣、配送中应用条码，能使拣货迅速迅速、正确，并提高生产率。总部或配送中心在接受客户的订单后，将订货单汇总，并分批发出印有条码的拣货标签。这种条码包含有这件商品要发送到哪一家连锁店的信息。分拣人员根据计算机打印出的拣货单，在仓库中进行拣货，并在商品上贴上拣货标签（在商品上已有包含商品基本信息的条码标签）。将拣出的商品运到自动分类机，放置于感应输送机上。激光扫描器对商品上的两个条码自动识别，检验拣货有无差错。如无差错，商品即分岔流向按分店分类的滑槽中。然后将不同分店的商品装入不同货箱中，并在货箱上贴上印有条码的送货地址卡，这种条码包含有商品到达区域的信息。再将货箱送至自动分类机，在自动分类机的感应分类机上，激光扫描器对货箱上贴有的条码进行扫描，然后将货箱输送到不同的发货区。当发现拣货有错时，商品流入特定的滑槽内。条码配合计算机应用于物流管理中，大大提高了物流作业自动化水平，提高了劳动生产率。

5. 补货

查找商品的库存，确定是否需要进货或者货品是否占用太多库存，同样需要利用条码来实现管理。另外由于商品条码和货架是一一对应的，也可通过检查货架达到补货的目的。条码不仅仅在配送中心业务处理中发挥作用，配送中心的数据采集、经营管理同样离不开条码。通过计算机对条码的管理，对商品运营、库存数据的采集，可及时了解货架上商品的存量，从而进行合理的库存控制，将商品的库存量降到最低点；也可以做到及时补货，减少由于缺货造成的分店补货不及时，发生销售损失。条码同样可用来做配送中心配货分析。由于条码和计算机的应用，大大提高了信息的传递速度和数据的准确性，从而可以做到实时物流跟踪，整个配送中心的运营情况、商品的库存量也会通过计算机及时反映到管理层和决策层。这样就可以进行有效的库存控制，缩短商品的流转周期，将库存量降到最低。

二、EID 技术

（一）EDI 概述

电子数据交换技术（Electronic Data Interchange，EDI）是指按照同一规定的一套通用标准格式，将标准的经济信息，通过通信网络传输，在贸易伙伴的电子计算机系统之间进行数据交换和自动处理。根据联合国标准化组织的定义，EDI 是指商业或行政事务处理，按照一个公认标准，形成结构化的事务处理报文数据格式，从计算机到计算的电子传输方法。EDI 遵循一定的国际标准或行业规则，自动地进行数据发送、传送及处理而不需人工介入从而实现事务处理或贸易自动化。

（二）配送中心应用 EDI 技术的必要性

EDI 的主要功能有：电子数据传输和交换、传输数据的存证、文书数据标准格式的转换、安全保密、提供信息查询、提供技术咨询服务、提供信息增值服务等。通过在物流配送供应链管理中应用 EDI 技术，不但可以降低运营成本，而且提高了供应链上数据传输速度和准确性扩大信息含量，缩短订货采购周期，大大降低了库存费用。

通过在配送中心的客户设置 EDI 终端来处理和交换有关订货的库存、销售数据、需求预测以及运输日程、通知等方面的信息；这样可以减轻票据处理、数据输入输出等事务性作业，而且可以减少库存、缩短订货时间、提高工作效率。应用 EDI 可以使各企业之间达到无纸化交易，能减少大量人力和纸张的浪费，从而降低交易成本。通过在配送中心、上游供应商、下游客户之间应用 EDI 可以实现信息共享，使供应链上各个节点企业都能了解到商品的销售、库存、生产进度等方面的信息，增强供应链经营的透明度。

当今企业之间的市场竞争实际上是对时间的竞争，谁获取的信息越快、商品周转时间越短，谁就能掌握竞争的主动权；而应用 EDI，则意味着电子传输的数据信息可以立即为用户所获得，因此应用 EDI 技术可以增强配送中心的市场竞争力。

（三）配送中心 EDI 系统框架

EDI 系统主要包括两部分，一部分是 EDI 服务中心面向用户提供 EDI 服务，供相关用户群使用；另一部分是 EDI 用户应用系统完成 EDI 报文收发、翻译面向最终的具体应用业务。EDI 作业系统图如图 9－2 所示。

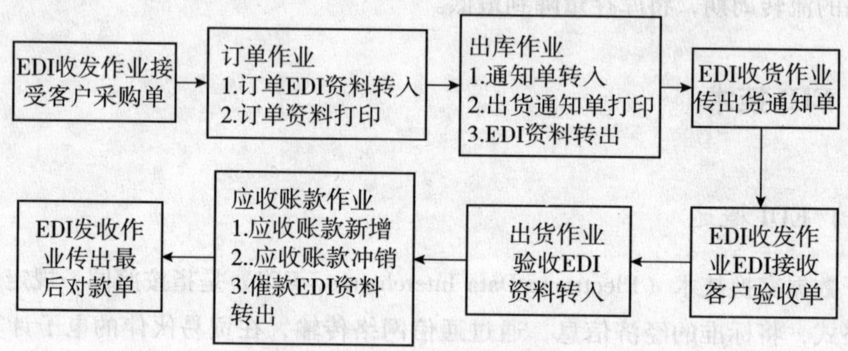

图 9－2　EDI 作业系统图

1. EDI 服务中心

（1）EDI 服务中心的组成。

EDI 服务中心提供的服务因系统的规模与内容不同，一般来说 EDI 中心应由以下四部分组成：

公用 EDI 服务手段：提供 MHS 的邮箱服务，基于 UN、EDIFACT 报文的成组交换支持 EDIFACT 报文的翻译、验证、核查跟踪等功能，允许用户在不同阶段进行报文的翻译。

通信接口：用户可通过点对点方式、VAN 方式或 Internet 等方式连接到中心提供多种存取方式的接口。

公共业务服务：代办用户委托的 EDI 业务，用户可以通过 FAX 柜台服务等方式委托进行现有纸面单证的 EDI 处理，协助用户向 EDI 化平稳的过渡。

EDI 最终用户服务系统：提供 EDI 应用系统解决方案供用户应用。

（2）EDI 服务中心的选择。

物流配送中心、上游供应商、下游客户之间，以及相关贸易伙伴（如海关、银行、保险）应用 EDI 时，由于各自内部应用信息系统不一样。因此，企业之间有个信息转换的问题，需由 EDI 服务中心来解决。供应链上各节点企业之间进行息交换时，通过在企业设置的 EDI 终端先把信息传递到 EDI 服务中心，EDI 服务中心收到信息后，就把它转为 EDI 标准格式，然后再把它转发给目标企业。目标企业再由 EDI 终端把标准信息转为企业信息系统的内部格式。

EDI 服务中心可以分为两种类型：一种是由大企业自己建立 EDI 服务中心，通过在业务往来频繁的企业设置 EDI 终端，来处理有关信息；另一种是由政府建立公众 EDI 服务中心，各企业成为 EDI 服务中心的会员，来享有特定的 EDI 增值服务。

相对来说，我国的物流配送企业大部分才刚起步，基础比较薄弱，还没有雄厚的经济实力来建立自己的 EDI 服务中心。因此，利用公众 EDI 服务中心来与供应链上各节点企业进行信息交换是比较可行的方法。

2. EDI 用户应用系统设计

EDI 用户应用系统由三个要素组成：通信网络、计算机软硬件、数据标准化。

（1）通信网络。

应用 EDI 很重要的一步是选择 EDI 的通信方式，EDI 系统之间通信方式的不同，将直接影响到企业 EDI 系统的应用效果。EDI 的通信方式主要有如下几种：点对点连接、第三方（VAN）、Internet、Intranet、EDI 到传真。一般情况下，企业为了和它们的贸易伙伴进行商业活动，往往要选择贸易伙伴所采用的 EDI 通信方式。当一个公司可以自己决定采用什么通信方式时，它需要考虑一些主要因素的影响：如数据安全性、服务范围、贸易伙伴数量、费用、应用和维护难易度、需要专业知识的水平、高级的操作图表。

（2）计算机软硬件。

计算机软硬件可以根据物流配送中心自身的需求来选择。

（3）数据标准化。

由于 EDI 是在国际范围内的计算机与计算机之间的通信，所以 EDI 系统成功的关键是建立被处理业务的数据格式的国际统一标准，EDI 传递的都是电子单证，为了能让不同用户的计算机系统均能够识别和处理这些电子单证，必须制定一系列各贸易伙伴都能理解和使用的协议标准。

物流配送中心 EDI 系统的工作过程：EDI 的实现过程，就是用户将相关数据从自己的计算机信息系统传送到有关交易方的计算机信息系统。该过程因用户应用系统以及外部通信环境的差异而不同。

三、销售点实时控制系统（POS）

（一）销售点实时控制系统概述

销售点实时控制系统是指通过自动读取设备在销售商品时直接读取商品销售信息并通过通信网路和计算机系统传送至有关部门进行分析加工以提高经营效率的系统。在 POS 系统中，用扫描装置读取在商品上的 JAN 条码，并向计算机输入商品信息，通过 JAN 条码就可以了解商品的信息数据：如商品的名称、规格、价格、数量，然后由 POS 系统生成账单。这样商店的每一件商品的售出记录都录入 POS 系统数据库，会自动减少该商品的库存量。商店根据库存信息来控制库存量并制订采购计划。

（二）POS 系统的工作流程（见图 9－3）

（1）商店在销售商品的时候，由阅读器通过对商品条码的扫描及解码，经电子收银机向后台计算机查价，价格信息由后台计算机调出、输入电子收银机，并显示在屏幕上，收银机收银后打印出购物清单；

（2）POS 终端机自动记录销售信息并整理后台提供的商品信息；

（3）POS 终端机上的小型印表机打印各种收银报表并具有读账、查账功能；

（4）中央计算机通过网络连线，取得每个销售点的销售信息和库存信息；

（5）根据商品的销售信息 分析市场需求状况、制订采购计划。

现代配送活动的重要特征是信息化。配送可以看做是商品流通和信息流通的结合。在配送活动的过程中，通过使用计算机技术、通信技术等技术手段，加快了配送信息的处理和传递速度，从而提高了配送活动的效率，降低了配送成本。

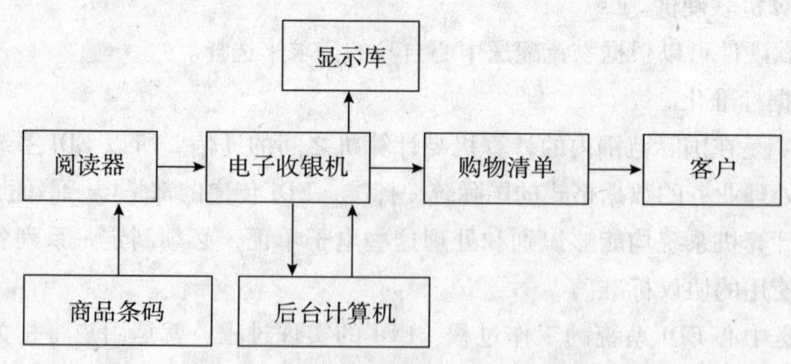

图 9－3　销售点实时控制系统工作流程

四、射频识别技术 RFID

（一）RFID 概述

射频识别技术（Radio Frequency Identification Technology，RFID）是一种非接触式的自动识别技术，它通过射频信号自动识别目标对象并获取相关数据，识别工作无须人工干预，可工作于各种恶劣环境。短距离射频产品不怕油渍、灰尘污染等恶劣环境，可以替代条码。RFID 系统如图 9－4 所示。

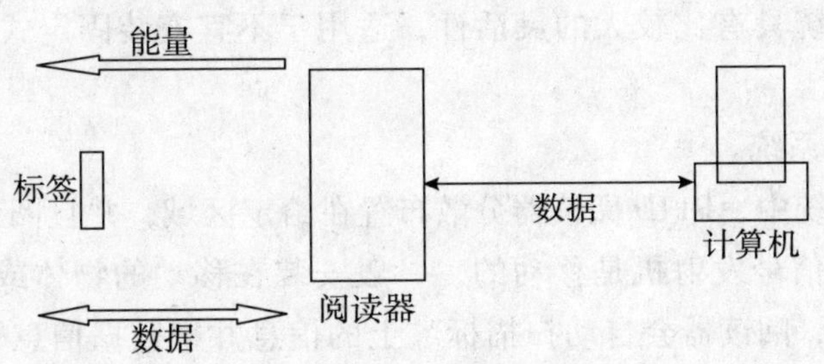

图 9－4　RFID 系统

1. 射频识别系统的组成

射频识别系统在具体应用过程中，根据不同的应用目的和应用环境，系统的组成会有所不同，但从射频识别系统的工作原理来看，系统一般由信号发射机、信号接收机和发射接收天线几部分组成。

（1）信号发射机。

在射频识别系统中，信号发射机为了不同的应用目的，会以不同的形式存在，典型的形式是用来存储信息的标签（TAG）。标签一般是带有线圈、天线、存储器与控制系统的集成电路，能够自动或在外力作用下，把存储的信息主动发射出去。

按照不同的分类标准，标签有许多不同的分类：主动式标签与被动式标签；只读标签与可读可写标签；标志标签与便携式数据文件。

（2）信号接收机。

在射频识别系统中，信号接收机一般称作阅读器。根据支持的标签不同与完成的功能不同，阅读器的复杂程度也不同。阅读器基本功能就是提供与标签进行数据传输的途径。

（3）编程器。

具有可读可写标签的系统才需要编程器。编程器是向标签写入数据的装置。

（4）天线。

天线是标签与阅读器之间数据传输的发射和接收装置。在实际应用中，除了系统功率外，天线的形状和相对位置也会影响数据的发射和接收。

2. 射频识别系统的分类

根据射频系统完成的功能不同，可以粗略地把射频系统分成以下类型：EAS 系统、便携式数据采集系统、网络系统定位系统。

（1）EAS 系统。

EAS 是一种设置在需要控制物品的门口的 RFID 技术。这种技术的典型应用场合是商店、图书馆、数据中心等地方。

（2）便携式数据采集系统。

便携式数据采集系统是使用带有 RFID 阅读器的手持式数据采集器采集 RFID 标签上的数据。这种系统具有比较大的灵活性，适用于不宜安装固定式 RFID 系统的应用环境。

（3）物流控制系统。

在物流控制系统中，RFID 阅读器分散布置在给定区域，并且阅读器直接与数据管理信息系统相连，信号发射机是移动的，一般安装在移动的物体或人上面。当物体、人流经过阅读器时，阅读器会自动扫描标签上的信息并把数据信息输入数据管理信息系统进行存储、分析、处理，达到控制物流的目的。

（4）定位系统。

定位系统用于自动化加工系统中的定位以及对车辆、轮船等进行运行定位支持。

（二）配送中心 RFID 系统的意义

配送中心系统网络、功能结构与其在供应链地位、经营模式、上下游客户的需求、服务项目与业务流程、设施与设备配备、部门设置与人员、内部操作流程与操作规范密切相关。配送中心信息系统与各种自动化设备和自动化技术密切相关。配送中心内作业流程的每一步操作都要准确、及时，快速准确与否关键在于数据的采集。如果没有一个高效率的数据采集技术，就不可能将信息快速、准确地传达给管理控制者。目前，国内配送中心大多采用条码扫描技术作为仓库管理中货物流和信息流同步的主要载体。但是随着企业对信息化要求的不断提高，条码技术在应用中存在着许多无法克服的缺点。

RFID 是一种数据采集技术，它优于条码识别技术之处在于，RFID 可以动态的同时识别多个数据，识别距离大，信息可改写。由于 RFID 标签可以唯一的标示商品，所以可以在整个供应链上跟踪货物，实时掌握商品处于供应链哪个节点上，并将信息及时反馈给配送中心。

（三）RFID 在物流配送中的应用

配送中心的设立主要是为了实现物流中货物的配送，因此配送中心是位于物流节点上专门从事货物配送活动的经营组织或经营实体。建立物流配送中心的根本意义在于提高服务水平、降低成本和增加效益。配送中心信息系统是一个内部流程十分复杂，信息量十分大的系统。其基本功能包括：系统管理、出入库管理、订单管理、发货计划、采购管理、报表管理、退货管理等。RFID 应用的重点在于：出入库管理、验收、订单处理等。如图 9－5 所示。

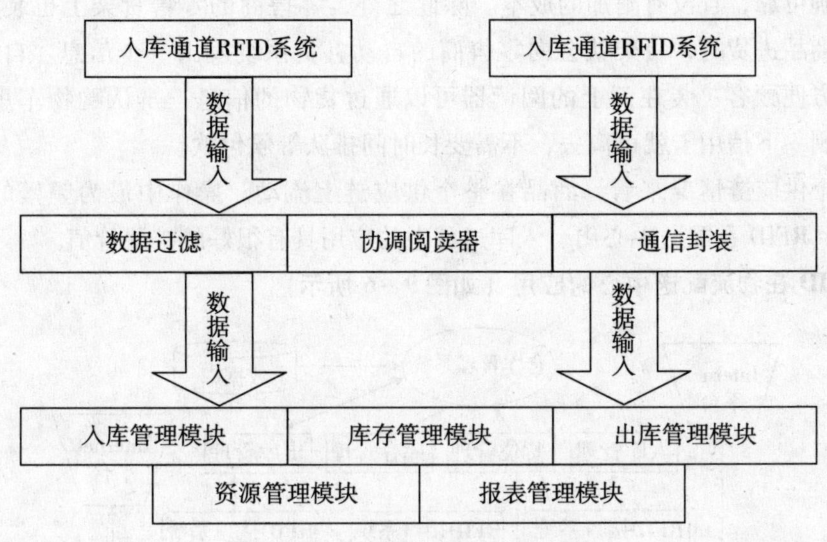

图 9－5　RFID 在仓储系统的运用

1. RFID 在供应链流程中的应用

由于 RFID 标签上的芯片提供了物理对象的唯一标志，商品在整个供应链上的跟踪功能也是 RFID 技术的一个发展方向。只有考虑贯穿于整个供应链的物流和 RFID 信息流动情况，才能更好地体现 RFID 技术给配送中心乃至整个供应链的各个节点所带来的巨大变化，才能体现 RFID 的真正价值。

（1）给产品加上射频识别标签。

供应商给它生产的每一箱货物加上一个射频标识 RFID 标签，它含有一个独一无二的产品电子代码（ECP），存储在标签的芯片内，标签带一个微型射频天线。有了这些标签，公司可以全自动对货物进行识别、计数和跟踪。

（2）出库。

货物出库时，出库口门楣上的 RFID 阅读器发出的射频波射向智能标签，启动这些标签同时给其供电，标签“苏醒”过来，开始发射各自的 ID 标志号，阅读器读取标签信息，进行记录直到阅读完所有标签为止，从而实现了出库信息的自动识别和记录。

（3）配送中心内部作业。

在进行入库操作时，由于在卸货区有 RFID 阅读器，因此不需要开包检查里面的货物，可以直接进行验收入库，通过同相应的采购单进行核对并确定无误后，这批货物就可以很快地上货架存放。与入库相似，在出库操作时，由于在仓库出口处设有 RFID 阅读器，因此不需要开包装箱检查里面的货，可以直接进行验收出库。

（4）零售商。

当送货车抵达零售商时，零售商也装有货站阅读器，货物一送到，零售商的零售系统马上更新，将送到的每一箱记录下来。这样，零售商可以自动确认该种货物的存货量，精确可靠，且没有附加的成本。除此之外，零售商的零售货架上也装有集成式阅读器。商品进货时，货架就会向零售商的自动补货系统发出一个信息。自动识别技术还可以方便顾客：装在门上的阅读器可以通过货物的信息，辨认购物车里的货物，顾客只要刷一下信用卡就可离去，不需要长时间排队等候付款。

从整个供应链情况来看，商品在整个供应链上流动。操作中最为频繁的就是出、入库操作，RFID 在配送中心出、入库过程中的应用具有很好的扩展价值。

2. RFID 在物流配送中心的应用（如图 9－6 所示）

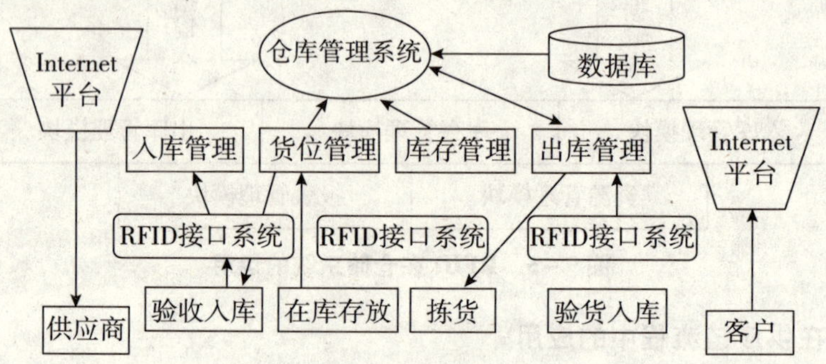

图 9－6　RFID 在配送中心的运用

（1）入库。

从所需要完成的任务来说，RFID 入库作业与传统的入库作业并无太大区别，主要由接货验收和入库两部分组成。采用条码等识别技术的仓库管理，在入库作业时，一般是先将货物搬运到收货区，对产品的种类和数量进行人工检验，然后操作人员利用条码扫描仪依次对货物进行扫描，作为入库记录。应用 RFID 技术的配送中心，从接货到上货架的操作可以一步完成。货物到达配送中心后，直接利用叉车进行搬运，在经过入口处，验货、入库记录、货位分配操作一气呵成，大大减少了仓库内的搬运工作量，节省了时间。

（2）出库。

RFID 的出库作业流程也与传统的作业流程一样，需要完成验收和出库等操作。与入库操作相似，应用 RFID 技术以后，核对以及出库记录也是一步完成的。当阅读器读到出库的货品时，商品的详细信息如编号、名称、数量等显示在界面上，操作人员选择相应的客户订单号，从系统读取该订单的详细信息，进行核对，如果无误就可以出库。

（3）订单处理流程。

订单处理既是配送中心物流作业的开始，也是整个信息流作业的起点。在配送中心整体作业里，订单管理通常扮演着非常重要的角色。从本质上来讲，整个物流过程都是为了订单而发生的。一般来说，是由客户端接受订货资料，将其处理、输出，然后仓库人员根据处理过的订单资料开始拣货、验货、配送等一连串物流作业。

五、全球定位系统（GPS）

全球定位系统（Global Positioning System，GPS）是利用分布在2万千米高空的多颗卫星对地面目标的状况进行精确测定，以进行定位、导航的系统。它主要用于船舶和飞机的导航、对地面目标的精确定时和精密的定位、地面及空中交通管制、空间与地面灾害的监测等。GPS能对静态或动态对象进行动态空间信息的获取，快速、精度均匀、不受天气和时间限制地反馈空间信息。GPS不仅是一种可以定时和测距的定点导航系统，它还可以向全球用户提供连续、实时、高精度的三维位置、三维速度和时间信息，满足军事部门和民用部门的需要。

随着我国配送业务的发展壮大，货物的运输量日益增多，对车辆和货物的经营管理和合理调度就成为一个关键技术问题。以前用于交通管理的通信设备主要是无线电通信设备 由调度中心向车辆驾驶员发出调度命令，驾驶员只能根据经验判断来确定自己的大致方位。GPS技术的应用解决了这一问题，通过车载GPS接收机，驾驶员能够随时知道自己的具体位置，并通过车载电台将GPS定位信息发送给调度指挥中心。调度中心就可以实时掌握车辆的具体位置，在大屏幕电子地图上显示出来。

GPS在配送中的应用主要表现在以下方面：

1. 汽车导航系统

一般由GPS接收机、微处理器、车速传感器、陀螺传感器、CD－ROM存储器、LCD显示器等组成。GPS接收机接收GPS卫星信号（三颗以上），求出车辆所在地理位置的经、纬度坐标，再利用地图匹配技术，将汽车的位置和CD－ROM存储器中存储的道路信息相结合，LCD显示器就可以显示汽车在电子地图中的具体位置。汽车导航系统的功能主要有：①对车辆和货物进行跟踪运输；②提供出行路线规划和导航；③信息查询；④可以监测区域内车辆运行情况，对被监控车辆进行合理的调度；⑤通过GPS定位和监控管理系统对有遇险情报或发生事故的车辆进行紧急援助。

2. 城市交通疏导系统

GPS随时随地能够提醒驾驶员注意险情、道路拥挤阻塞等情况；还能提示最合理路线。例如当汽车行驶到一个交叉路口，GPS引导系统突然发现这条道上没有其他车辆，交通灯便立刻变绿，放行通过。当汽车通过收费站时不用停车，汽车上的引导装置会自动将车号输入收费站的电子记账系统。

六、地理信息系统（GIS）

GIS 在物流配送中心运营方面有很多应用。GIS 和 MIS 相结合，可以实现直观生动的实际原料产地与产品销地的分布信息，使计算更加准确；GIS 和 GPS、GSM 相结合可以建立良好的“监控系统”，从而对车辆进行监控指挥调度，并且可以随时跟踪货物的在途信息，使物流服务及时、准确无误；利用 GIS 还可以对物流系统进行仿真，通过仿真了解货物运输、储存静动态过程的各种统计性能，如运输设备的利用是否合理，运输线路安排是否通畅，配送中心设置是否合理，货物送达时是否能满足客户要求等。GIS 在物流中最具经济价值的功能是实现辅助决策中的各项分析功能。

1. 物流配送中心选址

GIS 常用于确定一个或多个配送中心的位置。在物流系统中，配送中心、物流中心、客户点和运输路线共同组成了物流网络，配送中心、物流中心、客户点处于网络的节点上，节点决定网络路线。在限定范围内成立合理数目的配送中心、物流中心和客户点，使得在满足客户实际需求、提高经济效益的基础上，物流成本最小：同时确定配送中心的位置、规模以及彼此之间的物流关系等。诸如此类的问题，在 GIS 的辅助下均能很容易地得到解决。

2. 路径规划

在单对多和多对多的配送模式下，GIS 能够对路径进行合理规划。比如在处理一个起始点、多个终点的货物运输中，解决如何降低物流作业费用并保证服务质量的问题，包括决定使用多少辆车、每辆车的行车路线。利用 GPS 和电子地图可以实时显示出车辆或货物的实际位置为车辆提供导航服务，并能查询出车辆和货物的状态，以便进行合理调度和管理。在许多城市地区，由于交通情况复杂多变，适时地为司机提供更多的信息可以减轻交通拥挤，提高驾驶安全性并尽快到达目的地。为车辆运输安排恰当的时间出发并能按规定的时间到达目的地。对时间敏感性的物料进行及时处理。

3. 地理信息定位

使用 GIS 可以对某个城市或地区建立管理所需的电子地图，准确地反映出建筑物、道路和街道等信息，根据电子地图的地理坐标和地理坐标的描述，可以在地图上对新客户进行地理位置的定位或对老客户的地理位置进行修改，从而使企业能及时、精确的确定出配送中心、物流中心和客户点的位置。

4. 物流网络布局和配送中心选址的模拟与决策

利用长期客户、车辆、订单和地理数据等信息建立模型，对物流网络的布局进行模拟仿真，根据实际的需求分布规划出配送中心和运输线路，使用电子地图在显示器上显示出设计线路和网络节点，并同时显示配送中心的位置和汽车的运行方法，利用GIS的网络分析模型优化物流节点，使资源消耗最小化。并以此来建立决策支持系统，以提供更有效而直观的决策依据。

第三节　配送中心信息系统构架

在了解配送中心各项作业和各种信息技术之后，就可根据各项活动与活动之间的相关性，将作业内容相关性较大的或所需资料相关性较大的划分为同一个群组，并将这些群组视为信息系统下的大架构。为了分析方便，这里所建构的是个一般买卖业典型的配送中心，没有既有的公司组织架构可作信息系统模块化分的参考，因此框架采用的是由作业内容的相关性及作业流程的关联性来划分模块。根据配送中心的各项作业将配送中心的系统大架构划分为以下四个模块：销售出库管理系统，采购入库管理系统，财务会计系统，营运、绩效管理系统。

下面对各个系统进行简单的介绍：

一、销售出库管理系统

销售出库管理系统包括的内容是从客户处取得订购单、处理订单资料、仓库管理、出货准备、将货品运送至客户手中，整个作业都是以对客户服务为主。内部各系统间的作业顺序是首先统计订单需求量，然后传送给采购入库管理系统作为库存管理参考的数据，并由采购入库管理系统取得货品，在货品外送后将应收账款账单转入会计部门作为转账之用，最后将各项内部资料提供给营运绩效管理系统作为绩效考核的参考，并由营运、绩效管理系统取得各项营运指示。

销售出库管理系统包括：订单资料处理系统、销售分析与销售预测系统、拣货规划系统、包装、流通加工规划系统、派车计划、仓库管理系统、出货配送系统、应收账款系统，其系统架构如图9－7所示。

二、采购入库管理系统

采购入库管理系统是处理与生产厂商的相关作业，包括商品实际入库、根据入库商品内容做库存管理、根据需求商品向供货厂商下订单。采购入库管理系统的工作包括入库作业处理、库存控制、采购管理系统、应付账款系统。

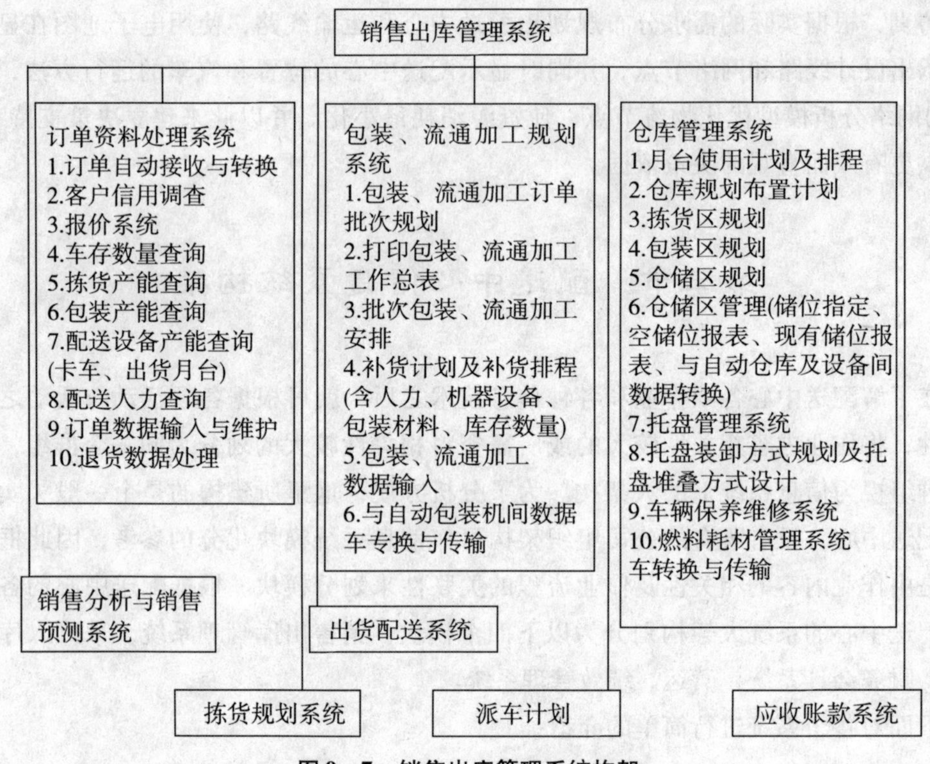

图9－7　销售出库管理系统构架

1. 入库作业处理系统

入库作业发生在与生产厂商交货之时，输入数据包括采购单号、厂商名称、商品名称、商品数量等，可输入采购单号来查询商品名称、内容及数量是否符合采购内容并用以确定入库月台，然后由仓库管理人员指定卸货地点及摆放方式并将商品叠于托盘上，仓库管理人员检验后将修正入库数据输入，包括修正采购单一并转入库存入库数据库并调整库存数据库。退货入库的商品也需检验，可用品方可入库，这种入库数据是订单数据库、出货配送数据库、应收账款数据库的减项，还是入库数据库及库存数据库的加项。

2. 库存控制系统

库存控制系统主要完成库存数量控制和库存量规划，以减少因库存积压过多造成的利润损失。它包括商品分类分级、订购批量及订购时点确定、库存跟踪管理以及库存盘点作业。库存控制系统具备按商品名称、货位、仓库、批号等数据分类查询的功能，并设有定期盘点或循环盘点时点设定功能，使系统在设定时间自动启动盘点系统，打印各种表单、办理盘点作业。当同一种商品有不同储存单位时，系统应具备储存单位自动转换功能。在移库整顿或库存调整作业时，系统应具备大量货位及库存数据批量处理功能。

3. 采购管理系统

采购管理系统是为采购人员提供一套快速而准确地为供货厂商适时适量地开立采购单的系统，使商品能在出货前准时入库，没有库存不足及积压货太多等情况发生。此系统包括四个子系统：采购预警系统、供应厂商管理系统、采购单据打印系统和采购跟踪系统。

4. 应付账款系统

采购商品入库后，采购数据即由采购数据库转入应付账款数据库，会计管理人员为供货厂商开立发票及催款单时即可调用此系统，按供货厂商做应付账款统计表作为金额核准之用。账款支付后可由会计人员将付款数据记录，更改应付账款文件内容。高层主管人员可由此系统制作应付账款一览表、应付账款已付款统计报表等。

三、财务会计系统

财务会计部门对外主要用采购部门传来的商品入库数据核查供货厂商送来的催款数据，并据此给厂商付款；或由销售部门取得出货单来制作应收账款催款单并收取账款。会计系统还制作各种财务报表提供给经营效果评估系统参考。

财务会计系统主要包括账务系统与人事工资管理系统。

1. 财务系统

账务系统可将销售管理系统、采购入库管理系统的数据转入此系统，并制作成会计总账、分类账、各种财务报表等。

2. 人事工资管理系统

人事工资管理系统包括人事数据的建库维护、工资统计报表打印、工资单打印及与银行计算机联网的工资数据转换。

四、经营效果评估系统

经营效果评估系统从各系统及流通业取得信息，制定各种经营政策，然后将政策内容及执行方针告知各个经营部门，并将配送中心的数据提供给流通业。

经营效果评估系统包括：配送资源计划、经营管理系统、效果评估系统。

1. 配送资源计划

配送资源计划是在配送中心有多个运作单位时规划各种资源及经营方向和经营内容。配送中心有多座仓库、多个储运中心或多个转运站时，应该设置多少仓储据点、仓库的位置如何设置才可满足市场开发的需求，而哪座仓库应存放哪些商品、商品存放量有多少才足以供应该区域的商品需求，所需仓库空间又需多大才足以存放该商品数量，而适应这些配送活动，各据点又需具备什么机械机具及人力资源，这些资源如何分配、彼此间又如何协调，是建立配送计划系统的目的。

2. 经营管理系统

经营管理系统是供配送中心高层管理人员使用，用来制定各类管理政策（如车辆设备租用、采购计划、销售策略计划、配送成本分析系统、运费制定系统、外车管理系统等），偏向于投资分析与预算分配。

配送成本分析系统是以会计数据为基础分析配送中心各项费用，来反映赢利或资源投资回收的状况，同时也可作为运费制定系统中运费制定的基准。配送成本分析与运费制定系统是非常重要的系统，配送中心需要确定运费能否赢得客户并合理地覆盖成本。

3. 效果评估系统

配送中心的赢利状况，除各项经营策略的正确制订与实际计划及执行外，还需有良好的信息反馈作为政策、管理及实施方法修正的依据，这就需要效果评估系统。它包括：作业人员管理系统、客户管理系统、订单处理绩效报表、库存周转率评估、缺货金额损失管理报表、拣货效果评估报表、包装效果评估报表、入库作业效果评估报表、装车作业效果评估报表、车辆使用率评估报表、月台使用率评估报表、人力使用绩效报表、机器设备使用率评估报表、仓库使用率评估报表、商品保管率评估报表等。

本章小结

本章介绍了配送中心的信息系统规划，第一节从总体上介绍了配送中心信息系统的基本特征、建设信息系统遵循的原则、基本信息的内容；第二节具体阐述了信息系统相关的信息技术，重点介绍了条码技术、EDI 技术、POS 系统、射频识别技术、全球定位系统等；第三节分析了配送中心信息系统构架，包括销售出库管理系统、采购入库管理系统、财务会计系统和经营效果评估四个方面。

参考文献

［1］冯耕中，李毅学，华国伟．配送中心规划与设计［M］．西安：西安交通大学出版社，2011.

［2］计三有．基于 EIQ 和 PCB 的配送中心设备决策模型的研究［J］．工业技术经济，2011（3）．

［3］贾争现．物流配送中心规划与设计［M］．北京：机械工业出版社，2009.

［4］陈达强，等．配送与配送中心运作与规划［M］．杭州：浙江大学出版社，2009.

［5］黎青松．现代物流设备［M］．北京：中国电力出版社，2009.

［6］汝宜红，田源，徐杰．配送中心规划［M］．修订本．北京：北方交通大学出版社，2007.

［7］李诗珍．配送中心拣货作业中的订单分批策略研究［J］．物流技术，2002（4）．

［8］李艳冰，等．多物流配送中心选址及求解［J］．同济大学学报，2012（5）．

［9］林旭．随机环境第三方仓储能力分配策略分析［J］．铁道运输与经济，2007（1）．

［10］刘昌祺．物流配送中心设计［M］．北京：机械工业出版社，2001.

［11］刘昌祺．物流配送工程管理技术及其设计应用［M］．北京：中国物资出版社，2010.

［12］张潜．物流配送路径优化调度建模与实务［M］．北京：中国物资出版社，2006.

［13］柳伍生．一种改进节约法在车辆配送路径优化中的应用［J］．现代交通技术，2007（6）．

［14］罗松涛．配送与配送中心管理［M］．北京：对外经济贸易大学出版社，2008.

［15］孙红．物流配送中心管理［M］．北京：高等教育出版社，2005.

［16］孙红．物流设备与技术［M］．南京：东南大学出版社，2006.

［17］孙军华．EIQ 分析法在图书物流中心规划中的应用［J］．东南大学学报，2007（2）．

[18] 王大平．物流设备应用与管理［M］．北京：人民交通出版社，2003.

[19] 王金明．成品箱烟高架立体仓库系统设计［J］．现代制造技术与装备，2011（1）．

[20] 王思邈，等．美国配送中心的发展模式及其启示［J］．中国储运，2004（3）．

[21] 王思宇．企业物流配送模式简述［J］．中国市场，2012（10）．

[22] 王转，程国全．配送中心系统规划［M］．北京：中国物资出版社，2003.

[23] 邢伟平．基于 Excel 的 EIQ 分析［J］．中国管理信息化，2010（14）．

[24] 张芮．配送中心规划设计［M］．北京：中国物资出版社，2011.

[25] 许胜余．物流配送中心管理［M］．成都：四川人民出版社，2002.

[26] 何庆斌．仓储与配送管理［M］．上海：复旦大学出版社，2011.

[27] 王效俐，沈四林．物流运输与配送管理［M］．北京：清华大学出版社，2012.

[28] 蒋长兵，吴承健，彭建良．运输与配送管理理论与实务［M］．北京：中国物资出版社，2011.

[29] 张志乔．物流配送管理［M］．北京：人民邮电出版社，2010.

[30] 姚城．物流配送中心规划与运作管理［M］．武汉：华中科技大学出版社，2004.

[31] 高晓莎，杨军．配送中心运营管理［M］．北京：北京师范大学出版社，2012.

[32] 王雄志．配送中心配货作业方法研究［M］．北京：中国经济出版社，2008.

[33] 孙健．配送中心运作管理［M］．广州：广东高等教育出版社，2008.

[34] 陈虎．物流配送中心运作管理［M］．北京：北京大学出版社，2011.

[35] 张开涛，眭素芳．配送中心运营与管理［M］．武汉：华中科技大学出版社，2010.

[36] 于锐．车辆运输路径规划问题研究［J］．计算机技术与发展，2011（1）．

[37] 张涵跃．基于 EIQ 分析的拣货策略研究［J］．中国物流与采购，2010（1）．

[38] 周启蕾．论配送及其合理化措施［J］．研究与探讨，2002（5）．

[39] 贾争现，刘利军．物流配送中心规划与管理［M］．北京：机械工业出版社，2011.

[40] 王转．配送与配送中心［M］．北京：电子工业出版社，2010.